KB274589

하버마스와 우리

Der Philosoph: Habermas und Wir

하버마스와 우리

Der Philosoph: Habermas und Wir

초판 1쇄 발행　2025년 7월 21일

—

지은이　필리프 펠슈
옮긴이　정창호
펴낸이　이방원

책임편집　정조연　　**책임디자인**　박혜옥

기획　김명희·박준성　　**마케팅**　최성수　　　**경영지원**　이병은

—

펴낸곳　세창출판사

　　신고번호 제1990-000013호　주소 03736 서울특별시 서대문구 경기대로 58 경기빌딩 602호
　　전화 02-723-8660　팩스 02-720-4579　이메일 edit@sechangpub.co.kr
　　홈페이지 http://www.sechangpub.co.kr　블로그 blog.naver.com/scpc1992
　　페이스북 fb.me/Sechangofficial　인스타그램 @sechang_official

—

ISBN　979-11-6684-428-7　93990

ⓒ 정창호, 2025

하버마스와 우리

Der Philosoph: Habermas und Wir

필리프 펠슈Philipp Felsch 지음
정창호 옮김

세창출판사

일러두기

1. 이 책에 실린 각주는 모두 옮긴이의 것이며, 미주는 지은이의 것이다.
2. 이 책에 등장하는 외국어 인명과 지명은 기본적으로 국립국어원 한글맞춤법의 외래어표기법을 따랐다.
3. 이 책의 장 표제지 뒷면에 실린 장 제목에 대한 설명은 모두 옮긴이가 추가한 것이다.

차례

◆	슈타른베르크에서의 어느 오후	7
◆	전도된 세계에서	23
◆	가해자와 피해자	33
◆	심오함과의 작별	41
◆	현재 의식	49
◆	중심이 무너진다	59
◆	프랑크푸르트에서의 뭇매 맞기	69
◆	더 나은 사회를 위한 로켓과학	81
◆	우리가 가정해야만 하는 것	95
◆	말하기의 결함	107
◆	섬뜩한 [분위기의] 독일	117
◆	의미상실의 이론	127
◆	꼭 그렇게 써야 했나요?	135
◆	반계몽의 분류학	149
◆	거리 두기와 용기	165

◆ 나는 고발한다 173

◆ 미래로부터의 귀환 189

◆ 역사와 기억 205

◆ 포스트 민족적 자각의 시간 217

◆ 세계 내부 정치의 우선성 233

◆ 전쟁에 대하여 243

◆ 보편적인 지역의 사상가 257

감사의 말 265
옮긴이의 말 266
주석 271
참고문헌 302
찾아보기 318

◆

슈타른베르크에서의 어느 오후

지은이는 "**슈타른베르크에서의 어느 오후**"에 철학자 하버마스를 처음 만났다. 슈타른베르크는 독일 바이에른주의 고급 주택가이며, 하버마스가 막스플랑크연구소 시절부터 거주했던 곳이다. 그곳에 있는 하버마스의 방갈로는 그의 '사유의 고향'과 같은 곳이다. 지은이는 슈타른베르크에서 미국의 고급 주택가 롱아일랜드에 온 것처럼 느꼈고, 손님을 맞는 하버마스는 그 옷차림(수수한 면바지와 신상품 리복 운동화)으로 인해서 마치 미국인처럼 보였다. 그러나 동시에 지은이는 거실의 독일적인 분위기와 창밖에서 들려오는 나른한 예초기의 소음으로 인해서 마치 어린 시절 놀러 갔던 할아버지 댁에 온 듯한 착각에 빠졌다. 이 기묘한 부조화, 즉 보편성을 상징하는 미국적 이미지와 지역성을 상징하는 할아버지 댁 분위기의 겹침에서 지은이는 하버마스가 한편으로 보편성을 추구하면서도 다른 한편 지역적인 특색을 그대로 간직한 사상가라는 깨달음Epiphany을 얻는다. 이런 보편성과 지역성의 기묘한 착종은 지은이에게 마치 구 독일연방공화국의 상징처럼 보였다. 이러한 의외의 깨달음은 지은이가 보기에 하버마스의 사상을 관통하는 주제이면서, 지은이가 이 책을 쓰려고 결심하는 계기가 되었다. 이 책의 결론이 "보편적인 지역의 사상가"인 것은 우연이 아니다.

뮌헨역에서 40분을 차로 달리고 났을 때, 나는 마치 롱아일랜드에 도착한 듯한 착각에 빠졌다. 숲이 우거진 언덕이 내려다보이는 현대식 방갈로는 오버바이에른보다는 롱아일랜드 햄프턴에 더 어울려 보인다. 면바지를 입고, 새 리복 운동화를 신은 채 손님을 맞이한 집주인은 마치 미국인처럼 보인다.

많은 나이에도 불구하고 위르겐 하버마스는 늘씬하고 활기찬 인상을 준다. 나는 그에 대한 경외심을 숨기지 못한다. 운동화 차림의 이 남자는 아도르노 곁에 있었고, 뉴욕에서는 한나 아렌트와, 파리에서는 미셸 푸코와 토론했다. 그는 한 기념비적 철학책의 저자이기도 하다. 그뿐만이 아니다. 그는 이미 1950년대 초에 독일 공론장의 무대에 얼굴을 내밀었다. 그리고 70여 년이 지난 지금도 그는 [여전히 거의] 모든 공적 논쟁에 참여하고 있다. 과거사에 관한 그의 정치적 입장은 오늘날까지도 독일의 기억문화에 큰 영향을 미치고 있다. 디지털 미디어, 우크라이나 전쟁 또는 중동 위기 등

어떤 주제에 대해 발언하든 간에, 그는 여전히 전국적인, 아니, 세계적인 주목을 받는다. 90세가 넘었는데도! 만약 푸코가 그렇게 오래 살았다면, 그는 도널드 트럼프의 당선에 대해 논평했을 텐데. 한나 아렌트는 9.11 테러에 관해, 그리고 아도르노는 1996년 유러피언챔피언십 경기에서 올리버 비어호프가 쏘아 올린 골든골에 관해 논평했을 텐데. 하버마스는 매우 늙은 백인 남성임에도 불구하고, 하버마스를 우회하여 가는 길은 존재하지 않는다. 우리의 "시대전환",[*] 즉 오랜 신념과의 충격적인 단절은 그의 저작의 재발견을 요구하는 듯하다.

나의 과거를 회상해 보면, 하버마스는 [내] 가까이에 있었다. 그러나 나는 그를 의무감 때문에 알려고 했고, 그의 사상을 주로 해설서를 통해서, 그리고 대체로 그의 반대자의 관점에서 받아들였다. 지금 생각해 보면, 그 일은 나에게 지적 태만으로 느껴진다. 그는 나 자신의 지적 발전에 있어서도 하나의 불가피한 준거점이 아니었을까? 그는 누구보다도 더 강하게 구 서독의 정치적 논쟁을 주도하지 않았던가? '어제의 세계'의 종말은 그의 사상적 유산에 대해 어떤 의미를 가질까? 하버마스가 없었다면 이 나라는 지금과 다른 나라일까?

하버마스는 이제 방문객을 받지 않는다고 알려져 있다.

---

[*] 우크라이나 전쟁 이후 독일의 안보정책 변화를 가리키는 용어이다.

그런데도 내가 만나서 얘기하고 싶다는 글을 보냈을 때 그는 즉시 답장했고, 나를 슈타른베르크로 초대했다. 그는 이제 잘 돌아다니지 않기 때문에, 약속 날짜에 관해서는 나의 결정에 맡겼다. 2022년 6월 초의 한 금요일 오후에, 바이에른은 거의 한여름처럼 더웠다. 역에서 사간 꽃다발을 꽂아 둘 꽃병을 함께 찾다 보니 처음의 어색한 감정은 모두 사라졌다. 차를 준비하면서, 하버마스는 [우리의 만남을 위해] 준비한 마모쿠헨이 너무 두껍게 썰렸다며 양해를 구했다.

특이하게 들리는 그의 이름은 어린 시절부터 내게 친숙했다. 그때 하버마스의 집은 굼머스바흐에 있는 우리 할아버지 할머니 댁을 비스듬히 마주하고 있었다. 그곳은 1950년대에 조성된 주택지로서, 제법 큰 정원이 있는 단독주택들이 즐비하게 늘어서 있었다. 그의 이름은 우리가 굼머스바흐를 방문해서 배웠던 어휘 중 하나였다. 다른 어휘로는 우리 할아버지 할머니 댁에 아직 TV가 없었을 때 종종 TV 시청을 위해 방문했던 "베르크만 댁", 길모퉁이에 있던 슈퍼마켓 체인 '에데카'의 자회사 "아다멕", 위가 약하신 할아버지가 버터 대신에 빵에 발라 드시던 "저지방 크림치즈"가 있다. 하버마스 집안과는 느슨한 이웃사촌 관계였다. 내 기억에 따르면, 우리 할머니는 1970년대 초에 남편을 여윈 연로한 하버마스 여사를 종종 방문해 커피타임을 가졌고, 그런 기회에 한번 ―아마도 누군가의 생일 파티인가에서― 그녀의 유명한 아들도 만났다.

내가 굼머스바흐에서의 추억을 얘기하자, 하버마스는 떨떠름한 반응을 보인다. 그는 거의 불편한 감정을 느낀 듯하다. 하버마스는 [자신이] 아비투어[대학입학자격시험]를 마치자마자 굼머스바흐를 떠났고, 그의 부모님은 1950년에 가서야 비로소 굼머스바흐 헤펠에 있는 그 집으로 이사했으며, 그러므로 그는 단지 간헐적 방문자로서만 그 집을 알 뿐이라고 말한다. 가족에 대해 거리를 두는 태도는 서독 전후 세대의 보편적 특성인 듯하다. 이윽고 하버마스는 나를 거실로 안내했다. 우리는 밝은 양털색을 띤 소파가 있는 공간에 자리를 잡았다. 이곳은 오래전부터 하버마스 자택의 "의사소통의 진원지"로서, 서독 정신사의 상징적 장소 중 하나이다. 소파 위쪽 벽에는 귄터 프루트룽크 Günter Fruhtrunk가 그린, 그리고 테오도어 비젠그룬트 아도르노의 이름을 따서 명명된 추상화 "한낮의 꿈 비젠그룬트"가 걸려 있다. 1970년대에 한 순진한 비평가는 이 그림을 풍경화로 착각했다. 이해의 철학자 하버마스는 서가를 배경으로 한 의무적 사진 못지않게 자주 이 소파에 앉아서 사진을 찍었다. 많은 석학, 예술가, 그리고 저명한 정치인들, 예를 들면 절반 정도의 독일 사회민주당(SPD) 지도부, 헤르베르트 마르쿠제, 볼프 비어만 등이 여기서 그와 토론했다. 그렇기에 이 거실 분위기의 소박함은 더 강하게 느껴진다. 나는 만약 자크 데리다, 움베르토 에코, 페터 슬로터다이크를 방문했다면 어떤 예식이 필요했을지를 상상해 본다. 어쨌든 하버마스에게서는 이 모든 것이 기품 있는 평범함을 띤다. 잠시 후 그의 부인이 합류한다. 차와 마모쿠헨을 앞에 놓고, 희미하게 남아 있는 그녀의 남편의 오버바이에른 사투리를 들으며, 나는 그날 오후의 두 번째 '에피파니'를 경험한다. 처음 만났을 때, 하버마스는 마치 미국인처럼 보였다. 그런데 지금 나는 문득 굼머스바흐의 할아버지 할머니를 방문한 듯한 착각에 빠진다.[1]

물론 우리 할아버지 할머니의 거실은 유화물감으로 그린 풍속화와 바로크풍 가구의 어두운 갈색이 분위기를 지배했다. 반면 이곳은 전후 모더니티의 밝은 사물성Sachlichkeit[간결하고 화려한 장식이 없는 건조한 분위기]이 우세하다. 물론 편안한 분위기와 몇몇 오래된 가구로 인해서 그것의 과도한 직선적 분위기는 완화되었지만 말이다. 1960년대 비판이론의 전위대는 재건된 도시의 지독한 불친절을 피해서 도시 외곽으로 빠지는 도로의 신축건물에 사는 것이 올바른 의식을 기르는 일의 일부라고 보았다. 그래서 하버마스가 1970년대 초에 여기 이 목가적인 곳에 내 집 마련의 꿈을 실현했을 때, 당시 사람들은 이것을 한 시대의 종말을 알리는 상징적인 사건으로 보았다. 1966년에 슈바르츠발트의 오두막에 한 여류 사진가를 받아들여 그의 일상을 기사로 쓰게 했던 하이데거를 보면서, 하버마스는 "스타일은 살아가는 태도"라고 규정했다. 10년 뒤, 저명한 여류 사진가 바르바라 클렘도 [이곳] 하버마스의 방갈로에서 인물 사진을 찍었다. 당시는 '단독주택 철학'의 시간이었을까? 하버마스는 1970년대부터 "이집 저집으로" 편지를 보내곤 했다. 예를 들면 마르틴 발저, 니클라스 루만, 그리고 서독 다른 지역의 단독주택에 살던 친구와 동료들에게 편지를 보냈다. 이런 주거 형식은 대도시와 시골의 역사적 대립을 신축건물 단지를 통해서 해소한 나라의 시인과 사상가에게 유일하게 적합한 것이었을까?[2]

　　나는 굼머스바흐와 할아버지 할머니 이야기에서 화제를 돌려 마침내 본래의 질문을 하려고 서둘렀다. 그 와중에 전동 잔디깎기의 둔중한 웅웅 소리가 훼방을 놓았다. 송엽기Leaf Blower가 등장하기 이전 시대에 성장한 사람은 언제나 그 소음을 나른하고 적적한 여름날 오후의 분위기와 결부시킨다. 프루스트가 차에 적셔서 먹었던 저 유명한 마들렌처럼, 조금 전까지 내가 관찰하던 것들이 갑자기 하나의 전체적 인상으로 녹아든다. 1990년대의 통일 이후에 그의 많은 동료가 독일의 새로운 국제적 위상에 대한 환상에 빠졌을 때, 하버마스는 한사코 미래에도 "보편적-지역적인 나라"의 시민이고자 했다.[3] 이러한 정식화는 여기, 그의 무미건조하면서도 편안한 거실에서 문득 직접적인 증거를 얻는다. 즉 세계보편성과 지역성, 햄프턴과 굼머스바흐의 혼합, 그리고 전동 잔디깎기와 미드센추리Mid-Century풍의 가구 및 마모쿠헨의 배치는 그들의 비밀스러운 의미를 드러낸다. 그것은 구 연방공화국[서독]의 상징이다.

　　내가 하버마스의 거실을 방문하는 일이 가능하리라고는 전혀 상상하지 못했다. 1990년대의 대학 시절, 내가 그의 이름에 두 번째로 관심을 가졌을 때는 전선이 이미 명료하게 그어져 있었다. 하버마스는 당시 내가 선호하던 저자들, 즉 프랑스 철학자들을 "청년-보수"라고 불렀고, [그들을] 아르놀트 겔렌과 헬무트 콜 같은 사람들의 편으로 간주했다. 이런 조롱에 대해서 프랑스 철학자들은 부분적으로는 분노로, 부분적으로는 무관심으로 대응했다. 1983년 초에 하버마스가 파리의 콜레주 드 프랑스에서 강의했을 때, 한 냉랭한 만찬에서 미셸 푸코는 특유의 상어 이빨 웃음을 지으며 자신을 무정부주의자라고 생각하느냐고 물었다고 한다. 울리히 라울프에 따르면, 푸코는 하버마스의 긍정적 대답을 아마도 "칭찬으로" 받아들였다. 나는 하버마스를 침소봉대하는 사상가로, 또 나의 실존주의적인 정치관으로 볼 때, 지나치게 제도의 구조와 그것의 합법성에만 꽂혀 있는 사람으로 생각했다. "순수한 이성의 관료주의자", 사고 활동의 전문적 관리자에 대한 질 들뢰즈의 비난은 하버마스에게 딱 들어맞는 듯했다. 그의 이론 구성의 비잔티움 양식에서는 참된 것眞과 좋은 것善이(아름다운 것美까지는 아니라도) 헤겔에게서 그러하듯 다시 결합되어야 했다. 그러나 학술적인 것으로 말하자면, 독일 내에서 하버마스의 대척점에 있는 루만의 스타일이 더 낫다. 루만은 ―"치유적 관심"을 가진 "친절하고 도움을 주려는" 이론에 대한 고려 없이― 더 까칠하고 엄격한 사고를 대표했다. 이 지나칠 정도의 간결함에 비해서 하버마스가 여러 곳에서 보여 주는 자성自省의 목소리는 구식으로 느껴졌다. 루만의 추종자였던 노르

베르트 볼츠는 21세기로의 이행기에 "결국에는 루만이 이긴다"라고 말했다.[4]

나는 하버마스가 더 냉정하고, 까다롭고, 고고한 사람일 것이라고 상상했다. 대화 도중에 그가 다리를 꼰 채 소파 깊숙이 기대어 앉아서, 그의 왼쪽 운동화는 거의 눈높이까지 올라왔다. 그때 그가 담화에서 내뿜은 카리스마를 나는 그의 저작이나 공식 석상을 통해서는 알지 못했다. 나중에 안 사실이지만, 나보다 앞서 다른 사람들이 동일한 경험을 했었다. 순수한 이성의 관료로 오해되는 하버마스, 하지만 그는 수많은 일화에서 자신이 세심하고, 관대하며, 재치 있는 상대라는 것을 입증한다. 1960년대 초에 그가 승승장구하기 시작했을 때, 그의 꾸밈없고 캐주얼한 스타일은 분명 거부할 수 없을 정도로 현대적이었다. 유대주의자 야콥 타우베스는 하버마스와 함께 주어캄프의 발행인인 지그프리트 운젤트의 고문으로 일했다. 그는 하버마스를 "현세대의 가장 명민한 지성인"이라고 평했다. 친구인 카를 하인츠 보러에 따르면, 하버마스는 "전혀 새로운" 어떤 것, 즉 "지성적인 것의 대학 내 진입"을 구현했다. 당시 대학에는 여전히 낡은 학교의 정교수들이 발언권을 행사했다. "위트와 진지함을 겸비했으며, 열정적이면서도 엄격하다. 그리고 그는 부분적으로 절망적일 정도로 어려운 어법 속에서 굉장한 스타일을 지니고 있다." 또 대안 좌파 신문인 『타게스차이퉁』[이하 『타츠』로 약칭]의 편집진은 1980년에, "권위에 대한 두려움"을 적잖이 느끼면서, 슈타른베르크로 하버마스를 방문했다. 그들은 하버마스가 "늘씬하고, 활기차며, 매우 친절함"을 알게 되었다. 그로부터 40년 뒤에 나 역시 같은 인상을 받았다.[5]

　　물론 그의 부르주아적인 모습은 『타츠』의 방문단에게 낯설게 보였다. 사실 하버마스에 대한 논조는 1980년대에 크게 변했다. 그는 좌파 진영 외부에서도 한결 더 동의할 수 있게 되었고, 또 1986년부터는 한 비공식 대화모임에서 헤센주 환경부 장관 요슈카 피셔와 자주 만났다. 그러면서 지성계와 대학생들 사이에서는 당시 나의 동년배들과 내가 품었던 의구심이 지배적이게 되었다. 동시에 사람들은 그가 비판이론의 유산을 배반했으며, 사상들을 이차적으로 조립한 비독창적 사상가라고 비판했다. 그리고 하버마스는 전 주어캄프 편집부원이자 문화전문잡지 『쿠어스부흐』의 공편자인 카를 마르쿠스 미헬이 썼듯이, 영혼 없는 "교수식 전문용어[의 사용자]"라는 비난도 받았다. 1960년대에 당시 거물들의 사유 방식을 비판하며 등장했던 바로 그 하버마스는 갑자기 스콜라주의적 철학자로 간주되었다. 이런 이미지 전환을 하버마스는 유감스럽게, 그러나 담담하게 받아들인 듯하다. 1983년에 그는 자신의 "합리성에 대한 파수꾼 역할"이 "점점 더 큰 반발"을 사고 있다고 탄식했다.[6]

　　하버마스에 대한 반감은 나중에 영국 여류 작가 레이첼 커스크의 폭력 환상물에서 메아리쳐 나온다. 그녀는 2014년의 소설 『윤곽』에서 한 철학 교수와의 복잡한 관계를 이야기하는 조연급

여성을 등장시킨다. 그 철학 교수는 하버마스 전공자이다. 그가 동거 공간 여기저기에 늘어놓은 책과 서류들은 그녀를 절망에 빠뜨린다. 그러나 그녀는 이 무질서와 싸울 —문자 그대로의— 힘이 없다. "위르겐 하버마스의 책들은 피라미드 건설에 사용되었던 돌들처럼 무겁다." 어느 날 저녁에 그녀가 귀가해서 고양이들이 문제 해결에 나선 것을 발견했을 때, 비로소 전세는 역전된다. "나의 소설책들은 건드리지 않았다. 하버마스 책만 심하게 손상되었다. 겉표지의 그의 사진은 모두 찢겨 나갔고, 『공론장의 구조변동』은 깊은 발톱 자국으로 너덜거렸다." 철학 교수는 더 이상의 손상을 방지하기 위해 그의 책들을 그때부터 따로 보관한다.[7]

그 여성이 연인인 철학 교수와의 관계와 무관하게 하버마스 책의 손상에 대해 깊은 만족감을 느끼는 것처럼 보인다는 점뿐만 아니라, 그녀의 혐오 속에서 표현되는 철학자 하버마스의 의아스러운 명성이 나를 적잖이 놀라게 했다. 그러나 뒤집어 [생각해]보면, 커스크가 하버마스 말고 과연 어떤 다른 동시대 사상가를 스콜라주의의 아이콘으로 선택할 수 있었겠는가? 프랑스인들은 학술적 관습에 대한 반역자라는 —정당한 것이든 부당한 것이든— 명성을 누린다. 그리고 미국인들은 대학 외부에는 알려지지 않았다. 출판인 악셀 마테스는 1970년대에 이미 하버마스가 하나의 "등록상표"라고 인정했다. 로널드 드워킨은 그 사람[하버마스]뿐만 아니라 "그의 명성"도 유명하다고 썼다. 아마 "하버마스"는 이미 오래전부터 단지 한 명의 개별 철학자가 아니라, 특정한 사유 방식을 대표하는 세계적으로 알려진 상표라고 하겠다.[8]

　　오후가 흘러가고, 6월의 태양이 하버마스 집 거실의 통유리창을 지나가는 동안, 우리는 아도로노와 푸코, 뉴욕과 예루살렘, 주어캄프출판사의 문화, 그리고 독일 통일이 그에게 의미한 것에 관해서 이야기를 나눴다. 막바지에 가서야 우리는 4달 전에 발발한 우크라이나 전쟁에 관해서 이야기했다. 최근 『쥐트도이체 차이퉁』에 발표한 그의 첫 입장표명으로 인해서 그는 많은 비판을 감수해야 했다. 과거에 항상 시대정신에 대한 자신의 감각에 의지할 수 있었던 그는 당혹감을 숨기지 않은 채 말했다. 그의 일생에서 "처음으로" 독일 여론의 반응을 도저히 이해할 수 없다는 느낌이 들었다고. 시간이 벌써 많이 흘렀다. 이쯤에서 우리는 헤어졌다. 뮌헨으로 돌아가는 길에 나는 어떤 마지막을 함께 체험했다는 비장함에 가까운 감정을 느꼈다. 하지만 무엇의 마지막인가? 한 지식인과 그의 독자 대중 간의 70년에 걸친 관계의 역사의 종말인가? 이날 오후 하버마스의 거실에서 나에게 현현했던 구 연방공화국의 종말인가?[9]

　　하버마스는 자신에 관한 책을 쓰려는 나의 의도에 대해 약간 의심하면서도 내게 생전 유고에 대한 접근을 허락했다. 그 이후 반년 동안 나는 보켄하이머 바르테에 있는 프랑크푸르트대학 문서보관소에서 그가 주고받은 서한들을 집중적으로 살펴보았다.**

하버마스가 그의 서류들을 마르바흐에 있는 번듯한 국립 문서보관소가 아니라 여기, 즉 사람들이 그의 서류를 시대에 뒤처진 분위기의 창백한 네온사인 속에서 보게 되는 장소에 제공했다는 것은 특이하다. 그에게는 오래된 자신의 활동 장소에 대한 충성심이 독일 고전가의 반열에 편입되는 것보다 중요했나 보다.

하버마스의 출판된 글을 일독하고 재독하는 일은 두 갈래의 연습으로 나타났다. 그의 주요 저작들은 내 기억에 있는 것과 마찬가지로 지독히 어려웠다. 그 대신에 나는 정치적 논평자이며, 비판가이자 논쟁가인 하버마스를 발견했다. 그는 논쟁의 링 위에서 품격 있는 솜씨를 발휘했는데, 그는 이런 솜씨를 학문적인 저작에서는 의도적으로 감추는 것 같다. 엄격하면서도 모순투성이인 한 사상가의 이미지가 다양한 퍼즐 조각으로 만들어진다. 이 사상가는 철학자로서는 누구보다 더 초시간적-보편적인 것을 목표로 삼지만, 공론장의 지성인으로서는 —그의 모든 개입을 기초로— 나치즘의 후유증으로 인해 독일에 주어진 특수한 역사적 상황에 대응했다. 1980년대 이래로 그는 이 두 역할을 명료하게 구분하는 일을 특별히 강조했지만, 양자의 교차 —거리 두기와 참여하기의 교체, 보편주의와 특수주의의 변증법— 는 그의 저작 전체를 관통하는 특징이

**   하버마스는 자신이 보관하고 있는 많은 자료와 서류들을 이미 프랑크푸르트대학 문서보관소에 기증했다. 조금 어색하지만, 이렇게 생전에 이미 보관되고 있는 하버마스의 자료와 서류를 가리키는 말인 'Vorlass'를 '생전 유고'라고 번역하기로 한다.

다. 그래서 연방공화국의 정신적 지형의 주요한 특징인 이론, 역사, 그리고 기억의 특이한 관계는 하버마스라는 인물에게서 거의 이념형적인 방식으로 드러난다. 그의 무한히 이어진 성공가도에서, 다수의 독자층은 그의 작품에 자신을 비추어 보았다. 그들이 하버마스에 반응했던 방식은 철학자에 대해서뿐만 아니라 그들 자신에 대해서도 똑같이 많은 것을 말해 준다. 무엇보다도 하버마스는 일종의 이념사적인 리트머스 시험지이다. 어쨌든 나는 그의 삶과 저작에 깊이 집중했던 동안에, '부정을 통해서ex negativo' 나의 세대의 지성적인 윤곽이 더 선명히 보인다고 생각했다.[10]

◆

전도된 세계에서

두 번째 에세이는 하버마스 세대(29년생, 45년 세대 또는 방공포 소년병 세대)의 시대적 특성과 하버마스를 독일의 공론장에 등장시켰고 또 유명하게 만든 한 에피소드를 소개한다. 하버마스는 1929년생이다. 시대적으로 독일의 1929년생 또는 45세대는 나치즘 속에서 성장했지만, 그에 대한 책임에서는 비교적 자유로웠던 독특한 위치에 있었던 사람들이다. 이 사람들은 나치 패망 이후의 극심한 정치적, 도덕적 혼란기에, 즉 **"전도된 세계에서"** 청년기로 진입했으며, 새로운 시대와 미래 삶의 발전 가능성에 대한 믿음을 지녔다. 하버마스도 이런 낙관주의에서 예외는 아니다. 그는 거의 평생 이상주의적 낙관주의자의 태도를 보였다(그러나 마지막 부분에서 드러나듯이 노령에 이른 지금 하버마스는 현대 세계를 그리 낙관적으로 보지 않는다). 이 당시 대학생이던 하버마스는 하이데거가 1953년에 발표한 책이 과거의 나치즘에 대한 과거의 긍정적 발언을 그대로 두었다는 사실에 충격을 느꼈고, 유명 신문에 하이데거를 비판하는 글을 발표했다. 무명의 대학생이 쓴 비판을 읽은 하이데거는 그 후로 죽을 때까지 어떤 신문도 읽으려 하지 않았다.

왜 하버마스가 옛 연방공화국[서독], 그리고 부분적으로는 새로운 연방공화국[통일 독일]의 화신인지 궁금한 사람은 하버마스의 세대에 관해 살펴보지 않을 수 없다. 그의 세대에 붙은 수많은 꼬리표 —방공포 소년병, 회의주의자, 29년생들, 45세대, 마지막으로 58세대— 만 보아도 이 세대가 정치 문화적인 틀에서, 그리고 전후 독일의 자기 이해에서 차지하는 공간이 분명하게 드러난다. 특히 1929년은 너무나 많은 위대한 인물을 낳아서 일일이 열거하기조차 쉽지 않을 정도다. 한스 마그누스 엔첸스베르거와 도로테 죌레, 크리스타 볼프와 하이너 뮐러, 하랄트 융케와 에두아르트 치머만, 랄프 다렌도르프, 그리고 바로 위르겐 하버마스 등등. 만약 29년생들이 낳은 특별한 성과를 설명해 주는 역사적인 근거가 없었다면, 아마 사람들은 별자리의 선한 영향 때문이라고 믿었을 것이다. 그 자신도 1929년생인 출판인 귄터 가우스는 "뒤늦은 탄생의 은총"을 근거로 들었다. 즉 45세대 —이는 하버마스에게 안성맞춤인 호칭이다— 는 전쟁 이후에 심각한 손상을 입기에는 너무 어리고, 시대적 변환을 완전하게 수용하기에는 충분한 나이여서, 최상의 출발 조건에 놓여 있었다. 하버마스는 이러한 유리한 출발의 수혜자임을 결코 부인할 수 없는 인물이다. 하버마스는 금세기로의 전환 이후에 두 살 위인 마르틴 발저에게 이렇게 썼다. 나는 "나 자신, 그리고 당신을 포함한 우리 세대가 전후 독일에서 우연히 마주했던 역사적 상황의 객체적인 수혜자, 다시 말해 무임승차자"라고 생각한다.[1]

　　45세대의 정치적 미덕 —현실감각, 낙관주의, 창의력— 은 인정받고 있다. 출판인 플로리안 일리스에 따르면, 1929년생 집단의 "정신적 실존의 토대"를 이루는 것은 "두 번째의 더 나은 삶의 가능성에 대한 믿음"이다. 이런 믿음은 1929년생 집단을 플로리안 일리스나 나의 세대[20세기 초의 예술가 세대]와 결합시키지는 않지만, 철의 장막 저편에 있던 우리의 동년배들과는 결부시킨다. 하버마스 집 거실의 책 더미에서 나는 알바니아의 정치학자 레아 이피의 회고록을 보았다. 거기서 그녀는 현실 사회주의의 종말 이전과 이후의 자신의 삶을 재현한다. "체계가 어떻게 변화하는가를 일단 한번 체험하기만 하면, 그 일이 얼마든지 다시 일어날 수 있다고 믿는 일은 그리 어렵지 않다." 이렇게 그녀는 그 시기의 지속적인 영향에 관해 쓰고 있다. 이 문장은 슈타른베르크의 독자[하버마스]에게 너무나 분명하게 이해되었을 것이다.[2]

　　즉 하버마스는 여러 기회에 뉘른베르크 재판에 대한 라디

오 뉴스, 그리고 연합국의 베르겐-벨젠 문서가 어떻게 나치즘의 참
된 모습에 대해 눈을 뜨게 해 주었는가를 서술한 바 있다. 하버마스
도 정치적인 새출발을 믿었다. 그는 30년 뒤에 이때를 회상하며 이
렇게 말했다. "우리는 정신적-도덕적인 쇄신을 필요하고 자명한 것
으로 간주했다." 이 회상은 커다란 기대와 결부되어 있었다. 그는
그때 "자발적인 청산"과 "어떤 폭발적인 행동", 즉 "정치적 정체성
의 형성에서도 출발점이 될 수 있는 행동"의 욕구를 느꼈다고 한
다.[3] 여기서는 사람들이 후에 그에게 부여한 개혁주의적 기질이 아
니라, 정화淨化, 변혁, 구원을 향한 희망이 표현된다. 열정적인, 심지
어 천년왕국의 성향을 띤 희망.

하버마스는 연방공화국의 건립과 거의 동시인 1949년 겨
울학기에 나의 고향 도시 괴팅겐에서 대학에 입학했다. 두 명의 민
족-보수적인 장관이 포함된 첫 번째 본Bonn 정부의 형성과 함께 이
미 일련의 실망이 이어지기 시작했다. 본 정부는 재무장, 반anti공산
주의, 그리고 실패한 탈나치화와 함께 시작되었다. "협소한 어휘력
을 가진 노인의 정상화 정책" —초대 독일 수상에 대한 하버마스의
평가— 은 사람들이 기대했던 출발을 배반했다. 랄프 다렌도르프의
말에 따르면, [처음에] 그는 열렬한 "아데나워의 추종자"였다. 그러
나 나중에 [그가] 이상적인 서구로의 접속을 옹호했을 때, 청년 하
버마스는 비군사화된 중립적 독일이라는 이념에 매달렸고, 1953년

에는 독일 기독교민주연합(CDU)에서 탈당한 당원 구스타프 하이네만의 '전 독일 민중당'에 투표했다. 역사적 기회를 놓쳤다는 신념이 서독 및 동독에 대한 그의 태도를 만들어 냈다. 그가 보기에는 동독 역시 또 다른 부패한 토대로부터 생겨났다. 요구와 현실, 가능성과 현실성 사이의 격차는 그의 비판적 사회이론을 밀고 나가는 동력이 되었다.[4]

이미 중고생 때부터 광범위한 철학적 독서를 시작했던 하버마스가 새로 등장한 표준에 반대하기 위해서 하필이면 마르틴 하이데거에게 의지했던 것은 그의 성장사의 역설에 속한다. 하이데거는 ―우리가 늦어도 『검은 노트』의 출판 이후에는 비로소 알게 되었듯이― 그 당시에 비탄과 자기 정당화에서 그 누구 못지않았다. 하버마스가 1950년대 초부터 『프랑크푸르터 알게마이네』*와 다른 신문에 기고했던 서평, 연극 비평, 그리고 시대진단 에세이들은 분명하게 하이데거의 음조를 띠고 있다. 그는 철학의 과제가 "존재의 역운Geschick에 귀를 기울이는 것"이라 말했고, "자기주장, 길들이기, 계획적인 관철의 실존"을 비난했으며, "우리는 '사물들'에 대한 올바른 관계를 상실"했다고 말했다. 이어서 그는 시대의 흐름에 대한 자신의 불편한 마음을 본래적 실존과 비본래적 실존의 이원론으로 해석했다. 이 이원론은 당시 어떤 성향이든 정치적 색채를 띤 문

---

*　　　*Fankfurter Allgemiene Zeitung.* 이하 『FAZ』로 표기한다.

화비평가에게는 거의 회피할 수 없을 듯해 보였다. 하버마스는 "아직 여전히 대학의 틀을 규정하고 있는" 노장 교수들에게, 낙후된 독서 수준을 끌어올려 하이데거와 "내실 있는 토론"을 벌이라고 요구하면서, 동시에 자신의 동년배들 전체를 "전회轉回의 행위"로 인도하는 분위기를 조성했다. "인간은 사물들에 대해 귀 기울이는 태도를 지녀야 하고, 그들을 지배하는 대신에 그들로서 존재하게 허용하는 법을 배워야 한다."[5]

"전회Umkehrung"의 개념, 그리고 "지배Verfuegung"와 "수용Vernehmen"의 이원론 등은 프리드리히 빌헬름 요제프 셸링의 『세계시대』의 '단편들'을 다루었던 1954년의 박사 논문에서도 중심 역할을 한다. 이 단편들에서 셸링은 독일 관념론의 주체철학과 절연하고, 대신 일종의 신비주의 전통을 향해 돌아선다. 이 신비주의 전통은 경건주의를 거쳐 유대 경전 카발라의 비의와 고대 후기의 영지주의로 소급해 가면서 세계를 타락의 상태로, 더 나아가 사랑과 미움, 빛과 어둠, 선과 악의 신적인 위계가 전도되어 버린 이후에 회개의 불꽃을 기다리고 있는 상태로 해석했다.[6]

너무도 냉철하고 이성적인 하버마스의 철학에도 아주 초기의 지성적 특성에서부터 발견되는 영지주의적 타락의 개념과 신비주의적 구원을 열망하는 잉걸불이 있는 것일까? 그가 했던 인터뷰 중 아마도 가장 솔직했던 인터뷰에서, 그는 우리 사회가 "뭔가 크게 잘못되어 있다"고 말했다. 동시에 그의 철학에는 종교적 원천

<hr>

에서 자라나는 근본적 직관, 다시 말해 "자율과 의존이 실제로 평화로운 관계를 맺는" 인간적 공동생활의 "행복한" 형태들에 대한 예감이 근저에 놓여 있다. 하버마스는 여기에 함축된 전도된 세계와 구원의 희망이라는 이원론을 이데올로기와 자기성찰, 도구적 이성과 의사소통적 이성, 체계와 생활세계 등의 연속된 개념 쌍들로 변주했던 것일까? 이 이원론은 "포스트 민족적" 독일이라는 전혀 다른 맥락의 사상에서도 다시 발견될 수 있을까? 하버마스가 1945년의 충격과 희망 앞에서 하이데거와 셸링, 신비주의자 야코프 뵈메와 카발라주의자 이사크 루리아에 매료된 것은 이해할 만하다. 그리고 이 사상가들이 하버마스에게 그가 마주하게 될 실망에 대항할 수단을 제공했으리라는 것도 분명하다.[7]

다른 사람도 아닌 하이데거가 자신의 정치적 전력을 새롭게 평가하기를 거부한다는 것을 알고 나서 하버마스는 크게 실망했다. 하이데거가 과거 1935년에 행한 "형이상학 입문" 강의에서 나치즘의 "내적 진리와 위대함"에 대해 말했던 것을 [그 강의를] 1953년에 책으로 출판하면서도 변함없이 유지했다는 사실을 계기로, 하버마스는 자신이 사표師表로 여겼던 사상가를 『FAZ』에서 비판했다. 그는 "오늘날 모두가 알게 된 수백만의 인간에 대한 계획적 살인도 존재사적으로 운명적인 오류로서 이해될 수 있단 말인가?"라고 질문했다. 이 질문으로 하버마스는 바로 그해에 탁월한 논쟁가로서 서독 공론장의 무대 위에 등장했다. 그가 하이데거와 절연했다고 말하는 것은 지나친 표현이리라. 그의 비판의 요점은 다음과 같은 주장에 들어 있다. 하이데거는 자신의 오류를 완고하게 정당화함으로써 독일 사회 전체의 병리학을 스스로 드러내고 있는 것처럼 보이며, 그래서 그는 시간성에 대한 자신의 획기적인 이해, 즉 과거를 "아직 앞에 놓여 있는 것으로서" 때때로 문제 삼으라는 요구에 충실하지 못했다는 것이다. 매우 일반적으로 말하면, 하버마스는 하이데거에게서 그 스타일에 반反하여 내용 자체, 즉 『존재와 시간』에서 전개한 범주의 천박한 정치적 적용에 반反하여 범주들 자체는 옹호했다. 그의 변증법적으로 정련된 결론에 따르면, 이제 "하이데거를 하이데거에 반해서" 사고해야 할 때이다.[8]

앞에서 언급한 야콥 타우베스는 이러한 전환에서 이미 "하버마스의 전모"를 인식하려 했다. 이는 충분한 근거가 있는 입장이다. 데카르트 전통의 고립된 주체를 이미 관여된 세계-내-존재로 해소했던 현존재 분석을 통해서 하이데거는 포스트 형이상학적 사고의 길을 제시했다. 그러나 그는 가다가 말았다. 그는 인간의 실존을 쓸모Bewandtnis의 관계로서 이해할망정, 의사소통의 관계로서는 이해하지 못했다. 하이데거의 영웅적 허무주의의 관점에서 볼 때, 타인과의 상호이해는 "세인das Man으로의 퇴락"이라는 비참한 상태로 나아가기 때문에, 그는 현존재의 상호작용적 차원을 인식할 수 없었던 것이다. 이러한 실패를 회복하는 일은 그의 독자인 하버마스에게 남겨진 과제였다.[9]

그런데 하이데거 자신은 어떠했나? 자신에 대한 하버마스의 비판을 읽은 『FAZ』의 독자[하이데거]는 "하버마아스Habermaas"가 이름 없는 24세의 대학생이라는 사실을 알고 망연자실했다. 그는 반론을 쓰지 않았다. 반대로 그는 아내에게 보내는 1953년 8월자 편지에서 그 후부터 "일부러 어떤 신문도 읽지" 않았다고 말했다.[10]

◆

가해자와 피해자

하이데거를 비판한 하버마스의 글을 본 아도르노는 하버마스를 저 유명한 사회연구소의 조교로 부른다. 이것은 하버마스 사상의 근본 방향을 결정한 결정적 사건이다. 청년 하버마스는 사회연구소에서 **"가해자와 피해자"**의 문제에 깊숙이 관여하게 되었고, 유대인 문제는 그의 사상 발전에서 고정값이 되었다. 사회연구소의 학문적 전통과 인간관계 속에서 하버마스는 자연스럽게 자신의 미래를 독일적-유대적 사고의 미래와 굳게 결합시켰다. 이러한 결합의 결과는 간단히 말하면 다음과 같다. 독일인은 사상 유례없고 또 앞으로도 없을 특별한 과거(나치즘과 인종학살)를 극복하기 위해서 필연적으로 보편적 원칙에 근거하는 정체성을 모색하지 않으면 안 되었다. 하버마스가 학문적 경력의 출발점에서 나치즘의 가해자와 피해자 문제에 깊이 얽히게 된 것은 나중에 그가 역사가 논쟁과 기억정치 논쟁에 적극적으로 뛰어들고, 또 일생에 걸쳐 '보편적인 지역의 사상가Der Denker der universellen Provinz'로 성장하는 결정적 계기가 되었다.

하이데거와 대척점에 있던 아도르노는 이 소장 학자에게 주목했다. 그는 1956년에 하버마스를 프랑크푸르트 사회연구소의 조교로 채용했다. "나는 마치 발자크의 소설 속에 등장하는, 대도시에 나와 비로소 눈을 뜨는 서툴고 배우지 못한 시골 청년이 된 듯한 느낌이 들었다." 헤르베르트 마르쿠제와 게르숌 숄렘 같은 방문학자를 위시한 유대인 귀환자들Remigraten과의 생활은 그에게 꿈만 같았을 것이다. 하이데거, 그리고 자신의 박사학위 논문을 지도했던 교수들이 나치였다는 사실을 알게 된 이 시골 청년은 1956년에 대도시로 나왔을 뿐 아니라, ―사회심리학자 크리스티안 슈나이더의 표현에 따르면― 가해자의 나라에서 피해자의 목소리로 말했던 아도르노와 일하게 되었다. 자신의 감정 세계를 잘 드러내지 않는 하버마스지만, 언젠가 자신이 "어떤 면에서" 아도르노를 좋아했다고 고백한 적이 있다. 하버마스보다 2년 일찍 호르크하이머의 조교로서 연구소에 들어왔으나 2달 뒤에 쫓기듯이 연구소를 떠났던 랄프 다렌도르프에 따르면, 두 책임자는 새로운 조교들을 그리 친절하게 대하지 않았다. 하버마스는 언어적 장애로 인해 강의를 할 수 없으며 "연구에서만 유능"하다는 말이 연구소에 돌았다고 한다. 하버마스도 처음에는 탈출을 생각했던 듯하다. 그러나 호르크하이머가 그의 정치적 견해 때문에 하버마스를 곧 해고하려 했던 반면에, 아도르노는 그를 지적인 대화 상대로 간택했고, 그에게 자신의 최근 생각을 알려주기 시작했다. 하버마스가 "흐르는 사상의 용암"을 체험하는 행운을 누렸을 때, 연구소의 노장들에게 그는 지성적 유망주가 되었다. 이 시대에 대한 회상들에서 우리는 특기할 만한 세부 사항을 발견한다. 벤야민 따라 하기가 서베를린의 68세대 사이에서 유행하기 훨씬 이전에, 하버마스는 그레텔 아도르노와 게르숌 숄렘에게 젊은 시절의 발터 벤야민을 떠올리게 했다. 숄렘은 벤야민의 넓은 이마에서 형이상학적 성향을 간파했었고, 아도르노는 일찍부터 벤야민을 둘러싸고 있는 "일종의 후광"을 봤었다.[1]

보수적인 독일 부모 슬하[에서 자란] 30세의 젊은 하버마스는 프랑크푸르트학파라는 평행우주에서 부모와 다른 쪽에 가담할 유혹을 느꼈을까? 주목할 만한 것은 그가 연구소에 취직하기 전에 태어난 큰아들의 이름이 틸만인 반면, 그후 태어난 두 딸의 이름은 구약성서에 나오는 레베카와 유디트라는 점이다. 1961년의 한 라디오 강연에서 하버마스는 독일 정신사의 뛰어난 유대 사상가들—모제스 멘델스존으로부터 게오르크 짐멜까지, 이사크 루리아로부터 호르크하이머와 아도르노까지— 을 다루었다. 그가 청취자들에게 말했듯이, 하버마스는 이 강연을 이미 때늦은, 그러나 그 자신의 지적인 실존을 위해서는 필수적인 자기 확인 행위라고 생각했다. 나치가 물리적으로 파괴하려 했던 이 전통을 존속시키고 또 새로운 생명으로 채우는 과제가 아도르노의 제자인 그에게 주어진 것은 아니었을까? 이 운명적인 귀속감은 나중에 다시 등장한다. 하버마스가 1980년대 말의 역사가 논쟁 직후에 독일의 포스트 민족적 정체성에 대해 논하면서 홀로코스트 생존자들에게서 처음으로 관찰되던 살아남은 자의 죄책 현상에 대해 언급할 때, 이 귀속감의 메아리를 들을 수 있다. 하버마스는 자신과 독일의 독자들에게 "저 도덕적인 파국 이후에 겨우 살아남은 자의 저주가 약화된 형태로 우리 모두의 남은 삶 속에 놓여 있지 않은가?"라고 물었다.[2]

　　　　다른 한편으로 하버마스는 피해자인 민족과 가해자인 민족 사이에는 어떠한 성급한 재결합을 통해서도 메워질 수 없을 심연이 입을 벌리고 있다는 게르숌 숄렘의 가르침에 [자신이] 얼마나 큰 충격을 받았는지를 회상한 적이 있다. 숄렘은 1966년 브뤼셀에서 열린 세계 유대인 회의에서 단호하게 선언했다. 즉 하버마스가 북독일 방송에서 —아무리 망가졌어도— 자신의 사유의 전제조건이라고 주장했던 독일인과 유대인의 공생은 사실상 예로부터 비대칭적이었고, 따라서 잘못된 생각이었으며, 심지어는 바로 저 파국의 원인 중 하나였다고 말이다. 하버마스는 숄렘의 발언이 그에게 일으켰던 거부반응에 대해 이렇게 회상한다. "우리는 그때 부패를 견뎌 낸 뛰어난 최선의 전통들 속에서 유대적인 생산성의 흐름을 발견하지 않았던가? 우리는 마르크스, 프로이트, 카프카 같은 사람들의 지적인 지배 아래에 서 있지 않았는가? 우리는 블로흐, 호르크하이머, 아도르노, 플레스너, 그리고 뢰비트처럼 망명에서 귀환했던 사람들에 의해 제자로 받아들여지지 않았던가?"[3]

소위 유대인의 "자기 과제"에 대한 숄렘의 비판은 유대인이 독일의 정신적 삶에서 완전히 물러나야 한다는 주장은 아닐지라도, 급격한 거리 두기를 요구하는 것이었다. 이에 반해 하버마스는 자신의 미래를 독일적-유대적 사고의 미래와 결부시켰다. 그는 이러한 사고를 위한 시간이 근본적으로는 파국 이후인 지금에서야 비로소 도래했다고 보았다. 물론 하버마스는 동일화의 벡터[방향값]를 역전시켰는데, 이것으로 그는 숄렘의 호감을 샀을 것이다. 즉 동화를 통해서 사회적 실존에 대한 권리를 획득하는 것은 결코 유대인의 과제가 아니다. "아우슈비츠 이후에" 그 엄청난 불행을 간신히 모면한 사람들의 관점을 자신의 것으로 삼아 유대 전통에의 권리를 획득하는 것이 독일인의 과제이다. 모든 것은 "우리[독일인]가 마르크스, 프로이트, 카프카에게 배운 추방된 자의 관점을 우리 자신에게로 향함으로써, 소외되고 축출되고 경직화된 부분들을 생명에서 뜯겨나온 어떤 것으로 파악하는 것"에 달려 있다고 하버마스는 선언했다.[4] 그가 1977년 예루살렘에서 숄렘의 80번째 생일 축하 연설을 할 때 밝힌 이런 생각에서 우리는 하버마스 자신의 화자 위치Sprecherposition에 대한 소급적인 정당화를 볼 수 있다.

하버마스는 1961년에 방송된 한 '라디오수필Radioessay'에서 약간 당혹감을 드러내면서, "언급된 학자 중 절반"에 대해서 그들이 유대인이라는 사실을 미처 의식하지 못했다고 고백했다. 숄렘의 말에 따르면, 그런 무지는 앞으로 독일에서 가능하지 않을 것이었다. 그리고 언젠가 다시 —더 정확히는 처음으로— 독일인과 유대인의 대화가 진행된다면, 그것은 오직 유대인이 **유대인으로서** 독일인에게 이야기하고, 또 **유대인으로서** 경청과 인정을 발견한다는 토대 위에서 진행되어야 할 것이다. 연방공화국, 즉 서독의 발전은 숄렘에게 그의 모든 회의에도 불구하고 분명 희망을 주었을 것이다. 물론 우리는 구 동독을 고려해서 유대인의 동화Assimilation의 역사 또는 —폴란드계 유대인 역사가인 아이작 도이처의 개념을 빌리면— "비유대적 유대인"의 역사를 마지막으로 한 장章 더 추가할 수도 있을 것이다. 독일 동쪽의 새로운 국가에 헌신하기 위해서 다시 귀환했던 유대인 공산주의자들을 생각해 보면 된다. 반면 서부 독일에서는 몇몇 예외를 제외하면 유대인의 동화의 역사가 종식되었다. 적어도 연방공화국에서 공적 발언에 참여했던 유대인 귀환자들은 피해자의 이름으로 발언했다. 몇 년 전 독일 기억정책의 "교리문답적 특성"을 비판하여 큰 파장을 일으킨 호주의 역사가 더크 모세스는 이 나라에서 "비유대적 유대인"의 형상 대신에, "비독일적 독일인"의 모습을 확인하였다. 그리고 "비독일적 독일인"은 과거의 죄를 용서받기 위해서 보편적 원칙에 근거하는, 전통과 역사에서 벗어난 집단 정체성을 가지려 한다고 말했다. 서독의 [이러한] "구원의 공화주의"에서 메시아적 특성을 찾아내는 모세스는 하버마스를 그 이념형적 대표자로 간주한다.[5]

심오함과의 작별

하버마스는 사회연구소의 스승들인 아도르노, 아렌트, 블로흐 등의 지적인 영감과 창조적 비전에 기초하고 있는 사변적이고 심오한 글쓰기 방식을 거부한다. 그는 에세이적 글쓰기의 장점을 부정하지는 않았지만, 의식적으로 방대한 문헌 자료 검색과 엄밀한 논리 체계에 기초하는 학술적인 글을 썼다. 이것을 지은이는 **"심오함과의 작별"**이라고 한마디로 표현했다. 『공론장의 구조변동』이나 『의사소통 행위 이론』을 독파하려 시도했던 독자라면 하버마스는 단지 "재서술의 귀재"라는 슬로터다이크의 비난 또는 스콜라 철학자라는 세간의 평가를 이해할 수 있을 것이다. 하버마스는 예언자적 비전과 영감과 천재 그리고 자기표현을 중시하는 철학을 신뢰하지 않는다. 그는 자신의 천재성도 극구 부인한다. 스스로 말했듯이, 철학자로서 하버마스는 흐드러지게 만발한 이론의 꽃밭에서 식물채집을 하는 식물학자의 삶을 즐겼다. 그리고 지은이에 따르면 참고문헌과 인용에 대한 이러한 끝없는 갈증은 라인강의 기적에 동반되었던 '돌연사 세대'의 보편적인 특징이었다. 하버마스는 일찌감치 하이데거류의 심오하고 사색적인 철학과 결별했고, 합리적이고 현대적인 철학 연구의 길로 들어섰다. 이것은 막스플랑크연구소장 시절의 연구소 운영 방식에서도 발견된다.

하버마스는 그의 가장 훌륭한 글 가운데 하나에서, 더 정확히 말하면, 1978년 레클람출판사에서 간행된 아도르노, 한나 아렌트, 에른스트 블로흐 등의 독일계 유대 지성인에 관한 작은 에세이집의 서문에서 에세이라는 장르를 예찬했다. 에세이는 체계적-철학적 서술에 비해서 "낮은 정도의 엄격성"을 보여 준다. 그러나 이 낮은 엄격성은 "현실의의 근접성", "더 큰 대중적 영향력", "더 노골적인 당파성"의 가능성, 그리고 "더 역동적인 연상"을 통해서 상쇄된다. 또 하버마스는 위 에세이집에서 다룬 학자들에게서 "은폐된 혼돈에 대한 높은 감수성"을, 그리고 그들의 저작에서 "거대한 역사적인 범위에 걸친 미세한 구도 변화"에 대한 감각을 보았다. 특히 사회적-문화적 격변의 상황에서 우리는 "징후를 지각하는 데 능숙한 사람들로부터 더 많이 배울" 수 있다.[1]

    대중적인 판단에 따를 때, 하버마스 자신은 이런 범주에 속하지 않는다. 하버마스는 아도르노가 마르크스에게서 배운 비판의 현실적 의의를 깊이 인정했지만, 그럼에도 아도르노의 철학함의 방식은 전혀 시대에 맞지 않는다고 생각했다. 그 지도교수는 팽창하는 참고문헌의 우주를 무시했고, 더 나아가 전쟁[2차 대전] 이전에 이미 기본적으로 독서를 중단했으며, 단지 "최종적 명증성"의 불빛에 기대면서 오직 소수의 고전만을 참고했다. 하버마스는 문학적 지성의 이러한 귀족 근성에 반대해서 "더 체계적인 접근법"을 채택했다. 아도르노는 자신의 조교에게 오로지 문헌 검색이라는 저급한 일만을 즐겨 맡겼을 가능성이 농후하다. 어쨌든 그 후로 거대한 양의 연구 문헌 검토는 하버마스의 사고 및 저술 방식의 특징이다. 그의 교수 자격 논문인 『공론장의 구조변동』은 ―현재까지 가장 많이 팔린 책인데― 신판 서문에서도 밝히고 있듯이 "여러 분야에서 나온 거의 정리가 불가능한 풍부한 글들을 종합"한 데에 기초하고 있다. 이것은 10년에 걸친 학제적 연구의 결과물인 1981년의 두 권짜리 책 『의사소통 행위 이론』에서 더 심화된다. 또 하버마스는 2019년 90번째 생일에 철학과 종교를 다룬 2천 쪽짜리 '교차적 역사Histoire croisee', 즉 『또 하나의 철학사』를 자신과 독자들에게 선물했다. 이 후기 작품의 서론에서 하버마스는 자신이 이미 연로해서 주제와 연관된 "방대한 2차 문헌들"을 거의 고려할 수 없었다고 말했는데, 여기서 그의 말에 속으면 절대 안 된다.[2]

그는 자신의 저술 방식을 설명할 때 식물채집의 비유를 즐겨 사용한다. "흥미로운 꽃이나 풀을 발견하면 나는 그것이 다른 꽃이나 풀들과 어떻게 어울리는지, 이들로부터 어떤 묶음이나 패턴을 만들 수 있는지를 살펴본다.” 1970년대에 『메르쿠어』에 하버마스의 배치 기술에 대한 변론을 발표했던 악셀 호네트에 따르면, 이런 저술 방식은 그의 철학의 내용에서 불가피하게 나온 것이었다. 아도르노는 대상의 지배라는 숙명적 상황 속으로 다시 함몰되지 않기 위해서 오직 비체계적-에세이적 형식을 통해서만 도구적 이성 비판을 수행할 수 있었다. 같은 이유로 하버마스의 의사소통적 사회이론은 오직 대화적으로만 수미일관하게 제시될 수 있었다는 것이 호네트의 판단이다. “하버마스 이론의 형식적 구성은 목적 합리성에 대한 문체상의 저항이 아니라, 상호주관적인 이해를 지향하고 있다. 하버마스의 이론은 학문을 가능하게 하는 토론Diskussion에 기초해서 자신의 서술 형식과 구성 원칙을 만들어 낸다. 그래서 이론 자체가 토론의 형식 속에서 정당화된다.”[3]

[그렇다면] 그는 연방공화국의 소크라테스였는가? 그렇지는 않다. 하버마스가 수행한 토론 형식, 즉 그가 언젠가 “냉혹한” 점유Aneignung라고 표현했던 토론 방식은 산파술적인 대화 진행과별 관계가 없다. 그의 작품에 배어 있는 문헌을 향한 갈증은 오히려 전후 재건기의 정신세계를 드러낸다. 마치 “돌연사 세대”의 특징인 지나친 과로의 경향이 동 세대 정신 노동자들에게도 스며들었던 것 같다. 하버마스의 굼머스바흐 시절 학교 친구이자 나중에 빌레펠트 대학의 사회사학자가 된 한스울리히 벨러가 1964년에 쓴 편지는

그 징후를 보여 준다. 이 편지에서 벨러는 미국에 연구차 체류한 뒤에 "거의 그로기groggy" 상태로 귀국했었다고 말한다. 그는 미 제국주의를 다루는 자신의 교수 자격 논문에 필요한 문헌들을 찾기 위해서 뉴욕의 서고에서 여러 주에 걸쳐 "아침 8시부터 밤 12시까지" 온 힘을 다해서 작업했다. 의사는 그에게 "극심한 탈진"이라는 진단을 내렸다. 벨러는 그나마 더 심각한 일이 일어나지 않았던 것은 자신의 "스포츠로 단련된 심장" 덕분이라고 말했다. 그는 1950년대까지 중거리 달리기 선수로 활발히 활동했었다.[4]

　　하버마스는 언젠가 자기 세대의 과제가 "심오함과의 작별"이라고 말했다. 45년 세대는 —하버마스가 비판했던 하이데거식의— 은밀히 속삭이는 사유의 영웅주의를 냉철한 연구 수행의 영웅적 활동으로 변화시켰는가? 같은 세대에 속한 마르틴 발저는 1970년대 후반의 일기에서 당시에 절친했던 하버마스가 한 만남에서 "철학에서의 학문성 요구"에 대해 다음과 같이 이야기했다고 썼다. "우리는 언제나 책을, 참고문헌을 읽어야 한다. 학자들은 그들에 대해 누군가가 쓴 것을 모두 읽도록 서로 강요함으로써 서로의 목을 조른다. 더 앞서서 출판한 사람은 타인을, 타인이 그를 강요하는 것보다 더 강요한다. 그는 타인에게 속히 다음 책을 내도록 강요할 수밖에 없다." 이 문장들에서 풍기는 학술 연구의 표준에 대한 풍자에 가까운 반어적 거리 두기는 발저가 부가한 것일 수 있다. 그러나 누가 알겠는가? 문학자들과의 교류에 대한 하버마스의 관심이 어쩌면 그의 내밀한 반-학술적인 성향을 시사한다면, 사실은 하버마스가 발저에게 자신의 속내를 내비쳤던 것일 수도 있다.[5]

페터 슬로터다이크가 경멸적으로 "[하버마스는] 재서술의 귀재"라고 말했던 것 뒤에는 학술적인 현학이나 놀이적 취미 이상의 것이 있다. 하버마스는 하이데거와 결별하면서 "천재적인 것", 창의적 사고의 몸짓을 "의심스러운 것"이라고 선언했다. 그는 1980년대에 "생활양식, 비전, 표현적인 자기 제시로서의 사상가는 이제 허용되지" 않는다고 썼다. 그의 절제 원칙에 따르면, 사상가는 "세계관의 생산자"가 아니다. 그는 고집스러울 정도로 일관되게, 미학적 아방가르드의 유산, 예를 들면 은밀하게 속삭이는 테제, 암시적인 그림, 가깝고 먼 미래에 대한 예언 등을 거부하는 듯이 보인다. 그런 잘못된 수단은 그가 보기에 단지 무책임한 사상가들만이 이용한다. 적어도 1968년 이후에 그는 자신의 동년배인 한스 마그누스 엔첸스베르거를 그런 사상가로 분류한다. 하버마스는 통렬한 반어법으로 자신은 엔첸스베르거와 달리 "유감스러울 정도로 진지한" 인간이며, 게다가 단지 "아주 가끔만 유쾌"하다고 썼다. 이것이 종종 독자들에게 흥분을 가라앉히는 방식으로 전달되는 그의 정신적 체온이다.[6]

1990년대 초 연방공화국의 선도적인 사회학자의 전형이었던 하인츠 부데가 보기에 "이 세대[45년 세대]는 의도적으로 정신적인 화려함 따위를 제공하지 않기로 작정한 듯했다." 우리는 하버마스가 하이데거에 반대해서 사고하기 위해 동원한 장치도 이런 관점에서 이해할 수 있다. 자신의 학문분과에서 "수사학적인 요소"를 추방하기 위해서, 또 그가 보기에 1980년대에 하이데거를 추종한 프랑스 철학자들의 악습이었던 이론과 문학의 혼합을 예방하기 위해서, 하버마스는 의도적으로 무미건조한 '명사 중심의 문체Nominalstil'를 선택한 듯하다. 그래서 많은 독자는 하버마스에게서 권위 있고 탁월한 학자를 발견했을지언정, 아무리 해도 한 사람의 작가를 볼 수는 없었다. 서베를린의 사회학 교수 우르스 예기는 1981년에 "하버마스 자신의 목소리는 [어디에 있는가]?"라고 의문을 던졌다. "그의 목소리는 다른 목소리 뒤에 숨는다. 그의 목소리는 해명하고 보완하고 퍼뜨린다. 원저자는 중요하지 않다." 하지만 우리는 이것도 전혀 다른 방향에서 볼 수 있지 않을까? 기본적으로 하버마스는 롤랑 바르트가 1967년에 선언한 『저자의 죽음』을 자신의 저작 속에서 실제로 구현한 유일한 사람이다. 하버마스는 자기 목소리를 숨기는 어법과 타인의 글을 재서술하는 집필 방식을 통해 주체가 논의Diskurs*의 무아지경 속에서 사라지게 하는 데 있어서 프랑스의 현란한 저술가들보다 훨씬 더 철저하다.[7]

*   Diskurs는 보통 '담론', '담화', '논의' 등으로 번역된다. 옮긴이가 보기에 하버마스의 Diskurs는 의미상 우리말의 '논의'에 더 가깝다. 따라서 이 글에서는 담론 대신 '논의'라고 번역한다. 한승완의 『공론장의 새로운 구조변동』, 17, 주7 참조.

◆

현재 의식

그러나 하버마스가 단지 이론의 꽃밭에서 노닐며 기화요초를 수집하는 식물채집 철학자에 머물렀다면 그가 독일에서 철학자의 아이콘이 되었다는 사실을 어떻게 설명할 수 있을까? 지은이는 **"현재 의식"**이라는 야콥 타우베스의 개념을 통해서 이 물음에 답한다. 하버마스의 학술적인 이론은 훔볼트가 생각했던 자기 도야를 위한 '이론'이 아니라, 현재에 포함된 역사적 변혁의 가능성을 포착하는 "현재 의식"으로서의 이론으로 이해되어야 한다. 하버마스의 이런 문제의식은 "인식과 관심"을 주제로 다룬 프랑크푸르트대학 취임 강연에서 분명하게 등장했다. 그의 일견 건조하고 냉철해 보이는 이론은 시대의 문제를 포착하는 민감성과 실천의 문제를 고민하는 변증법적 비판의 특성을 내장하고 있기에 그는 단지 철학 연구자가 아니라 '위대한 철학자Der Philosoph'가 될 수 있었다.

하버마스는 지나칠 정도의 참고문헌 인용 때문에 훗날 독창성이 부족하다는 비판을 받았지만, 바로 그것 덕분에 한 시대의 주인공이 되었다. 이것은 하버마스의 영향사에서 아이러니한 반전 포인트 중 하나에 속한다. 1960년대 중반, 지그프리트 크라카우어는 주어캄프의 편집인 카를 마르쿠스 미헬에게 "매우 불투명해진 사회"에 대한 비판을 위해서는 "단지 어중간하게 논증된 의견들" 이상의 것이 필요하다고 썼다. "아마도 현재의 어려운 상황이 요구하는 것은 과거의 지성인들 대신에 '지성인이면서도' 연구자인 사람, 말하자면 하버마스 같은 사람의 등장이다." 아르놀트 겔렌 같은 보수주의적 관찰자도 이 복잡한 사회에서는 문학적 지성만으로는 부족하다고 주장했다. 아도르노 부정변증법의 "계시적 활동"을 학문적 작업이라는 진지한 행동으로 극복하려 한 하버마스의 시도는 이러한 부족함에 대한 프랑크푸르트학파의 응답으로 간주될 수 있다.[1]

연구자와 지성인, 하버마스가 그의 이력 속에서 절묘한

균형을 이루며 수용한 이 두 역할은 1960년대에는 서로 합치되는 듯했다. 이는 대체로 "이론"이라는 마법적 단어, 다시 말해서 훔볼트대학의 교육이념과 절연한 새로운 사고의 기호Chiffre와 관련이 있다. 과거 정신과학들의 맹주였던 철학이 존재의 의미 또는 똑같은 고전가들을 집요하게 해석하는 동안, 이론은 자신을 야콥 타우베스가 헤겔에 기대서 정리했듯이 "현재 의식"으로서 이해했다. 이런 의식을 구현하고 있는 사람을 찾아 나가면, 우리는 반드시 하버마스에 도달하게 된다. 1964년, 타우베스는 하버마스에게 "하버마스에 의해서 철학에 새로운 특성이 등장"하고 있다는 외람되고 과감한 찬사를 보냈다. 그러나 타우베스의 평가는 정당했다. 하버마스 자신은 플레스너의 표어인 "지연된 민족"을 변주하여, 독일의 전후 철학 전체가 절망적인 정체 상태에 있다고 아무 거리낌 없이 인정했다. 시인과 사상가의 나라인 이곳에서만 "다른 곳에서는 이미 무너진 정신의 특이한 형태"가 잔존하고 있다는 것이다.[2]

그는 이런 상황에 반대해서 철학을 개별 과학의 연구 의제들뿐 아니라, 정치적 실천과도 직접 연결지어야 한다고 주장하고 나섰다. 그의 젊은 시절의 교수 취임 강연들은 새로운 사유 양식을 정의하려는 시도들로 읽힐 수 있다. 1961년의 마르부르크대학 사강사 취임 강연에서 그는 정치철학의 고전적-아리스토텔레스적 연구 방식뿐만 아니라 홉스로 소급되는 근대적인 연구 방식도 비난하고, 그 대신에 "변증법적 사회이론"을 옹호했다. 이 이론은 "매 단계에서, 실천과 자신의 고유한 관계를 스스로 의식하며, 이 자기의식에 의해 인도되고 또 수미일관 그것에 충실하다." 이러한 주제는 4년 뒤 "인식과 관심"을 주제로 한 프랑크푸르트대학 취임 강연에서 한층 더 분명하게 등장한다. 하버마스는 저명한 동료 교수들의 참석보다는 아버지의 참석 때문에 더 심하게 긴장한 듯이 보였다. 그는 이론theoria에 대한 고대적 관념을 비판하는 것으로 말문을 열었다. 고대인들은 관조적으로, 그리고 모든 정념에서 벗어나 "우주를 직관"하는 것에서 인식과 인생의 이상을 발견했는데, 이런 태도는 19세기 이후 실증주의와 운명적으로 결합했다고 하버마스는 말했다. 하버마스가 옹호한 이론은 스토아주의적인 초연함의 태도를 거부했다. 이런 태도는 현상학 또는 소위 판단중지의 이론적 태도에서 재등장했다. 현상학의 창시자인 유대인 학자 에드문트 후설은 자신의 학술적인 실존이 이미 나치에 의해 파괴되었던 1930년대에도 이런 [판단중지의] 이론적 태도를 견지했다. 보수적인 혁명가 하이데거는 벌써 스승의 관조적인 초연함을 단호한 몸짓으로 반박했다. 전후에 아도르노는 하이데거의 영웅적인 사유 스타일에 대해서 당혹감의 정념Pathos을 대립시켰다. 특유의 냉철한 태도에도 불구하고, 청년 하버마스의 스타일에는 20세기의 철학적 논의에 과민한 긴장감Tonus을 부여했던 이 두 가지 태도가 모두 들어 있다. 존경받던 독일계 유대인 에세이 저술가들에 대해 말하면서, 하버마스는 이들을 지성인으로 만든 것은 "이런 민감성"이라고 설명했다. 여기

서 하버마스는 아마도 자기 자신을 포함하여 말하고 있다.[3]

주어캄프의 발행인 지그프리트 운젤트가 이미 저자로서 확보했던 하버마스를 1963년에 새로운 이론 총서의 자문위원으로 영입한 것은 어느 정도 불가피한 일이었던 것으로 보인다. 운젤트와 그의 편집인 카를 마르쿠스 미헬은 이 총서가 하버마스를 염두에 두고 기획된 것임을 분명히 했다. 하버마스가 1966년에 타우베스와 디터 헨리히를 위시한 다른 자문위원들과의 지속적인 갈등 때문에 자문위원직을 내려놓으려 했을 때, 미헬은 즉각적으로 개입했다. 미헬은 "나는 하버마스에게 총서가 그의 협력을 전제로 기획된 것이며, 그가 사퇴하면 우리는 총서를 접게 될 것이라고 매우 명백하게 말했다"라고 운젤트에게 보고했다. 1960년대 중반에 문화잡지 『쿠어스부흐』를 발간했던 엔첸스베르거도 하버마스에게 "내가 창간한 이 잡지는 당신 없이는 존속할 수 없으며, 당신을 위해서 생각된 것"이라고 말했다. 어떤 식으로든 자신을 진보적, 또는 적어도 시대 의식적이라고 이해했던 독일의 모든 출판사는 앞다투어 하버마스의 협력을 구했던 것처럼 보인다. 심지어는 하버마스의 『공론장의 구조변동』에 관한 연구로 인해서 당시 학생운동의 공격목표가 되었던 슈프링거출판사도 하버마스에게 추파를 던졌다.[4]

1989년의 베를린장벽 붕괴 직전[에 있었던] 주어캄프 편집인 귄터 부슈의 60번째 생일에 하버마스는 이론 문고 Theorie-

Taschenbuch에 대해 하나의 감상적 기념비와 같은 발언을 했다. 그는 이렇게 말했다. 어떤 책들은 그것의 역사적인 출현 맥락과 불가분하게 결부되어 있으며, "이런 텍스트는 표지를 떠올리지 않고서는, 책 제목을 처음 볼 때의 그 책의 색과 판형을 눈앞에 그리지 않고서는, 제목의 서체를 보지 않고서는, 빛바랜 현실성의 냄새와 소음을 느끼지 않고서는 기억되지 않는다. 그 제목이 일으킨 증상 전체는 사실 그것의 현실성 덕분이었으며, 바로 현실성 속에서 제목은 자신의 호소력을 발휘했다." 그리고 하버마스는 『본래성이라는 전문용어』, 『반혁명과 반역』 또는 『우리 도시들의 황량함』 같은 주어캄프의 고전들이 바로 그런 경우라고 말했다. 하지만 그는 1970년대 초에 특별한 아우라를 지녔던 책들인 자신의 『인식과 관심』, 『이데올로기로서의 기술과 과학』 또는 『후기 자본주의 정당성 문제』를 거론해도 좋았을 것이다. 1950년대 후반에 아도르노와 엔첸스베르거가 문화산업의 도구로 간주했던 문고본은 그 뒤 수십 년이 지나면서 전복적인 소식의 담지자가 되었다. 1958년의 헤센 라디오 방송 프로그램 "문고본 생산에 대한 분석"에서 교양이 상품으로 타락하고 독서는 소비로 평면화된다는 암울한 전망을 제시했던 엔첸스베르거와 달리, 문고본의 저자 하버마스는 이미 1960년 초에, 책 시장은 문고본을 통해서 "경제적인 면에서 접근 편의성이라는 해방적인 기능"을 한다고 보았다. 다시 말해서 문고본 책들의 내용은 "문고본의 확산을 초래한 대량 매출의 법칙"과 무관하게 유효하다

는 것이다.[5]

　　그렇다면 문고본의 앞뒤 표지 사이에는 난해한 사유가 펼쳐져 있다고 말할 수 있다. 1960년대 초에 하이델베르크에서 하버마스의 강의를 들었고 나중에 저널리스트가 된 군터 호프만은 이 젊은 교수의 설명이 자신에게 얼마나 불명료하고, 낯설며, 복잡 무쌍하게 보였는지 회상했다. 그러나 전후 모더니티의 추상성 선호 분위기 속에서 이런 어려운 말투는 특유의 매력을 발휘했다. 요즘에는 이해하기 어려운 사상은 즉시 쓰레기 취급을 받는다. 그래서 전혀 이해 불가하거나 매우 어려운 것, 접근 불가한 것 또는 해석을 요구하는 것이 특별한 매력을 가진다는 태도는 우리에게 낯설다. [그러나] 아도르노는 『미니마 모랄리아』에서 "그 자체로 이해되지 않는 사상만이 참되다"라고 말했다.[6]

　　새로운 난해한 이론 언어가 당시 서독 사회에서 퍼져 나갔던 속도는 『메르쿠어』의 편집장 한스 페슈케의 심경 변화에서 가늠할 수 있다. 그는 1965년에는 『인식과 관심』의 원고를 일단 거부했다. 그러나 3년 뒤 그는 하버마스에게 이렇게 썼다. "『메르쿠어』의 평균적 독자의 교양 수준과 이해력을 의심하는 그런 실수를 이제는 범하지 않겠습니다. 만약 어떤 독자가 그동안에 개념들, 즉 우리의 관심 대상인 대학생들이 당신과 마찬가지로 논증에서 활용하는 개념들을 배우지 못했다면, 그런 독자는 지성적인 동시대인이라고 말하기 어렵습니다." 막스 프리슈 같은 성공적인 작가조차도 이론에 경의를 표할 필요를 느꼈다. 그는 하버마스의 프랑크푸르트대학 취임 강연을 보완하여 출판한 책 『인식과 관심』을 통독한 뒤에, 평소 운젤트를 통해 알고 지냈던 저자 하버마스에게 따로 연락해서 깊은 존경심을 표현했다. 그는 자신은 나이 때문에 아마도 앞으로도 "사회학의 언어"에 숙달할 수 없을 것이라고 말했다. "그래서 나는 귀하의 사고를 마치 논쟁의 현장에 낄 수 없어 울타리 너머에 기웃거리며 서 있는 사람처럼 뒤따라갑니다. 이 사람은 과묵하며, 매혹되어 있고, 항상 완전하게 이해하지는 못하며, 그의 말에는 근본적으로 확신이 없습니다. 그렇지만 그는 무언가를 이해했음이 분명합니다."[7]

하버마스를 감싸고 있는 후광은 결국 그가 독일의 정신과학을 편협성에서 벗어나게 하여 국제적인 연구 수준으로 이끈 학자라는 사실에서 온 것이다. 야콥 타우베스는 하버마스와 함께 편집했던 새로운 이론 총서를 통해서 "외국의 지적 자극을 독일의 논쟁으로 들여와서 향후 20년 이내에 외국의 수준을 따라잡으려는" 희망을 지녔다. 1960년대 중반, 슈프링거출판사의 편집자인 게오르크 람제거는 하버마스를 미국 시사 주간지 『타임』의 문예 코너 'Times Literary Supplement'를 본뜬 '문예 세계 Literarische Welt'에 비평가로 영입하려 했다. 하버마스는 "독일에서 유래하는 철학적이고 사회학적인 신간들"은 별로 생산적이지 못하며, "그래서 우리는 (서구) 외국의 문헌들도 다루어야 할 것"이라고 답했다.[8]

◆

중심이 무너진다

1965년 초 하버마스는 거의 동시에 프랑스 방문 기회와 미국 방문 기회를 얻게 되었다. 이때 그는 마치 운명처럼 프랑스가 아니라 미국을 선택했다. 이후 그에게 미국은 일생에 걸쳐 가장 중요한 의미를 지니는 국가가 되었다. 하버마스는 1960년대 후반의 미국, 특히 뉴욕의 물질적 풍요함과 정신적 자유로움에서 큰 감명을 받았다. 물론 그는 다른한편 "광범위한 부패, 폭력, 질병, 정신병" 등을 목격했다. 이 시기에 미국 사회의 어두운 면을 폭로한 기사가 미국 여류 작가 조앤 디디온의 현장 르포였는데, 이 르포 기사는 **"중심이 무너진다"**는 윌리엄 버틀러 예이츠의 유명한 시("The Second Coming" 1919)의 첫 구절로 시작된다. 그러나 하버마스는 비틀스를 포함해서 당시 절정에 달했던 미국의 팝 문화에는 큰 관심이 없었다. 그는 첫 방문에서 미국이라는 국가의 품격과 가치에 감명을 받았지만, 그 어두운 이면에 대해서는 별로 주목하지 않았던 것 같다고 지은이는 넌지시 암시한다. 그리고 하버마스는 미국에 대한 정치적 선호에도 불구하고 또여러 차례의 교수 초빙에도 불구하고 끝내 미국행을 택하지 않고 독일에 남아서 활동했다. 그는 철학자로서 독일의 공론장에서 발언할 수 있는 지위를 결코 포기하려 하지않았다.

우리 아버지는 10년의 차이를 두고 하버마스가 다녔던 굼머스바흐 김나지움을 다녔다. 아버지에게 특별했던 교육적 경험은 1950년 말에 —담배를 피워 물고 수업했던— 불어 선생님이 그를 데리고 갔던 파리 여행이었다. 아버지는 프랑스 애호가가 되어서 돌아왔다. 지금도 그는 불어를 말할 기회가 있으면 눈에 생기가 돈다. 나중에 그는 미국에서도 잠시 살았지만, 이 나라와 그 언어, 그리고 문화를 끝까지 낯설어했다.

하버마스는 정반대인 것 같다. 전후에 어떤 나라가 당신에게 가장 중요한 의미를 지녔느냐는 질문에 그는 조금도 망설임 없이 "미국"이라고 대답했다. 그리고 새로운 것은 모두 결국 거기에서 왔다고 말했다. 물론 그는 대학생 시절에 프랑스 쪽 지중해 연안까지 자전거 여행을 했고, 후에는 자녀들과의 여름휴가를 기꺼이 프랑스 브르타뉴에서 보냈지만, 그의 지적인 관심은 미국에 정향되었다. 프랑스냐 미국이냐? 이 문제는 당시 젊은 서독인에게는 사실 실존적 결단에 속했던 듯하다. 1965년 초에 프랑스 철학자 뤼시앵 골드만이 하버마스를 파리의 컬로퀴엄에 초청하기 위해 헛되이 노력하는 동안, 하버마스는 그의 최초의 대서양 횡단 여행을 감행했다. 하버마스는 그를 초빙했던 뉴욕의 미디어 사회학자 롤프 메이어슨에게 "처음으로 신세계에 나온 변방의 유럽인이 느끼는 불안과 중압감"에 대해 고백했다. 프랑크푸르트학파의 이 젊은 학자가 이렇게 겸손한 태도를 보인 것은 매우 드문 일이다. 뉴욕의 지성인들 사이에서 두각을 드러내야 하는 상황이 그를 불안하고 두렵게 만들었던 것으로 보인다. 그는 보스턴, 시카고, 그리고 산타바바라를 여행했고, 미국에 이주한 브루노 베텔하임 및 레오 뢰벤탈과 만났으며, 앤아버에서 대학생들과의 대화모임에 참가했고, 처음으로 TV 방송에 출연했다. 이미 그는 교수 자격 논문에서 TV의 치명적인 정치적 효과를 추적했던 터였다. 그러나 무엇보다 그는 뉴욕의 지성계에 좋은 인상을 남긴 듯하다. 귀국할 즈음에 메이어슨이 그의 성공적인 데뷔를 확인해 주었을 때, 하버마스는 분명 큰 만족감을 느꼈을 것이다. "나는 당신이 어째서 처음에 마치 당신이 진짜 미국인이 아닌 것처럼 행동했는지 이해할 수 없습니다." 그의 미국풍 옷차림에 따라서 판단하건대, 그는 이후 다시는 그렇게 행동하지 않았을 것이다.[1]

　　2년 뒤인 1967년, 독일 학생운동이 베노 오네조르크의 죽음을 계기로 고조되었을 때, 그는 이번에는 온 가족을 데리고 다시 뉴욕으로 날아가 한 학기 동안 '사회연구를 위한 뉴스쿨New School for Social Research'에서 강의했다. 이 체류 기간에 그는 사회학자 다니엘 벨과 한나 아렌트를 알게 되었다. 한나 아렌트는 W. H. 오든과 우베 욘존을 위시한 자신의 남성 추종자들로 이루어진 측근 그룹에 그를 끼워 주었다. 1960년대 말 뉴욕 곳곳에는 주어캄프-문화의 주역들이 있었던 것 같다. 그는 거기에서 우연히 엔첸스베르거와 마주쳤다. 엔첸스베르거는 그때 코네티컷 웨슬리언대학에서 연구비를 받고 있었고, 이듬해 1월에 쿠바 아바나로 갔다.[2]

하버마스 가족은 이번에도 당시 마침 영국 런던에 체류하고 있었던 메이어슨 가족의 집에서 살았다. 첫째와 둘째 아이는 '어퍼이스트사이드'에 있던 루돌프 슈타이너학교에 다녔다. '뉴스쿨'의 대학생들은 그들의 비판적-정치적 의식을 통해서 객원교수에게 감명을 주었다. 그들은 독일 '대학생 시위대'에 비해서 이데올로기적으로 편견이 없어 보였다. 특히 미국의 유대인에 대한 그들의 강요되지 않는 자유로운 태도는 하버마스에게 강한 인상을 주었다. 그는 독일에 있던 친지인 미처리히 부부에게 "우리는 유대인의 새해 축제를 마치 우리도 그 일원인 듯이 공원에서 함께 축하했습니다"라고 보고했다. 그러나 그는 동시에 미국인들의 삶의 "불안정한 측면들"도 인정했다. 그는 편지에서 그의 눈에는 그저 비참하게 느껴졌던 맨해튼을 묘사했다. "나의 모든 관심은 무엇보다도 정당들의 하부에 있는 정치적 활동무대들을 이해하는 데로 향합니다. 예를 들면, 블랙 파워, 신좌파, 히피족 등등. 물론 이 나라를 전체적으로 이해하는 일은 어렵습니다. 하지만 세계에서 가장 부강한 이 나라는 적어도 그의 가장 거대한 도시에서는 광범위한 부패, 폭력, 질병, 정신병, 모든 영역에서의 극단적 변종들과 함께 살고 있고, 그래서 종종 숨이 막힐 지경입니다."[3]

하버마스는 첼시호텔 거주자들의 약물 문제를 다룬 앤디 워홀의 6시간짜리* 실험영화 《첼시 걸즈》를 보았던 것일까? 그는 『새터데이 이브닝 포스트』에 실린 캘리포니아 히피에 관한 조앤 디디온의 현장 르포 기사를 읽었던 것일까? 이 르포는 첫 문장 —"중심이 무너지고 있었다"— 에서부터 벌써, 1919년의 암울한 시기에 시인 윌리엄 버틀러 예이츠가 말했던 최악의 우려가 당시 미국의 현실이 되었음을 보여 주었다. 하버마스가 마틴 루터 킹의 암살 직전이었던 당시에 정점에 달했던 인권운동에 관심을 가졌음은 분명하다. 그가 뉴욕으로 가기 전 한 동료에게 말했듯이, 메이어슨 가족이 그에게 빌려준 아파트에는 "심지어 흑인 가정부"가 딸려 있었다. 이 가정부의 존재는 아프리카계 미국인 서비스 인력을 고용했던 자유주의적 뉴욕 시민층의 다른 구성원들처럼 하버마스 가족에게도 도덕적인 문제를 제기했을까? 이에 대해서는 다만 추측할 수

---

* 확인해 보니 이 영화의 상영시간은 약 210분, 즉 3시간 반 정도이다. 지은이의 착오가 있었던 것으로 보인다.

있을 뿐이다. 하버마스는 그 직후에 유고슬라비아 코르출라^{Korcula} 섬에서 열린 학술대회에서 미국의 "인종갈등"을 마르크스주의적 관점에서 분석했다. 그는 이 "소외된 집단"은 자본주의 사회에서 구조적으로 착취당하는 "사회적 계급"이 아니며, 그래서 이들의 항의는 내전과 유사한 상태를 초래할 수는 있지만, 혁명적 잠재력을 지니지는 않는다고 말했다.[4]

분명한 것은 하버마스가 당시에, ―팝 문화의 연대기 작가인 워홀의 말을 빌리면― 바로 그해에 정점에 달했던 미국의 팝 문화에 대해 잘 알지 못했다는 것이다. 이 지점에서 그는 스승인 아도르노를 전적으로 따르고 있는 것처럼 보인다. 1967년 여름에 맨해튼을 충격에 빠뜨렸던 비틀스의 새 앨범《서전트 페퍼^{Sgt. Pepper}》마저도 그에게는 별로 흔적을 남기지 않았음이 분명하다. 몇 년 뒤 지그프리트 운젤트가 개최한 파티에서 페터 한트케가 하버마스에게 비틀스에 대해서 어떻게 생각하느냐고 물었을 때, 그는 비틀스는 잘 모른다고 하면서 넘어가려 했다. 그러자 비틀스의 팬인 한트케는 그를 강하게 질타했다고 한다. 그러나 팝 문화에 정통한 작가 한트케의 이런 행동조차도 기본적으로 독일 문화계의 후진성을 폭로한다. 워홀의 말을 따른다면, '추상표현주의자들^{Abstrake Expressionisten}'은 견해 차이를 주먹으로 해결했던 뉴욕의 마지막 보헤미안들이었다. "그들은 그들의 작품이나 연애 생활에 관해서 언제나 분란을 일으키고, 주먹다짐을 했다." 그러나 1960년대에 캠프

Camp**와 팝이 등장했고, 이들과 함께 퀴어queere적이고 장난스러운 감성이 등장하여 새로운 아방가르드 운동에 영향을 미쳤다. 그것은 상대를 가리지 않고 언제나 서로 질타하는 듯이 보이는 남성적인 주어캄프 문화와 달랐다. 우리가 이 주제에 대해 말할 때 자기도 모르게 열중해서 눈을 동그랗게 뜨던 우테 하버마스에 따르면, 그것은 1980년대에 가서야 사라졌다.[5]

미국에서 돌아온 하버마스 부부에게는 한때 가장 큰 세계를 의미했던 프랑크푸르트가 단지 변방의 대도시로 보였다. 그래서인지 하버마스는 그때부터 매년 순회강연, 객원교수직과 연구 용역을 수락했다. 이것은 그의 삶의 구성 부분이 되었다. 1975년, 한나 아렌트는 그를 자신의 후임으로 '뉴스쿨'에 데려오려고 했다. 1980년대 초에는 그를 버클리 캘리포니아대학 교수로 초빙하려는 움직임이 있었다. 그가 여러 기회에서 분명히 말했듯이, 그는 독일인보다는 미국인이 자신을 더 높이 평가한다고 느꼈다. 그렇다면 하버마스는 왜 그런 매력적인 제안들을 받아들이지 않았을까? 여러 이유가 있을 수 있다. 슈타른베르크에 있는 연구소, 가족에 대한 고려, 주어캄프 문화권에서의 사회적 삶 등등. 물론 아이비리그의 대학교수 직위는 분명 그의 학문적 경력에 화룡점정이 되었을 것이다. 그

***

****** 인공적이고 과장된 표현을 과감하게 구사하는 예술 양식을 통칭하는 표현으로, 때로는 키치와 동의어로 사용되기도 한다.

러나 물리적인 장소가 정신적 삶에서 여전히 어떤 구별을 만들어 냈던 그 당시에, 하버마스가 만약 그 제안을 수용했다면, 그는 **공적 지식인** 역할을 포기해야만 했을 것이다. 독일 공론장에의 접근성은 그런 역할을 하는 데에 필수적이었다. 모든 반대되는 확언에도 불구하고 하버마스는 사실 대중의 관심이 필요했던 것일까? 아니면 독일의 정치 문화에 대한 책임감이 그를 주저앉혔을까? 어쨌든, 하버마스를 오래 지켜보았던 언론인 아르노 비트만은 이렇게 말한다. "그는 이곳이 더 자신을 필요로 한다고 믿었다. 아니 정확히 말하면 확신했다."[6]

◆

프랑크푸르트에서의 뭇매 맞기

독일에서 68혁명이 시작되었다. 대중들은 하버마스의 발언을 기다리고 있었다. 대학생들이 주도한 이 혁명운동에 대해 하버마스는 어떤 태도를 보였을까? 하버마스는 운동권 학생들의 기대와 달리 온건한 개혁의 가능성을 믿었다. 급진적인 68운동 세력은 가장 믿었던 하버마스의 배신에 불만을 터뜨렸다. **"프랑크푸르트에서의 뭇매 맞기"**는 그렇게 시작되었다. 여기서 '뭇매 맞기Spiessunterlaufen'는 중세 때 병사들이 창을 들고 양옆에 서서 지나가는 죄수들을 구타했던 관습을 말한다. 하버마스는 온건 개혁론의 입장에서 당시의 학생운동 지도자 루디 두치케를 "좌익 파시스트"라고 평가했고, 즉시 사방으로부터 "역겨운 자유주의자"라는 비난을 받았다. 그러나 지은이는 하버마스가 단지 한가롭게 '이상적 담화상황'을 맹신하는 순진한 사람은 아니라는 것을 여러 에피소드를 통해서 보여 준다. 특히 주어캄프출판사의 편집진이 68혁명의 기세를 타고 회사의 경영권을 민주화 또는 사실상 접수하려고 시도했을 때, 하버마스가 회사 측 구원투수로 투입되어 반란을 진압하는 과정은 흥미진진하다.

1968년의 프랑크푸르트에서 사람들은 사실상 하버마스의 목소리를 기다렸다. 그의 동료 디터 헨리히는 하버마스가 "학생운동의 카리스마적 지도자"였을 수 있다고 말했다. 1968/69년 겨울학기부터 간헐적으로 하버마스의 강의를 들었던 요슈카 피셔는 학생들로 넘쳐났던 강의실을 회상했다. 강의실에는 "독일 사회주의 학생동맹의 명망가들이 모두 앉아" 있었지만, 이 당시에 활동가들과 하버마스 교수의 관계는 이미 긴장을 품고 있었다고 한다. 아도르노가 정치적 실천 앞에서 놀라 뒷걸음치는 것을 본 뒤에, 학생들의 기대는 베트남 전쟁, 대연정, 그리고 긴급조치법^{Notstandsgesetz} 제정에 항의하는 그의 젊은 동료에게로 향했다. 그러나 그 역시도 반권위주의적 급진 세력보다는 온건한 세력에 더 공감했기 때문에 학생들의 기대를 충족시킬 수 없었다. 하버마스는 당시에 "총체적 변혁 또는 —결국 같은 결과를 낳는— 굳어진 전체의 요지부동보다는 학교와 대학의 개혁 가능성"을 믿었다고 회고했다. 그가 한때 지식 중심주의자

Gnostiker였다고 하더라도, 적어도 1960년대 이후 그는 자신의 과제가 연방공화국을 내부로부터 비판하는 것이라고 믿었다.[1]

1967년 초 야콥 타우베스는 콘스탄츠의 라틴학자 한스 로베르트 야우스에게 보내는 편지에서 하버마스가 운동권 학생들의 기대를 감당하느라 고통받고 있음을 시사했다. "프랑크푸르트에서의 뭇매 맞기. 아도르노의 이론으로 급진화되고 그의 실천에 실망한 프랑크푸르트의 사회학 전공 학생들은 이제 그 후계자들에게 호르크하이머와 아도르노가 약속했지만 지키지 못했던 것을 복리로 계산해서 갚으라고 요구하고 있습니다. 이는 아무리 강심장을 지닌 이라 해도 피폐해지게 합니다." 그로부터 2주 후에, 하노버에서 거행된 베노 오네조르크의 장례식을 기념하여 "대학과 민주주의"에 관한 학술회의가 열렸다. 이 회의에서 하버마스는 "국가 테러"에 대항하는 직접 행동을 주장한 루디 두치케를 "좌익 파시스트"라고 비난했다. 물론 뒤이어 그것은 나치가 아니라 1920년대 이탈리아의 좌익 파시스트를 의미했던 것이라고 해명했음에도 불구하고, 그 후부터 하버마스는 "역겨운 자유주의자"라는 악명에서 벗어나지 못했다. 그의 조교였던 오스카어 넥트는 그의 좌파적 자유주의 의식의 퇴행을 분석했고, 런던으로 이주했던 서정시인 에리히 프리트는 하버마스에게 그의 판단을 철회하라고 요청했다. 그것은 내부 총질이 될 수 있다고 생각했기 때문이었다. "우리가 격분해서 어떤 말을 했는데, 하필이면 그 말이 우리가 공격하는 어떤 사회적으로 정형화된 어휘와 우연히 일치하기 때문에 전혀 의도하지 않은 결과를 초래한 경험은 우리 중 누구에게나 있다고 생각합니다." 10년 뒤 [닥친] '독일의 가을Deutscher Herbst'에 하버마스는 [학생운동에 대한] 자신의 판단을 "과민반응"이었다고 표현했다.[2]

그다음 해에 슈프링거출판사가 운동권 학생들과 마찬가지로 자기 논조를 강화해 나가는 동안, 하버마스와 운동권 학생들은 점점 더 서로 소원해졌다. 1967년 9월, 두치케는 한스위르겐 크랄과 함께 처음으로 독일 사회주의 학생동맹의 대의원 회의에 참석하여, 도시 게릴라를 조직하려 했다. 반년 뒤인 1968년의 성주간 목요일에 두치케는 자칭 반공산주의자이자 『민족신문』의 독자인 요제프 바흐만에 의해서 암살당했다. 그해 2월, 하버마스는 이미 뉴욕에서 귀국해 프랑크푸르트에 있었다. 그는 대학 점거 농성에서 발생한 서류함 탈취 사건 이후인 6월 초, 프랑크푸르트대학 식당에서 "사이비 혁명과 그 자식들"에 관한 테제를 발표했다. 그는 "새로운 시위 기법들", 예를 들면 미국에서 직접 경험했던 '해프닝Happening', '농성 중 자율 강의Teach-in', '도발하기Provokation' 기법이 "관료주의적인 지배기구"의 "허점"을 찌르고 "광범위한 인구층의 기능주의적 탈정치화"를 대중 계몽을 통해서 극복하는 데에 "매우 적합"하다고 평가했다. 그러나 학생들의 이론적 무기에 대해서는 낙제점을 부여했다. 하버마스는 학생들이 마르크스 이론을 일단 "간편한 형태의 경구들"로 변환시키기만 하면 —물론 더 심화된 토론이 뒤따라야겠지만— 혁명에 대한 기대를 일깨우리라고 생각하지만, 이런 생각은 환상이라고 말했다. "징후, 혁명적 상황을 암시한다고 지금까지 일반적으로 받아들여진 징후가 하나도 보이지 않는다." 하버마스는 이런 조건에서 자신을 혁명가로 자처하는 사람은 "망상"에 빠진 것이라고 말하면서, 학생들에게 상황을 현실적으로 평가하고 또 미디어에 밝은 지식인들과 노동조합 대표자들의 지원을 구하라고 권했다.[3]

하버마스는 새로운 시위 형식들을 원칙적으로 환영했던 반면, —저 파시즘 발언 이후 더욱 적대적 분위기로 흘렀던— 자신의 강의에 관한 한 그것들은 부적절하다고 생각했던 듯하다. 이미 교수 취임 강연에서 그는 후일의 의사소통 이론을 선취하면서 "모든 사람 간의 지배로부터 자유로운 대화"라는 이상을 제시했다. 하버마스에 따르면, 이 이상은 모든 언어 행위 속에 "성공적인 삶에 대한 예견"으로서 함축되어 있다. 이것을 교수로서의 그의 권위에 도전하라는 초대장으로 오해했던 학생들은 하버마스가 문화혁명적인 실험에 대해서는 전혀 뜻이 없다는 사실을 깨달아야만 했다. 하버마스의 헤겔 해석과 마르크스 해석을 난폭하게 비판했던 박사과정생 게르하르트 슈타머는 "나는 순진하게도 교수님이 자신의 권위를 내려놓을 준비가 되어 있다고 전제했습니다"라고 변명했다. 그는 자신의 도발을 통해서 "경직된 토론 형식들을 타파하고 생동적이며 두려움 없는 의사소통을 수립하려는" 목적을 추구했다는 것이다. 그러나 이런 식으로 하버마스의 "관대함"에 기대는 것은 오산誤算임이 드러났다. 같은 강의를 들었던 요슈카 피셔는 40년 뒤에도 그때의 "학문적인 처형"을 기억할 수 있었는데, 하버마스는 슈타머의 논증을 "한 문장 한 문장" 저며 냈다. "거기에는 친절함 따위는 눈 씻고 보아도 찾을 수 없었다." 그러나 피셔는 교수로부터 그렇게 진지한 대우를 받는 것이야말로 인정의 최고 형태라고 생각했다.[4]

그렇다. 하버마스는 과하다 싶을 정도로 꼼꼼했고, 상대방의 입장을 그 함축과 귀결 전체에서, 그리고 종종 그 의도를 넘어서까지 있는 그대로 받아들이는 성향을 보였다. 하버마스와 토론하려는 사람은 오스카어 넥트가 자신의 경험에 기초해서 보고했듯이 "엄청난 양의 증명 노력"을 필요로 한다. 그렇지만 우리는 그의 무한히 논쟁적인 태도가 어두운 이면을 지니고 있다는 인상도 받지 않을 수 없다. 즉 그의 논쟁적 태도는 관용의 결핍, 불신, 그리고 예민함을 수반하며, 이것들은 때때로 도발적인 방식으로 그 논쟁적 태도에 반작용한다. 앞에서 인용했던 우르스 예기는 1980년대 초에 이미 이렇게 썼다. "그렇게 조용히 작업하는 학자를 둘러싼 놀라울 정도로 극심한 갈등…. 하버마스의 반응이 드러내듯이 그는 쉽게 자극을 받고 상처를 입으며 자신이 오해받았다고 생각하는 경향이 있다. 이로 인해서 그는 단지 소수와만 진정한 대화를 나눌 수 있는 고독한 사람이 된 것일까?"[5]

그러나 어쩌면 이런 관찰은 하버마스가 토론을 위한 토론에만 관심이 있다는 오해에 기초한다. 그가 살면서 관여했던 수많은 공적 논쟁에서 확인할 수 있듯이, 그는 자기 입장을 정당화하기 위해서 토론했다. 이것은 동시에 논적에 대한 명확한 지각을 수반한다. 아르놀트 겔렌이 동시대인들을 비난하며 말했던 "적대 관계에 대한 무능력"은 하버마스에게서는 결코 찾아볼 수 없었다. 그에게는 오히려, 오도 마르크바트의 표현을 이용하자면, "적대화의 강박"이 강했다. 겔렌이 경험에서 우러나와 말했듯이, 지배로부터 자유로운 논의Diskurs의 이론가는 정작 그의 상대방을 배려심 깊게 대하지 않았다. 하버마스가 『메르쿠어』에서 68운동에 대한 겔렌의 비판서인 『도덕과 초도덕』을 "한물간 우익 지식인의 정치적 단골 소재"라고 혹평한 뒤에, 겔렌은 다시는 이 잡지에 한 글자도 기고하지 않았다. 사회학자 하인츠 부데에 따르면, 적대의 이론가 카를 슈미트를 독일적 망상의 화신으로 간주하는 하버마스는 자신의 의사소통 실천에서는 마치 "슈미트주의자"처럼 행동한다. 그의 대결과 논쟁의 성향은 오늘날까지도 그대로 유지되고 있다. 사람들의 예상과 달리, 하버마스는 예를 들면 "우파와 대화"하고 싶어 해서 주목받은 일이 전혀 없었다. 그 반대다. 그는 2020년의 인터뷰에서 공적 영역은 "강건한 표현", 더 나아가 "갈등의 삭막한 형태"를 견지해야 한다고 선언했다. "내게는 성난 시민들Wutbuerger을 다독여 줄 이해심 같은 것은 전혀 없다."[6]

1960년대 말에 야콥 타우베스는 시대를 선도하는 주어캄프출판사의 역할을 이렇게 묘사했다. "도서출판 주어캄프는 약 10년 전에 작은 시한폭탄을 설치했는데, 이것이 지금 대학에서 '폭발'했다." 1968년 가을, 이 출판사 자신도 소리 없는 폭발로 인해 들썩거렸다. 편집자들이 단합해서 지그프리트 운젤트에게 출판 관련 결정권을 반납하고 그들에게 동등한 협의권을 부여하라는 요구서를 보낸 것이다. 요구서에는 이 조치가 문헌 생산수단[즉 출판사]의 비非사유화Enteignung를 향한 과정의 단지 첫 단계로 생각된다고 쓰여 있었다. 단지 인간적으로 상처받았을 뿐 아니라, 평생 일구어 온 자신의 업적이 위험에 직면했다고 느낀 운젤트는 저자들로부터 지원을 받고자 했다. 새롭게 [작성된] 출판사 내규는 저자들에게 아무런 주도적 역할도 부여하지 않았기 때문에, [편집진과의 싸움에서] 저자들의 후원을 받을 수 있으리라는 그의 기대는 타당했다. 마르틴 발저는 편집진의 제안을 허무맹랑하다고 보았다. 아도르노는 발행인 앞에서는 마르크스를 인용해 가면서 편집자들의 요구가 불법적이라고 단언했지만, 한 걸음 물러나서 관망하는 편을 택했다. [이들과는 다르게] 하버마스는 한밤중까지 계속되었던 반란자들과의 결정적인 회합에서 그의 발행인을 위해서 분연히 나섰다. 후일 운젤트는 그의 『연대기Chronik』에 이렇게 기록했다. "그는 아주 먼 곳에서 시작하여, 그의 이론적 무기를 총동원하면서 다음과 같은 테제를 제시했다. 올바른 진보적 문헌을 출간했고, 아무런 문제 없이 작동하고 있으며, 생산력으로서의 저자들이 개인적으로나 전체적으로나 만족하고 있는 출판사를 그것이 현재 지닌 효능을 문제시하는 실험에 내맡긴다는 것은 어불성설이다."[7]

이때의 하버마스의 등장을 의사소통적 행위의 사례로 보아야 할까? 아니면 전략적 행위의 사례로 보아야 할까? 운젤트의 입장에서 그것은 본질적으로 실용적인 논증이었다. 즉 그것은 전체 사회의 소유관계가 변화하기 이전에, 어떤 다른 출판사보다도 그 소유관계의 변화를 자신의 강령으로 삼고 있는 이 출판사를 기존의 궤도에서 벗어나게 만드는 것은 전혀 말이 안 된다는 논증이었다. 하버마스의 "진 빠지게 만드는 강의"는 어쩌면 그가 의도했던 바대로 마비 효과를 일으켰다. 편집자 중 한 사람인 페터 우르반은 이렇게 회고했다. "우리는 우리가 생각한 '올바른 일'이 전혀 올바르지 않으며, 출판사 내에서 더 많은 민주주의를 실현하려는 시도는 자유로운 자본주의적 기본 질서와 전혀 양립할 수 없고, 또 [우리의 시도가] 힘 한번 써 보지 못한 채 좌절되었음을 깨달았다." 분위기가 너무 나빠져서 그 후에는 [편집자들이] 함께 모여 담배를 피우는 일조차 없었다.[8]

운젤트의 『연대기』에서 볼 수 있듯이, 편집자들은 큰 저항 없이 항복했다. 하버마스는 애석하게 생각했지만, 카를 마르쿠스 미헬을 포함하여 몇몇 편집자가 사표를 냈다. 그러나 나머지는 자본주의적인 주어캄프출판사를 위해서 계속 일하기로 하였다. 발행

인은 늦어도 이때부터 하버마스와의 "지속적인 전화 접촉"을 유지
했는데, 그에게 하버마스는 이 사건을 계기로 대단히 중요한 동맹
자가 되었음이 분명하다.[9]

더 나은 사회를 위한 로켓과학

1968년에 주어캄프출판사에서 『인식과 관심』이 간행되었다. 지은이는 이 책의 마지막 부분에서 하버마스가 정신분석을 "인식론적으로 정당화된 이데올로기 비판 모델"로 제시했다는 점에 주목한다. 하버마스의 비판이론이 '해방'의 문제를 해결하는 데서 정신분석은 중요한 요소가 되었다. 그런데 프랑크푸르트대학에서 운동권으로부터 뭇매를 맞고 있던 하버마스는 1971년에 슈타른베르크의 '막스플랑크연구소'로 자리를 옮긴다. 당시 이 연구소는 독일 사회의 정치적, 규범적 혼란을 극복할 수 있는 새로운 지식과 원리를 다학제적인 학문 연구를 통해서 탐색한다는 과제를 수행하고 있었다. 그래서 이 연구소는 **"더 나은 사회를 위한 로켓과학"**의 본산이라고 말할 수 있다. 당시 독일에서 '로켓과학'이라는 말은 '다학제적인 첨단과학'을 의미했다. 이 약간 생소한 용어는 연구소의 학문적 특성뿐 아니라, 하버마스의 학문하는 태도와도 연결된다. 연구소의 관리자로서 하버마스는 위대한 철학자의 카리스마와 천재성보다는 학문적 노동분업의 원칙을 강조했다. 그리고 공동 연구소장이었던 바이츠제커와 달리 하버마스는 연구원들에게 9시 칼출근, 5시 칼퇴근을 강요했다.

하버마스가 1970년대 초까지 수행했던 사고 운동은 주체 철학에서 탈출하려는 시도라고 할 수 있다. 이 시도를 통해 그는 [자신이] 하이데거와 셸링에게서 발견했던 "청취Vernehmen"의 관념에서 "상호이해"의 관념으로 이행했고, 이것을 나중에 의사소통 행위 이론으로 발전시켰다. 채워지지 않는 독서에의 갈증 때문에, 그는 이때 동시대의 관찰자들도 개관하기 어려울 정도의 광범위한 영역을 종횡무진하며 섭렵했다. 1964년에 하버마스가 직접 자신의 논문집『이론과 실천』을 보내 주었던 시카고의 정치 이론가 레오 스트라우스는 이 젊은 동료 학자의 통찰력을 전적으로 인정했다. 그러면서도 그는 카를 뢰비트에게 하버마스의 철학적 입장의 기초가 무엇인지 "완전히 수수께끼"로 느껴진다고 말했다. 한편으로 하버마스는 의심의 여지 없이 서구 마르크스주의에 속하며, 다른 서구 마르크스주의자들처럼 마르크스에 대한 섬세한 비판을 통해서 초기 헤겔의 입장에 도달했다. 이를 통해서 노동의 관점은 상호작용의 관점을 통해서, 그리고 물질적 착취의 문제는 시민사회 내 법적 주체들의 교호적 승인이라는 주제를 통해서 확장되었다. 그러나 다른 한편으로 그는 미국의 프래그머티즘, 독일의 국법론, 정신분석학, 그리고 아르놀트 겔렌 및 그의 지도교수인 에리히 로타커의 철학적 인간학을 검토했다. 즉 1960년대 중반부터 그는 인식관심의 인간학을 통해서 비판이론의 규범적인 요구를 확고한 학문적 토대 위에 세우는 작업을 했다.[1]

프랑크푸르트대학 취임 강연에 기초한 책인 『인식과 관심』—이 책은 1968년에 주어캄프의 백색 이론 총서로 간행되었다—에서 하버마스는 3개의 관점, 더 정확히 말하면 "현실을 그 자체로서 처음으로 파악할 수 있게 하는" 3개의 인식 주도적 관심을 구분했다. 첫째, 실험적 자연과학의 기초가 되는, 자연력을 기술적으로 "지배"하려는 관심. 둘째, 해석학적 정신과학의 기초가 되는, 타인과 생활 실천에서의 "상호이해"에 도달하려는 관심. 셋째, 역시 인간 조건에 깊이 뿌리내린 가능한 세계인식의 방식으로서, "자연발생적 강제로부터의 해방"에 대한 관심. 하버마스는 해방적 관심에 "비판적 학문"을 대응시키는데, 이 학문의 기능은 자기성찰의 과정을 통해서 주체를 "고착화된 폭력에 예속된 상태"로부터 벗어나게 하는 데 있다. 그것은 방법적으로 통제된 인식 과정으로서의 해방이다. 즉 『인식과 관심』은 일단 실증주의에 대한 근본적 비판이지만, 동시에 우리는 이 책을 하버마스가 "현대 사회의 가장 중요한 생산력"이라고 부른 것, 즉 학문 또는 과학에 대한 당시의 전형적 믿음을 담고 있는 문서로 간주할 수 있다.[2]

하버마스는 한 번도 정신분석가의 소파에 누워 본 적이 없지만, 정신분석을 비판적 학문의 설계도로서 검토했다. 그가 처음 정신분석과 조우遭遇한 것은 1956년, 그가 사회연구소에 채용된 직후에 열린 지그문트 프로이트 탄생 100주년 기념 학술대회에서 였다. 1967년에 하버마스는 이미 오래전에 그를 문화잡지『쿠어스부흐』의 ―"사고의 전제와 서술 방식에 있어서"― "이상적인" 필자로 생각해 초빙했던 한스 마그누스 엔첸스베르거에게 정신분석 특집호 출간을 제안했다. "특히 미국에서도 정신분석이 엄격한 의미의 학문에서 배제되고, 점점 더 치료 기술이라는 모호한 역할로 밀려나고 있기 때문에, 이 책을 통해서 무엇이 비판적 학문일 수 있는가를 보여 줄 긴급한 필요가 있다고 생각합니다." 하버마스의 실수는 계획된 특집호의 필자 목록과 더불어 완전한 목차까지를 학자답게 철저히 작성해서 동봉했다는 데 있었다. 나라 안의 모든 잡지가 하버마스의 협력을 위해 경쟁하던 시기였음에도, 엔첸스베르거는 주저없이 완곡한 거부 의사를 밝혔다. 그의 말에 따르면, 하버마스의 제안서는 내용과 형식에 있어서 너무나 균질적이고 촘촘하게 구성되어 있었다. 즉 그것은 학술적인 논문집이지 잡지가 아니라는 것이었다. 더구나 하버마스는 경솔하게도 편지의 여백에 "계획 Planung"에 관한 특집호를 하나의 대안으로 제시했었다고 한다. "솔직히 말하면 이 대안이 즉시 나를 사로잡습니다. 나는 이 주제가 더 중요하지는 않아도 더 긴급하다고 생각합니다."[3]

하버마스는 조금 볼멘소리로 답장했지만, 작가인 엔첸스베르거의 거절에 불쾌감을 느끼지는 않은 듯하다. 그는 "자신의 억압된 저널리스트적 과거" 때문에라도 앞으로 기꺼이 새로운 제안을 하겠다고 말했다. 그러나 그 직후에 학생운동이 격화되었고, 『쿠어스부흐』는 그 운동의 선봉에 섰으며, 엔첸스베르거는 순식간에 "사이비 혁명가들의 광장에 등장한 어릿광대"의 역할을 맡게 되었다. 혁명의 무책임한 모래 쌓기 놀이를 부추기며 즐거워하는 어릿광대 ─ 적어도 하버마스의 말에 따르면 그러했다. 하버마스는 이 때부터 동년배들을 시대정신의 불안정한 지진계라고 의심하기 시작했다. 이유가 무엇이었든지 간에, 하버마스는 나중에 엔첸스베르거가 다시 접근을 시도했음에도, 다시는 『쿠어스부흐』에 기고하지 않았다.[4]

그가 잡지에서 다루려 했던 정신분석의 비판적 잠재력은 다음 해에 갑자기 주어캄프의 상징적인 책 대열에 합류한 『인식과 관심』의 결말 부분에 제시되었다. 역사적인 기록의 숨은 의미를 드러내는 해석학과는 달리, 치료적 실천은 환자의 자기성찰 과정을 촉발하여, 그들이 "상실된 삶의 역사의 한 조각"을 다시 획득할 수 있게 해 준다. 이런 맥락에서 하버마스는 또 "중단된, 신경증적으로 저지된 도야 과정을 성찰적 통찰을 통해서 진전시키는 일"에 대해서 이야기한다. 그리고 신경증에 걸린 개인으로부터 사회 전체로 관심을 돌리면서, 정신분석의 치료 방법을 인식론적으로 정당화된 이데올로기 비판 모델로 추천한다.[5]

그러나 자신의 억압된 역사를 받아들이는 것aneignen이 한 사회, 특히 나치즘 이후의 독일 사회에 대해 무엇을 의미할 수 있었는가? 1968년의 연방공화국에서 이 물음은 한 해 전에 나온 알렉산더 및 마르가레테 미처리히의 책『애도 능력의 부재』를 고려하지 않고서는 답할 수 없다. 이 책의 요지에 따르면, 제목에서 진단된 독일인의 억압Verdrängung은 살해된 피해자들이 아니라, 경애하는 "총통"과의 동일화와 관련되어 있었다. 종종 사람들은 이 요점을 간파하지 못했다. 그럴수록 미처리히 부부는 "애도작업"이라는 프로이트의 용어를 패러다임으로서, 그리고 정신분석을 소위 과거사 청산의 지도원리로서 성공적으로 확립할 수 있었다. 이런 상황은『인식과 관심』의 수용에도 도움이 되었다. 이 책의 서문에서 하버마스는 하이델베르크 시기부터 친구였던 알렉산더 미처리히에게 존경을 표했다. 그러나 이 책에서 독일인의 "상실된 삶의 역사"에 관련된 모든 측면은 단지 암시되는 데에 그친다.[6]

겸양의 대가답게 하버마스는 우리의 만남에서 [자신이] 특별한, 심지어 천재적인 재능의 소유자라는 혐의를 벗으려고 무진 애를 썼다. 그는 평생 무려 11번의 교수 초빙을 받았다는 경력을 어떤 개인적인 성취가 아니라 1960년대의 공격적 교육정책 속에서 이루어진 대학의 폭발적 성장 탓으로 돌리려 했다. 그가 막 교수 자격 논문을 마쳤을 때는 누구라도 "초빙받지 않을 수" 없었다는 것이다. 우리는 그가 언제나 알맞은 때에 알맞은 곳에 있었다는 인상, 즉 그의 생애시간과 세계시간 간의 예정된 조화의 느낌을 지울 수 없다. 학생운동이 태동하던 해인 1964년에 그는 호르크하이머의 후계자로서 프랑크푸르트로 복귀했다. 그러나 7년 후 그는 막스플랑크연구소의 학문적-기술적 세계의 생활조건 연구 부서장으로 취임하면서, 아주 적절한 순간에 다시 현장에서 사라진다. 1971년, 프랑크푸르트에서 슈타른베르크로 가기로 한 그의 결단은 정치적인 의미를 지녔다. 『슈피겔』은 하버마스가 강의 의무에서 벗어나, 자신의 이론적 작업을 하기 위해서 "일종의 독일적인 유겐트 양식의 옥스퍼드"로 후퇴했다고 보도했다. 이것은 막스플랑크협회가 임대했던 고상한 건물을 빗대어 말한 것이다. 한 프랑크푸르트 학생신문은 하버마스가 새로운 헤센 대학법 제정에 관여하면서 처음으로 제도적인 윤곽을 부여했던 비판적 대학 프로젝트를 배반했다고 비난했다. 헤르베르트 마르쿠제는 하버마스의 이사에 대해 좀 더 관대하게 바라보았지만, 그것을 "프랑크푸르트학파의 종언에 속하는 상징적 행위"라고 생각했다.[7]

1970년대가 좌파와 지식인들에게 요구했던 기예는 그 10년을 평판, 진실성, 그리고 정신적 신선함을 그대로 유지하면서 견디는 것이었다. 이 일에서 하버마스는 단 한 가지 점에서 많은 동시대인들보다 성공적이었다. 항의시위가 하위문화의 매너리즘에 빠졌고, 미래 전망은 영광의 30년Trente Glorieuses[1945-1975]의 종말과 함께 어두워졌으며, 68운동의 반대자들은 "흐름의 변화"를 외쳤다. 그때 하버마스는 현장에서 빠져나와, 오버바이에른으로 멀찍이 물러서서 후기 자본주의의 위기를 분석하고, 그의 위대한 사회이론을 저술했다. 연구원들 사이에서는 연구소가 학생운동의 유산에서 벗어나서 "학술적으로 유용한 것"을 추출해야 한다는 기대가 비등했다. 사회학 전공 학생 하인츠 부데는 슈타른베르크에 캘리포니아의 모범 사례에 따라 독일판 랜드연구소RAND Corporation*가 건설되리라는 기대를 품었다. 우리는 1980년대에 이미 과거의 유물로 사라진 이 긴 이름의 연구소**가 여러 학문 분야의 연구 결과를 종합하여 다시 한번 보편적인 정치-규범적 방향성을 확보하려는 시도의 정점에 섰었다고 말할 수 있다. 그것은 좌파의 기초연구, 거대한 학제적인 종합, 더 나은 사회를 위한 로켓과학의 싱크탱크Thinktank였다.[8]

전쟁 방지로부터 학문론을 거쳐 양자 이론에 이르는 독특한 인식관심의 스펙트럼을 지닌 초대 연구소장 카를 프리드리히 폰

바이츠제커는 그러한 연구 프로그램의 화신이었다. 그것은 연구소의 연구 방향을 각 부서의 장에게 일임하는 막스플랑크협회의 "하르낙 원칙"***에 입각해서 일부러 의도한 것이었다. 그러나 그로 인해서 대가의 개성에 다시 정당성이 부여되는 위험은 없을까? 사실 하버마스는 이런 대가의 개성을, 적어도 하이데거와의 결별 이래로, 원시적이고 정치적으로 의심스러운 것으로 여겼다. 하여튼 눈에 띄는 것은 1971년의 독일 전후 철학의 현황을 파악("왜 아직도 철학인가?")할 때, 하버마스가 자신의 분야를 탈인격화하고, 학문적 노동분업의 논리에 맡기는 쪽을 선호했다는 점이다. 카리스마적 교사의 시대는 후진적인 독일 학문 풍토 속에서도 종말로 향했다. 하버마스는 이런 인식 아래, 외주 연구 프로젝트 중심 대학의 익명적 연합 연구를 이미 기본적으로 선취했다.[9]

　　　바이츠제커가 자신의 파트에서 책임을 맡았던 연구 과제는 "미래 연구"였다. 이것은 서독의 오펜하이머라고 할 그가 1960년대에 로베르트 융크 및 다른 비판적 자연과학자들과 함께 핵전쟁의 위험에 대처하기 위해서 기초를 놓았던 분야이다. 하버마스를 연구소로 데려오려는 그의 관심은 하버마스의 이론관이 미래주의적 특성을 지닌다는 측면 때문에 강화되었을 것이다. 하버마스는 당시에

*** 　　　하르낙 원칙은 연구소를 세계 정상급의 학자 중심으로 구성하고, 그들에게 연구 방향을 일임하는 연구소 운영의 원칙이며, 아돌프 폰 하르낙(Adolf von Harnack)이 20세기 초에 처음 제창했다.

연구했던 후기 자본주의 이론과 더불어 서구 복지국가들의 미래 위기를 미리 진단하려 했다. 그는 1970년대 중반, 현대 사회의 진화론이라고 할 『역사유물론의 재구성』에서 "미래에 등장할 사건들에 대한 어느 정도의 예언"이 가능하다는 원칙적인 입장을 공식화했다. 그런 한에서 1972년부터 뮌헨에 정착한 독일 『플레이보이』 편집부는 그의 말을 믿었던 듯하다. 그들은 1974년에 하버마스에게 "향후 25년간" 무엇이 지배적인 주제가 되리라고 생각하느냐는 질문을 던졌다. 환경위기를 논외로 하면, 25년은 오늘날의 사회과학적 진단에서 천문학적으로 긴 시간 범위였다.[10]

우리는 여기서 전후 수십 년간 지속된 석유 기반 탄소 민주주의의 기대지평을 원칙적으로 고려해야만 할 것이다. 열린 미래의 넉넉함 속에서는 발전된 자본주의 사회의 끔찍한 모순들도 중재될 수 있었다. 아방가르드와 문화산업, 빠른 자동차와 사회[복지]국가 또는 고급화된 오락거리, 그리고 현대 사회의 이론 등등. 서구 사회에 정당성을 부여했던 미래의 몫에 대한 약속은 『플레이보이』가 독자들에게 보여 준 '멋진 신세계'에 진보적인, 심지어는 해방적인 질감을 부여했다. 이 잡지의 상징 동물인 플레이보이 토끼가 왼쪽을 보고 있는 것에는 이유가 있었다. 잡지의 미국판은 무하마드 알리, 맬컴 엑스, 그리고 존 레넌을 특집으로 다루었다. 마셜 매클루언은 여기서 구텐베르크 은하계의 종언을, 조금 뒤에는 레슬리 피들러가 포스트 모던을 예언했다. 심지어 『플레이보이』는 1970년에

"70세의 슈퍼스타 혁명가"이자 하버마스의 친구인 헤르베르트 마르쿠제에게 무려 6쪽에 달하는 인물기사를 헌정했다.[11]

하버마스가 『플레이보이』의 질문에 답하기를 거부한 것은, 그의 기본적인 유보적 태도를 논외로 하면, 그 잡지의 기획이 한발 늦었다는 것과 연관이 있다. 석유 위기와 "스태그플레이션"의 결과로 계획 낙관주의적인 케인스주의자들의 당혹감이 증가함에 따라서, 서구 사회의 시대감정도 변화했다. 금방 드러났듯이, 하버마스가 분석을 시도했던 위기의 가장 심각한 징후 중 하나는 기대 지평의 수축에 있었다. 이것이 이론 형성 자체에 대해서도 영향을 미칠 수밖에 없다는 것은 분명하다. 사변적 사유의 예견적 능력에 대한 믿음은 여전히 유지되었지만, 그럼에도 몇 년 뒤에 하버마스 자신이 인정했듯이, "미래 지향적 방향 설정 시도"는 당시에 이미 암울한 시기를 맞고 있었다. 바이츠제커의 미래 연구 역시 1970년대가 지나면서 매력을 잃었다. 그리고 열정적인 마르쿠제 역시 앞으로의 계획이 무어냐는 『플레이보이』 기자의 질문에 체념적으로 대답했다. "오늘날 도대체 누가 어떤 것을 계획할 수 있겠소?"[12]

과거 슈타른베르크에서 함께 일했던 연구원들의 회상은 하나의 모순된 그림을 제공한다. 한편으로 하버마스는 회식 기회를 결코 그냥 지나치지 않는, 어울리기 좋아하는 상사처럼 보인다. 그러나 다른 한편으로 그는 연구 집단의 토론에 참여하기보다는 혼자서 자신의 책을 집필하기를 더 좋아했다. 하버마스는 언젠가 한 동료에게 사실 자기는 "혼자서 작업하는 옛날 학자 유형"이라고 고백했다. 그가 인사 관리 책임을 부담으로 여겼다는 사실은 왜 그의 부서에서 경쟁이 격화되고, 모욕적인 질책이 자주 있었는지를 설명해 줄 수 있을 것이다. 바이츠제커가 —아마도 실제로 랜드연구소의 모범에 따라서— 유연근무 방식을 실험했던 데 비해, 하버마스는 9시 정시 출근, 5시 정시 퇴근을 강요했다. 나중에 바이츠제커는 이렇게 설명했다. 하버마스는 연구소 내에 있는 전투적인 좌파에 대해서 —이들을 결국 법과 질서로 인도할— "잘 검증된 좌파적 관리자"로서 [자신을] 내세우려고 노력했다. 분명히 바이츠제커는 공동 연구 소장인 하버마스를 [위에서 말한] 프랑크푸르트대학의 학생들보다 더 정확하게 파악했다. 프랑크푸르트대학의 학생들은 세미나 수업에서 하버마스를 문화혁명으로 나아가도록 부추기려 했었다. 그러나 그들은 결국 주어캄프의 편집자들처럼, 하버마스가 —언젠가 스스로 고백했듯이— "모험을 감행하는" 사람이 전혀 아니라는 사실을 인정해야 했다.[13]

◆

우리가 가정해야만 하는 것

하버마스는 1960년대 말에 "이상적 담화상황"이라는 개념을 전면에 제시한다. 그는 마침내 모든 종류의 지배로부터 자유로운 대화와 논의가 모든 문제 해결의 토대라는 확신에 도달했다. 그러나 잘 알려져 있듯이, 이상적 담화상황이라는 개념은 수많은 비판에 직면했다. 지은이인 필리프 펠슈도 역시 젊었을 때 이 개념을 현실성이 거의 없다는 점에서 비판했다고 고백한다. 그러나 현시점에서 지은이는 하버마스 사상의 전체를 통해서 볼 때, 이런 비판은 오해라면서 하버마스를 두둔한다. 사실, 하버마스는 애초의 개념적 모호성을 극복하고 적어도 1970년대 초부터는 이상적 담화상황의 현실성을 포기한 뒤, 그것이 "반反사실적 가정", 즉 **"우리가 가정해야만 하는 것"**이라는 점을 분명히 밝혔다. 그러나 이와 함께 하버마스는 사회질서의 보편적 토대를 해명한다는 자신의 야심적인 철학을 단지 민주주의적 법치국가의 이론으로 축소하지 않을 수 없었다고 지적한다. 지은이의 전체적 평가에 따르면, 하버마스의 '이상적 담화상황' 개념은 종전 이후 독일 사회에 강하게 남아 있던 권위적, 관료적인 잔재를 극복하여, 민주주의적 토론 문화가 정착되는 데에 결정적인 역할을 하였다.

비교적 긴 시간에 걸쳐 하버마스의 저작에 천착한다는 것은 다양한 입장 전환과 혁신을 겪으면서 하나의 붉은 실처럼 그의 글을 관통하고 있는 다루기 힘든 어휘와 친숙해진다는 것을 의미한다. 예를 들면 "합리화", "학습 과정" 그리고 "공론장" 같은 비교적 일반적인 개념이나 "해방하다entbinden", "유동화시키다verfluessigen", 그리고 "사후적으로 재구성하다nachrekonstruieren" 같은 특색 있는 동사들 — 그리고 "인식관심", "생활세계의 식민화", "헌법애국주의" 같은 하버마스적 세계 특유의 체취를 풍기는 논의 표식들이 그런 어휘에 속한다. 그러나 오늘날까지 그의 가장 유명한 조어는 —적어도 철학적 학문 영역 외부에서는— "지배로부터 자유로운 논의"와 "이상적 담화상황"이라는 개념이다. 이 두 개념은 하버마스가 1960년대 말에 "우호적 공생"이라는 자신의 비전을 위해 확고한 학문적 토대를 찾는 과정에서 그의 텍스트 전면에 등장했다. 그는 마르크스와 정신분석을 살펴본 후, 마침내 언어 또는 더 정확히 말하면 의사소통이 아르키메데스의 점이라는 통찰에 도달했다. 어떤 식으로든 서로 유의미하게 대화할 수 있으려면, 우리는 원칙적으로 언어적인 수단을 통해 상호이해 ―그리고 그와 연관된 모든 것, 즉 진리성, 진실성 그리고 정의― 가 달성될 수 있다는 데서 출발해야 한다. 물론 그것은 사실에 반하는 것일 수 있다. 그러나 적어도 일상적 상호작용에서 벗어나 어떤 해명하는 논증으로 들어서려면, 우리는 대등하고 진지하며 이성적이고 솔직담백한 담화 상대와 마주하고 있는 듯이 행동해야 한다. 그리고 이 담화 상대는 자신의 입장과 선호에 언제라도 이유를 댈 수 있으며 또 우리의 이유에도 귀 기울일 준비가 되어 있어야 한다. 언어 자체가 우리에게 "지배로부터 자유로운 논의" 또는 당시 하버마스가 영미의 언어 행위 이론에 기대서 정식화했듯이, "이상적 담화상황"을 가정하라고 강요한다. 그것은 권력과 영향력 같은 요인들이 제거되고 오직 "더 나은 논증에 특유한 강제 없는 강제"가 지배하는 담화상황이다.[1]

하버마스는 자신이 한때 이 개념을 사용한 것을 후회했을까? 사실 메츨러출판사의 『하버마스 핸드북』에는 "이상적 담화상황"이 별도의 항목으로 나오지 않으며, 하버마스는 2018년의 한 인터뷰에서 [자신이] 이 "오해를 유발할 수 있는 표현"을 1972년부터 이미 사용하지 않았다고 강조했다. 그 이유는 아마도 그때 이미 이 표현이 비판자들에게 공격하기 좋은 허점을 제공한다는 점을 알았기 때문일 것이다. 사실 "이상적 담화상황"은 낡은 좌파적 유토피아 정신을 담고 있다. 하버마스가 "성공적 삶의 예견"에 대하여, 또는 더 명확히 말해서 "미래에 실현되어야 할 생활양식"에 대해 이야기했을 때, 그는 자유보수주의적 비판자들이 지적했듯이 구원된 인류를 생각하는 듯했다. 다만 마르크스주의 전통의 계급 없는 사회를 이상적 의사소통 공동체로 대체한 것만이 달랐을 뿐이다.[2]

하이델베르크에서 함께 생활하면서 동료 관계를 맺게 되었던 가톨릭계 철학자 로베르트 슈페만은 하버마스의 의사소통적 행위 이론의 "무정부적" 핵심을 폭로한다. 그에 따르면, 어떤 정치적 공동체의 정당성을 강제 없는 보편적 합의에서 마련하려는 것은 정치적인 것의 본성을 오해한 것이다. 정치적인 것은 학술적인 토론이 아니라 이해 갈등, 전략적인 계산과 선택 강요에, 간단히 말해 지배의 현상에 그 특징이 있다는 것이다. 슈페만은 하버마스가 지식인에게 특징적인 자만을 통해서 그의 세미나 수업에서의 상호작용 상황을 전체 사회의 상황과 혼동하는 스콜라적 오류를 범했다고 말한다. "강제 없는 논의의 공간은 사회의 존립에 매우 중요하다. 그러나 이 공간은 '학교'이지, 폴리스적 의미의 '도시'가 아니다."[3]

한편 정치적 갈등의 사회 형성적 힘을 강조한 랄프 다렌도르프도 강제되지 않는 합의의 이상에서 루소로 소급되는 "더 나은 세계에의 꿈"을 간파했다. 그러나 이 꿈은 자유주의적 정치질서와 양립할 수 없다고 주장했다. 디터 헨리히가 보기에 하버마스의 "언어에 취한 통일철학"에는 심지어 소외된 주체를 의사소통적 공동체 속에서 구원하려는 유토피아적 희망이 표현되어 있다. 이에 반해 1970년대에 또 다른 사회적 의사소통 이론을 경쟁적으로 마련했던 니클라스 루만은 하버마스 입장의 정치적 함의보다는 그 서술의 정확성을 문제 삼았다. 그는 완곡하게 질문한다. 상호이해를 지향하는 이성적 논증의 교환은 시간 부족, "위협적 어휘", 그리고 기타 "현실적인" 결점들을 지닌 실제로 관찰되는 토론의 역학을 간과하지 않는가? 권력관계 이론가 미셸 푸코도 유사하게 반론한다. 그는 죽기 얼마 전에 가진 인터뷰에서 "진리 놀이가 장애, 제한, 그리고 강제효과 없이 진행될 수 있는 그런 의사소통 상황이 있을 수 있다는 생각은 내가 보기에는 단지 유토피아적 질서에 속한다"라고 선언했다.[4]

　　나 역시 1990년대에 이러한 비판 노선을 취했던 바 있다. 나는 세계에서 사실적으로 일어나는 의사소통의 대부분을 부족하고 불충분하며 "왜곡된 것"으로 비난하는 이론은 분명 현실성이 없는 것이라고 생각했다. 그러나 나는 그때 하버마스를 아주 정확하게 독해하지는 못했던 듯하다. 만약 정확하게 읽었다면, 나는 하버마스가 오래전부터 계속 자신의 "가정법의 어휘Vokabula des Als ob"를 새로운 맥락에서 정교화하려고 노력했다는 사실을 깨달았어야만 했다. 이상적 담화상황의 개념이 처음으로 등장하는 1969년의 강의자료에는 "이상적 담화상황에 대한 예견은 모든 가능한 의사소통에 대해 구성적인 가상의 의미를 가지며, 이 가상은 동시에 어떤 생활양식의 전조이다"라고 적혀 있다. 그런데 이 문장은 중요한 구별을 감추어 흐릿하게 만들고 있다. 이상적 담화상황을 "구성적 가상"으로 이해한다면, 그것은 필연적인 가정, 즉 우리가 말할 때 이미 지속적으로 일어나는 어떤 것을 의미한다. 반면 그것을 "생활양식의 전조"로 이해한다면, 그것은 미래에 실현되어야 할 사회를 가리키는 기호로 돌변한다. 철학적 용어로 말하자면, 여기서 우리는 칸트로 소급되는 초월론적 맥락과 헤겔-마르크스주의적인 변증법적 맥락에 관해서 이야기할 수 있을 것이다. 로베르트 슈페만이 하버마스에게 가한 비판의 핵심은 그가 이 두 의미를 정확히 구분하지 못했다는 것, 그리고 아마도 그가 이 두 방향의 가능성을 동시에 열어 놓으려 했다는 것이다.[5]

그때부터 하버마스는 명백하게 초월론적 독해를 선택했다. 하버마스는 1984년, 마르크스주의의 이론 틀에서 완전히 벗어났을 때, "'이상적 담화상황'이라는 표현은 삶의 구체적 형태를 암시하는 한 혼란을 야기한다"라고 썼다. 그리고 10년 후, 그는 다시 한번 이 표현을 "오도된 구체성의 오류"로서 언급했다. 그 이유는 무엇보다도 그 표현이 "전혀 생각지도 않게", "시간 속에서 달성될 수 있는 최종 상태"를 함의했기 때문이었다. 그렇다고 그가 반사실적인 가정, 다시 말해 주관적 타당성 요구의 사회적인 효력이라는 복합적 사상을 모두 포기한 것은 아니다. 그는 여전히 그것을 그의 이론적 기획의 "경혈Nervpunkt"이라고 간주했다. 그는 이 핵심적 지점을 애매한 유토피아적 잉여의 위험에서 구해 내기 위해서 최선을 다했다. 그는 1990년대 초에 이렇게 선언했다. "그것은 아주 단순하다. 우리는 우리가 말하는 것을 진심으로 여길 때, 언제나 말해진 것에 대해 그것은 참되거나 옳거나 진실하다는 주장을 제기한다. 그와 함께 일말의 이상성Idealitaet이 우리 일상 속으로 뛰어든다." 이때쯤에 하버마스는 "이상적 담화상황", 그리고 "지배로부터 자유로운 논의"라는 개념과 결별한 지 오래되었다. 대신에 그는 주저하면서 "이상화하는" 또는 "반사실적인 가정들", 그리고 일반적으로 "숙고"에 대해 이야기했다. 이러한 개념의 축소와 더불어 그의 작업 방향에도 일정한 제한이 가해졌다. 슈타른베르크에서 프랑크푸르트대학으로 복귀한 후에, 하버마스는 사회질서의 토대를 해명한다는 자신의 요구를 민주주의적 법치국가의 철학으로 축소했다. 하버마스의 "가장 거대한 프로젝트"가 난파했다는 사회학자 다렌도르프의 말에는 어떤 만족감이 배어 있는 것 같다.[6]

부지런한 '식물학자'로서 하버마스는 의사소통적 행위 이론에 여러 종류의 꽃을 심었다. 즉 J. L. 오스틴의 언어 행위론, 가다머의 해석학, 루만의 체계 이론, 그리고 카를 야스퍼스와 정신분석으로부터 넘겨받은 **대화 치료**talking cure의 사상 등등. 하지만 만약 학문 외적인 시대정신 역시 그의 사고 속에 배어 있지 않았다면, 그는 아마 그렇게 강한 반향을 부르지 못했을 것이다. 하버마스도 언젠가 철학의 문제 설정은 "그것[시대정신]"에 의존하며, "그것을 통해서 철학은 광범위한 영향력을 발휘한다"고 말했다. 우리는 신문 읽기가 "현실적인 아침기도"라는 헤겔의 유명한 말을 긍정적으로 인용하는 하버마스에게서 열정 있는 동시대인을 떠올리지 않을 수 없다.[7]

어쨌든 그의 이론은 본Bonn공화국 시기(1949-1990)의 서독에 안성맞춤인 듯하다. 독일인들은 토론의 문화 기술을 1945년의 몰락 이후에 비로소 소중하게 생각하기 시작했다. 서유럽 사람들이 수백 년 동안 지속적으로 더 문명적인 교제 형식을 익혀 온 데 비해, 독일인들은 관료적 국가의 권위적인 덕목을 계속 배양했다. "타협Kompromisse"은 1945년까지 독일에서 욕설에 해당했고, 이미 "나태함"을 뜻했다. 논의를 통한 상호이해의 발전된 모습을 이곳 독일에 정착시키기 위해서는 무조건 항복과 미국의 재교육Reeducation*이 필요했다. 우리는 연방공화국 초창기에 문화적 삶의 특징이었던 대화모임과 토론 형태들을 의사소통적 행위의 학교라고 볼 수 있다. 1950년의 어느 방송에서, 사회자 오이겐 코곤은 호르크하이머, 아도르노와의 라디오 담화를 자기성찰적인 논평으로 시작했다. 그는 담화의 주제인 "관리되는 세계"에서의 삶은 영속적인 시간 압박 속에 있다는 점에서 병들었다고 말했다. 예를 들어,

---

*   문맥상으로 볼 때, 2차 대전 후 연합국, 특히 미 군정이 독일에서 실시한 민주주의 재교육 정책을 가리킨다.

호르크하이머가 15분 뒤에 바트 나우하임에 가 있어야만 한다고 가
정하자! "그래서 우리는 다른 약속이 우리를 기다리기 때문에 초조
하게 떨면서 여기 앉아 있습니다." 이런 조건에서 "침착하고 상세
히, 그리고 이성적으로" 이야기하는 것은 불가능하다. "그러므로 나
는 어쨌든 우리 대화에서 자의적으로 마치 내가 시간이 있는 것처
럼 행동할 것입니다. 그리고 나는 이러한 '-처럼Als-ob'으로부터 어
떤 현실이 이루어질 수 있다고 생각합니다." 우리는 마치 코곤이
하버마스를 읽었으며, 그의 결정적인 사상을 청취자들에게 요약하
고 있다는 착각을 하게 된다. 물론 그것은 불가능하다. 하버마스는
1950년대 초에 아직 하이데거의 사상 세계에서 살고 있었기 때문
이다.[8]

그로부터 약 10년 뒤 운동권 학생들이 발명한 "끝장토론
Ausdistkutieren"이라는 신조어도 기본적으로 반사실적인 가정을 드러
낸다. 지역 공동체, 활동가 집단, 그리고 대안 문화 단체에서 "대화
하기"의 실천은 자기 목적으로까지 고양되었다. 수차례 자신을 "재
교육의 산물"이라고 자평했던 하버마스는 무엇보다도 '더 나은 논
증의 비강제적 강제'를 기념비적 사회이론의 핵심으로 삼았다. 그
릇된 것[자본주의] 속에는 아무런 옳은 것도 있을 수 없다고 생각
했던 아도르노는 서독을 그에게 사유를 위해 절박하게 요구되는 시
간을 벌어 주는 역사적 "숨 고르기의 시간"이라고 찬양했다. 그의
제자[하버마스]는 비판이론의 구세대 대표자들을 비판했고, 자유

민주주의의 성과를 "한 번도 제대로 진지하게" 인정하지 않은 스승 아도르노의 소심한 진단을 훌쩍 뛰어넘었다. 나이가 들면서 하버마스는 연방공화국에서 시대전환적 성공 사례를 보려는 쪽으로 기울었다. 그는 독일인이 "수백 년 만에 처음으로", "서유럽의 동시대인"이 되는 데 성공했다고 말한다. 그리고 그는 이 "위대한 지적 성취"를 전적으로 자기 세대의 업적으로 간주했다. 그리고 그가 이 과정에서 동포들의 지체된 문명화에 철학적 체계의 축복을 내려 주는 탁월한 사상가의 역할을 하였다는 것은 사실이다.[9]

말하기의 결함

철학자의 신체적 조건과 그의 철학적 사상 간에는 어떤 내적인 연관이 있을까? 잘 알려져 있듯이, 하버마스는 어린 시절에 선천적 장애(구순구개열)로 인해서 **"말하기의 결함"**을 경험했던 철학자이다. 혹시 하버마스는 이런 선천적 장애로 인한 소통의 어려움 때문에 의사소통 이론을 발전시켰던 것일까? 하버마스 연구자라면 한 번쯤 이런 의문을 가질 수 있을 것이다. 하버마스는 공식 석상에서 개인적인 얘기를 하지 않기로 유명하다. 그러나 그는 2004년의 교토상 수상식에서는 이 의문에 대해 마지못해 응했다. 이 연설에서 하버마스는 자신이 평생 말이 아니라, '문자의 우월성'을 믿었다고 말했다. 그리고 자신이 현실의 일상적 대화 속에서 잘 포착되지 않는 "논의Diskurs"의 측면을 명확히 통찰하고 이론화한 것은, 어쩌면 말보다 글을 선호할 수밖에 없는 자신의 장애의 반영일 수 있다고 인정했다. 더 나아가 문자 문화에 대한 하버마스의 태생적 선호는 그의 공론장 이론까지도 연결될 수 있다. "성숙한 개인이 자신의 반성 능력을 읽기와 쓰기를 통해서 도야하듯이, 계몽된 공론장은 본성적으로 문자 문화이다."(『공론장의 구조변동』) 하버마스는 항상 메모지를 앞에 놓고 사고했으며, TV 같은 매체에 출연하기를 꺼렸다.

1967년, 『뉴요커』에 발표한 "진리와 정치"라는 기고문에서 한나 아렌트는 위대한 형이상학적 확신이 상실된 현대에, 철학의 추상적 진리는 저자에 의해서 모종의 방식으로 실존적으로 보증될 필요가 있다고 썼다. 하버마스도 언젠가 모든 철학은 "미완의 측면, 즉 철학자의 사실적이고 일상적인 현존을 통해서 보완되고 입증되어야 하는 측면"을 갖는다고 말했다.[1] 이것은 근래의 사상사를 둘러보는 것만으로도 확인된다. 니체, 비트겐슈타인 또는 아렌트 같은 인물에 대해 [우리가] 느끼는 특별한 매력은 주로 그들의 사상과 사람 사이에 어떤 불가분한 연관이 있어 보인다는 사실과 관련이 있다. 이에 반해 철학 **교수들** —적어도 18세기 말에서 19세기 초에 엄연한 분과학문으로 변화된 이후의 철학을 공식적으로 대표하는 사람들— 은 현실과 동떨어지고 관료적이며 피상적인 사고를 하고 있다는 의심을 상아탑 외부로부터 받고 있다. 하버마스는 누구보다 더 강하게 이런 의심을 받았다. 그는 하이데거나 푸코 같은 다른 철학자들과 달리 반反학술적인 초탈超脫을 부정할 뿐 아니라, 자기 분과 [즉 철학]의 과학화를 의연히 공개적으로 진행했던 사람이며, 한 가족의 아버지이자 자택 소유자, 그리고 성공한 학자이다. 그래서 그는 강단 철학자의 전형으로 보이며, 그의 철학은 인격적인 보증이 결핍된 직업적 활동으로 보인다. 물론 하버마스가 항상 참조했던 1945년의 실존적 단절이 있다. 그러나 첫째로, 그것은 그의 개인적인 서사가 아니라 그 세대의 서사이고, 둘째로, 이 세대는 운 좋게 시대적 격랑[나치즘]에서 **한 걸음 벗어나** 있었던 세대였다.

이런 애매한 사정 때문에 하버마스의 타고난 결함에 관한 은밀한 해석들이 분분해진 것일까? 비록 조야한 아마추어 심리학적 억측의 위험이 있지만, 그의 철학을 그의 언어적 장애와 연관시키는 일은 유혹적이다. 하버마스는 앞서 언급했던 아르놀트 겔렌의 도덕 이론을 비난하는 1970년의 글에서 슬며시 의사소통 행위 이론의 초기 버전을 도입했다. 거기서 그는 "인간성"이란 "우리가 보편적인 취약성의 위험에 대해 오직 허약한 의사소통이라는 위태로운 수단으로만 대항할 수 있음을 깨달은 이후에, 우리에게 최종적으로 남는 담대함"이라고 썼다.[2] 의사소통이 "허약하며", 그것의 성공은 결코 자명한 것이 아니라는 사실을 그는 자신의 신체로부터 뼈저리게 경험했던 것일까? 그는 남에게 자신을 이해시키는 일이 어려웠기에 상호이해를 자신의 문제로 삼았을까?

이 주제에 대한 하버마스 자신의 언급은 매우 드물다. 그것을 언급한 경우에, 그는 사회적 관계에 대한 그의 신뢰에 "근본적으로 애매모호한" 색채를 부여했던 "매우 개인적인 경험"의 존재를 암시했다. 그는 2004년 교토상 수상식에서 딱 한 번 명백하게 그의 입술갈림증에 대해서 언급했다. 하버마스는 감사 연설에서 ―분명한 거부감을 드러내면서도― 그의 생애를 주제로 말해 달라는 요청에 응했다. 그는 철학자의 삶은 [본받을 만한] 성인의 이야기가 되는 데에 적절하지 않으며, 더 나아가 그가 관심을 갖는 종류의 공론 영역은 유명인의 "개인적인 자기 서술"이 아니라 "근거의 교환"을 목적으로 삼는다고 말했다. 하지만 이런 제한을 미리 설정한 이후에, 수상자는 기꺼이 그의 평생 주제, 즉 공적 영역에서의 의사소통적 상호이해를 향한 "집착"의 "생활사적 뿌리"를 말해 주었다. 심지어 그는 철학자들의 사상, 적어도 "덜 독창적인" 사상은 종종 "그것이 뿌리박고 있는 생활사의 표현 그 이상"이 아니라는 테제를 넌지시 제시했다. 이것은 그의 이력을 고려할 때 의외로 느껴지는 전기주의Biografismus이다. 그러나 여기서 우리는 동시에 자신의 천재성에 대한 가정을 거부하는 하버마스 특유의 겸양을 볼 수 있다.[3]

그가 이 연설에서 단지 자신의 의무를 마지못해 이행했을 뿐이라는 것은 뒤이어 나오는 서술들의 추상성에서 드러난다. 그가 어린 시절 받았던 수술들 배후에, 또 그가 언급한 "학교에서의 여러 어려움"의 배후에 어떤 힘든 경험이 있었는지, 그리고 이런 경험이 ―"언청이"가 "안짱다리"나 "정신착란"과 마찬가지로 국민건강을 위협하는 유전병 목록에 들어 있던— 정치 체제의 분위기 속에서 어떤 실존적 위협을 느끼게 했는지 등에 대해서 우리는 단지 추측할 수 있을 뿐이다. 하버마스는 빠르게 그의 원래 주제, 즉 장애를 통한 그의 철학적 관심의 형성에 관하여 말하기 시작한다. 이때 그는 그런 도출 과정의 사변적 특성을 드러내기 위해서 전적으로 추측의 어법을 사용한다. 그는 의료적인 처치가 인간의 상호 의존성에 대한 그의 감수성을 깨웠을 수도 있고, 언어적 결함으로 인해 자신의 말을 남에게 이해시킬 수 없었던 경험이 상호이해에 대한 그의 관심을 깨웠을 수도 있으며, 학급 친구들의 놀림과 차별이 "의사소통적으로 사회화된 개인들의 특별한 취약성"에 대한 그의 감각을 깨웠을 수도 있다고 말한다. "실패 속에서 비로소 언어적 의사소통의 매체가 공동성의 층위로서 나타난다. 이 공동성 없이는 우리는 개별자로도 실존할 수 없다." 다시 말하면 의사소통이 왜곡된 곳에서만 이상적 담화상황의 유토피아가 성립될 수 있다.[4]

그래서 하버마스의 "덜 독창적인" 사상은 어떤 개성적인 핵심을 둘러싸고 마치 수정水晶처럼 차곡차곡 결정화된 것인가? 우리는 하버마스의 사상을 자신의 언어장애에 대한 합리화로서 이해해야 하는가? 그는 대체로 그렇다고 생각하는 듯하다. 그는 교토 연설에서 문자적 형식에 대한 자신의 선호를 이야기한다. 그는 평생 "문자적인 단어들의 우월성"을 믿었다고 말한다. 그 이유는 글로 쓰는 사람은 "말하기의 결함"을 "은폐"할 수 있게 되기 때문이다. 사실 글쓰기에 대한 선호는 그의 인생 이력의 주요한 동기에 속한다. 하버마스는 대학생 때부터 벌써 세미나 수업에서의 독창적인 발언을 통해서보다는 글쓰기의 재능을 통해서 두각을 보였다고 한다. 적절한 때에 적절한 장소에 있었던 행운과 더불어, 그는 빠르게 팽창하던 서독의 언론 출판 환경에서 손쉽게 필자로서 자리 잡을 수 있었다. 이것은 야심적인 다수의 동 세대 젊은 학자들(소수의 여성도 포함)도 마찬가지였다. 그러나 그는 어떤 면에서 초창기 독일공화국의 "대중매체 지성인들" 가운데서 특별한 역할을 하였다. 하버마스는 일거리가 풍부한 공영방송의 수역에서 놀았던 엔첸스베르거나 발저 같은 동년배들과 달리, 라디오에는 거의, 그리고 텔레비전에는 전혀 출연하지 않았다. 68년의 강의실에 등장했을 때도 그는 청중을 휘어잡는 좌파 교수 스타일은 아니었다. 그는 대중매체의 카메라와 마이크를 멀리하면서, 가능하면 "문자적인 표현의 정확한 형식 속으로" 후퇴했다. 그는 사상의 고지高地에 올라가기 위해서 "종이, 백지"를 필요로 했다. 1973년, 런던의 한 PD가 영국 텔레비전 방송에서 뉴욕의 지인인 한나 아렌트와 토론하는 자리를 기획했을 때, 하버마스는 거절했다. 그는 [자신이] 평생 단지 한 번 "텔레비전"에 출연했다고 말했다. "화면에 대해 심리적 압박을 느끼는 것을 나의 개인적 특이성으로 보아 주십시오."[5]

그로부터 30년 뒤인 하버마스의 교토 연설로 다시 돌아가자. 그는 말하기에 대한 반감에서 자신의 이론적 기획의 핵심으

로 말머리를 돌린다. 하버마스는 청중들에게, 문자를 통한 발언에 대한 자신의 선호로 인해서 "중요한 이론적 구별", 즉 한편의 일상적인 상호작용과 다른 한편의 "논의" 사이의 구별에 착안하게 되었을 수 있다고 말했다. 여기서 "논의"는 대화의 참가자들이 그들에게 문제시되는 타당성 요구를 논증적인 검토 아래 놓아야만 할 때면 —적어도 이론적으로— 항상 직면하게 되는 의사소통 형식을 말한다.* 위르겐 하버마스의 의사소통적 세계는 양분되어 있다. 우리의 일상적인 언어적 교제는 대부분 직관적으로 통제된다. [그리고] 논의에서 비로소 의사소통적 이성 이외의 모든 요소를 소거시키는 반사실적인 가정들이 작동한다. 그러나 우리의 일상적인 교제도 언제나 그런 해명하는 논증으로 돌입하게 될 가능성에 기초하는 한, 논의는 우리의 상호이해 관계의 규범적 특성을 드러내는 소실점 Fluchtpunkt으로 등장한다.[6]

그러므로 교토 연설에서 하버마스가 이 '논의' 개념이 그의 장애의 투영물일 수 있다고 밝힘으로써 뒤늦게 자신을 탈신비화한 것은 매우 놀랍다. 그것에 따르면, 일상적 상호작용과 논의의 구별 배후에는 언어적 의사소통과 문자적 의사소통의 구별이 놓여 있다고 추정할 수 있다. 그렇다면 이성적 논증들의 합의 지향적 교환

---

* 이것은 'Diskurs', 즉 '논의'에 대한 하버마스의 가장 기본적인 이해 방식이라고 할 수 있다.

의 이념을 토론에 참석한 사람들의 "세속적인" 결점과 대조시킨 루만주의자들의 반박은 오해에 기초한 것이 될 것이다. 사실상 하버마스는 좌파 활동가 집단의 끝없는 대화가 아니라 서독의 각 지역에 사는 "공중과 연계된" 사적 개인들을 염두에 두었다. 이들은 각자의 집에 틀어박혀 신문 기사들을 정독한다. 그들은 『공론장의 구조변동』에 나오는 18세기의 이념형으로서 우리와 대면하고 있는 듯하다.

하버마스의 이 초기 저작에서는 후기 저작들과 달리 읽기와 쓰기에 대한 애착이 매우 분명하게 등장한다. 물론 부르주아 공론장의 원초적 장면이 명예혁명 시기의 런던 커피하우스에서 등장한 것은 사실이다. 그러나 집단적인 이성적 추론은 그것이 다음 세기에 새로운 인쇄 문화의 잡지와 신문으로 이행하는 정도에 따라서 비로소 정치적 힘으로 변화된다. 성숙한 개인이 자신의 반성 능력을 읽기와 쓰기를 통해서 도야하듯이, 계몽된 공론장은 본성적으로 문자 문화이다. 이런 사실은 계몽된 공론장의 몰락에서 분명하게 드러난다. 그리고 책의 마지막 부분에서 하버마스는 어떻게 소설과 신문 독자로부터 미성숙한 영화 관람객, 라디오 청취자, 그리고 텔레비전 시청자가 형성되는지, 그리고 "활자의 힘을 믿지 않는" 사회가 생겨나는지를 상세하게 묘사한다.[7]

◆

섬뜩한 [분위기의] 독일

68혁명이 있은 지 10년 뒤에 훗날 "독일의 가을"이라고 명명된 시기가 시작된다. 이 시기에 서독의 민주주의는 다시 파시즘으로 퇴행할 위험에 봉착했다. 한 좌파 운동권 분파[적군파(RAF)]가 항공기를 납치했고, 유력 경제인을 유괴했으며 살해했다. 이렇게 좌파가 극단화되면서 우파와 자유주의자들은 마르크스주의 자체를 정치적 폭력과 동일시하기 시작했다. 하버마스는 좌파와 극좌파를 싸잡아 쓰레기통에 처넣으려는 우파와 자유주의자들에 대항하기 위해서, 슈타른베르크 연구소에서의 은둔적인 삶을 일시 중단하고, 서둘러 공론장으로 복귀했다. 이 당시 다시 파시즘으로 역류하는 시대의 흐름 속에서 독일인들은 "섬뜩한 [분위기의] 독일"을 감지했다. 이 섬뜩함Unheimliches은 실체가 드러나지 않지만 뭔가 사람들을 불편하고 불안하게 만드는 어떤 것이다. 그것은 특히 예민한 시대적 감각을 가진 사람들만이 느낄 수 있다. 당연히 하버마스는 서독의 사회 체계가 무언가 크게 잘못되어 가고 있다고 느꼈다. 그는 파시즘의 위협에 대항하기 위해서 공적 논쟁의 장으로 깊이 뛰어들었다. 지은이 필리프 펠슈는 이때 하버마스가 우파 및 자유주의자들과 벌인 논쟁에서 초절정의 전투력을 보여 주었다고 평가한다.

아마도 하버마스는 막스플랑크연구소 소장 시절에 가장 철저히 출판 활동을 중단했던 것으로 보인다. 『차이트』 연예 학술 면 담당자인 프리츠 라다츠는 1977년 초에 하버마스에게 기고를 부탁했을 때, [자신은] 공적 논쟁에 참여할 욕구가 없어진 지 오래라는 답변을 들었다.[1] 그런데 몇 달 뒤인 9월에 하버마스는 연구의 상아탑에서 나와 공론장으로 복귀할 필요를 느꼈다.

그 당시 서독의 좌파에서 지배적이었던 분위기를 조금이라도 느껴 보려면, 옴니버스 영화 《독일의 가을Deutschland im Herbst》을 보아야 한다. 이 영화 제목은 나중에 서독의 경제인 연합회장 한스 마르틴 슐라이어와 루프트한자 비행기 "란트슈트"의 납치를 중심으로 한 일련의 사건을 가리키는 명칭이 되었다. 우리는 폴커 슐뢴도르프가 찍은 영상 속에서 장발의 서독 좌파들이 적군파 테러리스트 바더, 엔슬린, 라스페의 무덤 앞에 도열한 모습과 이 그림에 마치 워터마크처럼 새겨진 알렉산더 클루게의 잔잔한 해설 음성을 잊을 수 없다. 마찬가지로 라이너 베르너 파스빈더가 땀범벅으로 줄담배를 피우며, 거의 항상 벌거벗은 채 니코틴으로 누렇게 찌든 뮌헨의 숙소에서 불안하게 서성대며 애인을 겁박하고, 또 적군파 "동조자"로서 경찰 검문에 걸릴까 봐 두려워 남은 코카인을 화장실 변기에 버리는 피해망상적 장면도 잊을 수 없다. 파스빈더는 모가디슈에서 살해된 인질에 대응해 슈탐하임*에 수감된 적군파 하나를 죽여야 하는가에 대해 어머니와 논쟁했고, 연방 대통령 발터 셸은 슐라이어 추모식에서 자유주의적 법치국가의 원칙을 맹세했으며, 테러리스트를 조문 온 사람들은 히틀러처럼 팔을 치켜들고 기마경찰을 향해 "성스러운 승리!Sieg Heil!"를 외쳤다. 반세기의 간격을 두고 다시 놀라운 사태가 등장했다. 서독 민주주의가 성립한 지 30년도 안 된 이때, 언제라도 파시즘으로의 퇴행이 가능하다는 사실을 의심하는 사람은 없어 보였다.[2]

하버마스는 《독일의 가을》을 1978년 봄의 개봉 직후에 관람했다. 그는 현대 사회이론에서 예술의 과제는 개성적인 주체와 그의 진정성에 대한 요구를 표현하도록 도와주는 것이라고 규정했었다. 우리는 어렵지 않게 하버마스 자신의 미적 경험들이 이러한 [협소한] 도식에 제한되지 않았음을 확인할 수 있다. 영화를 본 후

---

* 　　슈탐하임은 슈투트가르트에 있는 고안전성 교도소로서 1970년대의 극좌 테러조직인 적군파의 주요 멤버들이 수감된 곳으로 유명하다.

하버마스는 그의 오랜 친구에게 편지를 썼다. "친애하는 클루게 씨. 당신의 놀라운 다큐멘터리 장면들, 완강하게 개입하면서 해설하는 목소리, 음흉함의 한계에 접근하는 편집, 그리고 역사와 군사軍事, 가상적 인용, 사소한 것 등에 대한 클루게 씨 특유의 방향 설정이 없었다면, 이 영화는 아마 산산이 부서졌을 것입니다. 이렇게 거대한, 양면적이고 복합적인 반응을 부르고, 오래 기억되는 작품이 될 수는 없었을 것입니다."[3]

이때 하버마스가 다시 발언을 시작한 것은 프란츠 요제프 슈트라우스나 후일 기민당 원내대표가 된 알프레트 드레거 같은 보수적 정치인들이 테러리스트를 혹독하게 비판했기 때문이 아니라, 그들의 악담이 지식인들의 "언어 극단주의Wortradikalismus"를 저격했기 때문이었다. 자유주의 성향의 뮌헨대학 정치학 교수 쿠르트 존트하이머조차도 성급하게 "좌파 이론"을 정치적 폭력의 맹아라고 말했다. 슈타른베르크와 슈탐하임 사이에 범주적인 구분선을 서둘러 그을 필요가 있었다. 이때 하버마스가 보여 준 다양한 대응들은 후일 "포그롬Pogrom과 유사한 긴장된 상황"에 대해 발언한 하버마스의 논쟁 능력의 절정을 생생히 보여 준다. 그는 『슈피겔』에서 슈트라우스가 연방공화국을 "프랑코화francoisieren"하려 한다고 비판했다. 하버마스는 1977년 11월 하인리히 뵐이 출판한 『공화국의 변호를 위한 편지들』에 실린 존트하이머에게 보내는 공개서한에서 "중도파 배신자들"을 논박했다. 그리고 테러리즘은 개념의 노력을 반헌법적이라고 몰아붙이는 [보수적] 정치가들이 좌파적 지성을 "내부의 적"으로 선언할 수 있는 안성맞춤의 기회를 제공한다고 말했다. "『FAZ』에 실리는 목불인견의 논설"에 의해 한층 가열된 대중의 증오심 속에서 하버마스는 권위주의적 틀로의 역류를 보았다. 그것은 연방공화국 정치 문화의 "파시스트적 타락"을 조장하는 듯이 보였다. 어떻게 "공인된 자유주의자"인 존트하이머가 그런 정치 캠페인에 휩쓸려 버릴 수 있었을까?[4]

『FAZ』의 편집인 요아힘 페스트처럼, 그리고 하버마스가 굵직한 공적 논쟁들을 벌였던 로베르트 슈페만, 에른스트 놀테 등과 마찬가지로, 존트하이머는 하버마스의 동년배 집단에 속했다. 이 집단은 서독 역사상 가장 격렬했던 정치 이념적인 논쟁 중 몇 가지를 잇달아 벌였다. 자유주의적이고 공화주의적 사고를 하는 45세대 사이에는 안정된 독일 민주주의의 전제를 둘러싸고 매우 다양한 이념들이 횡행했다. 나중에 하버마스는 이런 현상의 원인을 사소한 나이 차이를 통해 유발된 광범위한 경험의 차이 때문이라고 분석했다. "'방공포 소년병 세대'라는 불행한 이름은 이 세대 전체를 횡단하면서 그들의 멘탈리티를 결정해 버린 절단선을 숨기고 있다. 이 마지막 참전자들은 여전히 총통과 조국을 위해 그들의 머리를 꼿꼿이 쳐들어야 하는 등의 실존적 경험을 하였다. 반면 징병제를 피해서 태어난 세대는 1945년 이후에 해결해야 할 실존적인 문제가 전혀 없었다." 68세대의 반란은 [45세대의] 상이한 기질들을 서로 분리하고 자유주의 좌파와 자유주의 우파를 적대적인 양 진영으로 갈라치는 쐐기였다. '학문의 자유 연맹Bundes Freiheit der Wissenschaft'의 저명한 회원인 에른스트 놀테는 1977년 봄에 하버마스에게 보내는 편지에서 다음과 같은 희망을 피력했다. "규명하기 어려운 사건의 압력 아래서 1968년부터 좌익과 우익으로 갈라선 진지한 대학교수들은 이제 새로운 상황에서 다시 서로 접근할 수 있을 것이다." 이 희망은 시기상조였다. 45세대들의 "내전"은 '독일의 가을'에 새로운 정점에 도달했다.[5]

그러나 하버마스는 한 가지 점에서는 보수주의자들과 의견이 일치했다. 즉 그는 서독 사회가 심각한 위기에 빠졌다는 사실에 결코 이의를 제기하지 않았다. 하버마스는 서독 사회가 그런대로 안정된 경제 상황과 사회국가적 서비스들로 인해서 아직은 이탈리아나 미국에 비해 상당히 "통합"된 상태이지만, 그럼에도 이러한 안정은 기만적으로 보인다고 말했다. 그는 "표면 아래서" 부글거리는 발효 과정을 찾아냈다. 점증하는 정치 혐오, "사적 영역과 심리 속으로 옮겨진 갈등"의 증가, 그리고 전체적으로 "사회·정치적 교류에서의 변덕스러운 과민성" — 테러리즘은 이러한 과민성의 두드러진 표현일 뿐이다. 이 시기 글들에서 하버마스는 계속해서 사회적 연관에서 떨어져 나온 억압된 자, 상처입은 자, 정치 혐오자 그리고 폭력적인 자를 언급한다. 존트하이머에게 보내는 공개서한에서 그는 서독의 상황을 심지어 "우리가 병든 가족에 대한 탐구에서 알게 된 저 병적인 안정성"에 비유했다. 1977년에 그는 나중에 하나의 작품으로서 연방공화국에 대해 느낀 흡족함으로부터 그 어느 때보다 더 멀리 있었다. 그는 인터뷰에서 이렇게 말했다. "나는 솔직히 직관적인 수준에서 이 체계가 어딘가 잘못되어 있다고 확신한다."[6]

여기서 하버마스가 밝히고 있는 것은 하나의 감정인데, 우리는 당시 마리루이제 셰러가 쓴 『슈피겔』 르포르타주들에서도 이 감정을 볼 수 있다. 이 현장 기사들은 베를린의 마약 중독자, 니더작센의 장기 캠핑족, 그리고 다른 평준화된 중산층 사회의 탈락자들로 가득 채워져 있다. 그리고 곳곳에 함정이 도사리고 있는 나라를 묘사한다.[7] 나는 테러리스트의 흑백 사진이 실린 지명수배 전단과 에두아르트 치머만의 실제 범죄 시리즈물 "사건서류 번호 XY"가 일으킨 전율을 기억한다. 그리고 내가 살았던 괴팅겐-니콜라우스베르크의 슈파카세 은행 지점에 대한 무장 습격을 언제라도 일어날 수 있는 사건으로 여겼던 기억이 난다. 알렉산더 클루게는 이 분위기를 인상적인 형태로 표현했다. 그가 1977년 가을 주어캄프에서 출간했던 수필집의 제목은 『시대의 섬뜩함』이었다. 이 책은 독일 역사의 파국적인 장소들을 거쳐 가는 미로 같은 장애물 경주로로서 제3제국과 연방공화국 사이에 당혹스러운 평행선을 긋고 있다.

서문에서 클루게는 자신은 수필을 쓸 때 의도적으로 사회적 연관을 분석하지 않으려 한다고 설명했다. 이와 함께 그는 작가이자 이론가로서의 자신의 이중적 역할을 암시했다.[8] 그러나 우리는 이 언급을 오늘날까지도 그를 그의 분신Alter Ego인 하버마스와 연결하고 있는 분업에 대한 암시로 이해할 수 있다. 그들은 1950년대 사회연구소에서 아도르노의 지성의 자기장 안에서 만났다. 이두 사람이 프랑크푸르트학파의 확고한 낙관주의자가 되었다는 것은 어쩌면 그들 세대의 행복 유전자 때문인지도 모른다. 어쨌든 한 사람은 1962년의 『이력서들』로, 다른 한 사람은 『공론장의 구조변동』으로 공적 무대에 데뷔한 이래, 두 아들은 수천 쪽에 달하는 아버지의 유산을 분할 상속했다. 클루게는 아도르노의 내적으로 복잡다단한 사고를 시적인 수단을 가지고 진전시키는 일을 맡았고, 하버마스는 스승의 이론적인 산문에서 모든 전위적인 찌꺼기를 제거하는 일을 맡았다.

의미상실의 이론

하버마스는 1981년에 그의 대표작인 『의사소통 행위 이론』을 서둘러 탈고했다. 그가 '서두르게 된' 배경에는 사실 "독일의 가을"이라는 위기가 있었다. 하버마스는 그 '섬뜩한' 느낌의 진원지가 사회 전체를 휘감고 있는 '의미상실'이라고 보았다. 라인강의 기적을 이루어 내는 과정은 심각한 병리 현상을 동반하였다. 즉, 1980년대의 서독 사회는 높은 생산성을 달성하고 또 관료-화폐의 복합체가 효율적으로 작동하고 있었지만, 동시에 공동체 형성의 토대가 되는 상호이해의 지평은 무너져 내리고 있었다. 이런 상황에서 극좌와 극우 파시즘이 동시에 등장하고, 대중들, 특히 중산층 청소년들은 삶의 의미에 대한 갈증으로 고통받았다. 지은이가 보기에 하버마스의 『의사소통 행위 이론』은 이런 암울한 상황이 왜 생겼는가를 규명하는 이론이다. 하버마스는 이 책을 통해서 당시 서독의 문제를 "생활세계의 식민화"로 인한 의미상실의 위기로 파악할 수 있었다. 이런 점에서 『의사소통 행위 이론』은 사실 **의미상실의 이론**, 즉 의미상실의 원인을 규명하는 이론이고, 독일을 위시한 모든 산업화 사회의 질병에 대한 "병인론病因論"이다.

하버마스는 1970년대 초에 이미 언어에 대한 자신의 관심을 체계적으로 제시하겠다고 예고했었다. 하지만 그가 『의사소통 행위 이론』을 완성하는 데 필요했던 긴급성을 제공한 것은 '독일의 가을'이라는 위기였다. 그의 대표작인 이 책은 현대 사회에 대한 이론을 넘어서 보수주의자들로부터 해석 주권을 빼앗기 위한 시도였으며, 더 나아가 자유롭고 민주적인 기본 질서를 어지럽히는 주범으로 몰린 바로 그 비판적 사고를 통해서 빼앗으려는 시도였다. 그것은 특히 민주적인 제도에 참여하기보다는 "독단주의와 생활 개혁이라는 피난처"로 도피했던 시민의 후예들과 관련된다. 또 그것은 하버마스가 매우 우려했던 섬뜩한 문제들을 일으키고 있는 진원지를 찾으려는 시도였다. 하버마스는 한 기자에게 "우리가 아무도 제대로 파악하지 못한 불투명한 상황을 조명할 수 있다면, 그것은 광범한 사회적 집단에 대한 이해, 그리고 더 나아가 그 집단의 자기 이해를 촉발할 수 있다"고 말했다. 여기서 그는 자신의 이론적 기획이 실천

적 요구와 결부되어 있음을 분명히 하고 있다.[1]

　　사람들은 독일의 가을로부터 4년 뒤인 1981년 가을에 출판된 이 책에서 이런 요구를 감지하지 못한다. 이 1,167쪽의 두 권짜리 책은 삐죽삐죽한 산맥처럼 독자 앞에 솟아 있다. 베를린 시립 도서관에 소장된 책은 도서관 이용자들이 수 세대에 걸쳐 남긴 흔적을 분명히 보여 준다. 특히 길 전체를 균일하게 걷지 않았다는 점이 눈에 띈다. 200쪽에 달하는 서론 부분은 막스 베버의 합리화에 대한 장처럼 손때로 다져진 길이 나 있다. 이에 반해 탤컷 파슨스의 체계 이론을 다룬 자갈밭 부분들은 거의 손댄 흔적이 없다. 그리고 하버마스가 그의 이론의 경험적인 적용 영역들을 가볍게 전망하고 있는 마지막 장에서야 비로소 연필 자국들이 다시 많아진다.

　　하버마스는 1970년대 중반에 이미 발행인 지그프리트 운젤트에게 하강하는 매출액과 관련해서, 앞으로는 주어캄프의 출판에서 "정치적 사회학"의 비중을 낮추고 대신 "구체적인 상황, 전기, 인생행로에 관한 저작"에 치중하라고 충고했다. 그러나 『의사소통행위 이론』에서 드러나듯이, 그는 이 충고를 다름 아닌 자신의 저작으로 허공에 날려 버렸다. 이 책에 구체적 서술이나 현실적인 진단은 등장하지 않는다. 반대로 그것은 동시대의 사회보다는 사회학의 대가들을 다룬다. 책 서문에서부터 벌써 "나는 사회이론의 토대에 대해 전문적 관심을 가진 사람들을 위해 이 책을 썼다"라고 밝힌다. 그는 이것이 이전에 관련된 당사자들을 직접 다루라고 스스로 요구했던 것과 모순된다는 것을 의식했던 것 같다. 책이 나오기도 전에 그는 이 책이 "전적으로 학술적"이라고 인정했다. 심지어 자신이 "괴물"을 세계에 내놓는다고 표현했다. 한 번이라도 이 책의 개념 체계cluster, 표제어, 그리고 도표의 미로에 들어가 본 사람이라면, 하버마스의 말뜻을 이해할 것이다. 각각 한 권의 주어캄프 책이 될 수 있을 다양한 흐름을 어떻게든 하나의 우산 아래 종합하기 위해서 다수의 접근과 시도가 필요했다는 것은 놀라운 일이 아니다.[2]

이 "괴물"은 하버마스가 1960년대 말부터 이미 비판적 사회이론의 확립을 위해 분석하기로 약속했던 의사소통적 이성을 옹호한다. 그는 우리의 상호작용에 함축된 규범들에서 출발하여 사회질서의 토대를 규명하려고 시도한다. 더하여 그는 사회학의 대가들에 의지하여, 그동안 차곡차곡 진행된 분화 과정의 결과로서 파악한 근대 서구 사회의 장대한 파노라마를 전개한다. 그 시작점에 서 있는 것은 근대적 생활양식의 관념이다. 이 생활양식은 인간적 공존의 다양한 측면에 다양한 표현 형식, 역할, 제도 등을 부여할 수 있게 됨으로써 점점 더 합리화되어 가는, 다시 말해 더 효율적, 성과 중심적으로 되면서 동시에 더 정당하고 인간적으로 되는 생활양식이다. 과거에는 밭고랑 하나를 만들 때도 예식적, 정치적, 그리고 경제적인 계기들이 서로 중첩되어 있었지만, 근대 사회에서 이들은 서로 분리되었다. 대가들은 이러한 분리의 과정을 너무 일차원적으로만 생각했다. 하버마스가 대가의 연구를 이용하는 방식은 잔인하게 느껴질 정도이다. 그는 선배들의 이론들을 난도질한 뒤, 쓸 만한 부분들만 골라서 엄청난 복잡성을 지닌 새로운 사고 구조물을 구축한다. 앞으로 100년 동안 유럽의 정신사는 거의 유선형을 이루며 이 구조물을 거쳐 갈 것으로 보인다.[3]

하버마스의 사상에서 "합리화"의 과정은 "생활세계"에서 시작된다. 여기서 생활세계는 자아가 타자와의 협력 속에서 사물과 타자, 그리고 자기 자신에 대한 관계를 획득할 수 있는 그런 공유된 지평을 의미한다. 근대 이후, 생활세계에서 지속적으로 이루어지는 상호주관적인 상호이해는 인지적, 도덕-실천적, 그리고 미적인 측면들이 서로 분리되는 만큼, 다시 말해 인식 물음, 정당성 물음, 취미 물음이 구분되는 만큼 더 합리적이게 된다. 더 멀리 보면 이것은 과학, 도덕, 예술, 즉 문화적인 "가치 영역들"의 제도화를 낳는다. 이 영역들에서 축적적인 학습 효과가 발생하며, 그 덕분에 계속해서 더 전문적인 앎과 더 전문적인 숙련 기술Fertigkeiten이 생겨난다. 그러나 생활세계의 합리화를 통해 가능해진 복잡성의 특정 단계에서 단절Bruch, 더 정확히는 하버마스의 이론에 특징적인 형태를 부여하는 "분리Entkopplung"가 발생한다. 즉 가치 영역들이 생활세계의 의사소통적 행위와의 접촉을 상실한 자율적인 "체계들"로 자립하며 고착화된다. 이것은 가치 영역들이 인간 상호이해의 일상언어로부터 단지 전문가만 이해할 수 있는 전문적 언어로 전환되는 것과 깊이 관련된다. 이 전환은 상징적인 영역이 아니라 경제와 정치의 하위 체계처럼 물질적 재생산이 중요하게 여겨지는 곳에서 특히 강하게 발생한다. 권력과 화폐의 특수 언어 ―이것을 하버마스는 "매체Medien"라고 부른다― 가 지배하는 곳에서, 의사소통적 이성의 메커니즘은 중지된다. 또 현대의 복지국가에서 "관료-화폐의 복합체"는 상호이해라는 불안정한 작업에 의존할 필요가 전혀 없기에 엄청난 효율성을 발휘한다.[4]

점증하는 관료화에 대한 하버마스의 진단은 막스 베버가 제시한 모델에 따른다. 우울한 현실주의자 베버는 체계의 "쇠창살" 속에서 사는 것이 근대인의 운명임을 인정했다. 아도르노에 따르면, "관리된 세계"에서 이들에게 남는 것은 자신의 무력함을 명상하는 일뿐이다. 루만과 파슨스 같은 체계 이론가들은 심지어 현대 사회가 진화하는 과정에서 지니게 된 기능 체계의 믿을 수 없는 복잡성에 경탄을 연발하기에 이른다. 이에 반해 하버마스의 경우에는 이 지점에서 마르크스주의의 유산이 등장한다. 베버가 엄혹한 합리성과 현상 유지의 강고함을 강조한 데 반해, 우리는 마르크스에게서 상품의 비합리적 물신성에 사로잡혀 있지만 폭발적인 내적 모순을 특징으로 하는 부르주아 사회를 발견한다. 이것을 사회학의 언어로 번역하면, 이 사회의 분화 과정은 매끄럽게 진행되지 않았다고 표현할 수 있겠다. 부르주아 사회의 천문학적 생산성과 순조로운 효율성에는 역기능적 효과, 즉 이 사회의 위기를 불가피하게 만드는 "병리 현상"이 마주 서 있다.

이로써 우리는 다시 1980년대의 연방공화국으로 돌아올 수 있다. 하버마스가 100년 간의 이론사를 요약하고 수천 개의 조각을 하나의 기념비적인 퍼즐 그림으로 맞춘 이후에, 하버마스의 『의사소통 행위 이론』은 인용 가능한 ―그리고 자주 인용되는― 병인론病因論이 되었다. 즉 아직 낡은 사고에 머무르는 마르크스주의자들이 가정하듯 생산관계와 생산력의 모순이나 신보수주의자들이 주장했던 현대 문화에 고유한 퇴폐가 아니라, 체계에 의한 "생활세계의 식민화"가 서독 사회의 위기를 유발했다. 그는 서독 사회가 케인스주의적인 사회국가로서 계급투쟁을 동결시키는 데는 성공했지만, 그 대신 관료제의 팽창으로 인해 복지사회의 의미 원천이 잠식되었다고 주장했다. "오늘날에는 권력과 돈이라는 매체를 통해서 발동되는 경제와 행정의 명령이 부적절한 영역으로 침입하고 있다. 이 영역은 상호이해 지향적 행위에서 분리되어 권력과 돈 같은 매체로 통제되는 상호작용 위로 옮겨지면서 서서히 무너져 내린다."[5]

이런 붕괴에 대해 지진계와 같은 민감성을 가지고 반응했던 것은 의미에 목말랐고 부모와 소원했던 중산층 청소년들이었다. 반면 1977년 가을에 대한 알렉산더 클루게의 충격적인 다큐멘터리 영화가 보여 주듯이, 튀르키예와 이탈리아에서 온 외국인 노동자들이 컨베이어벨트 주변에 늘어서 있는 다임러-벤츠사의 거대한 조립공장에는 기이한 적막만이 감돌았다. 대혼란은 오직 테러리스트들의 무덤가에서만 펼쳐졌다.

꼭 그렇게 써야 했나요?

『의사소통 행위 이론』은 자체의 분량뿐 아니라 다양한 주제, 엄청난 분량의 자료 검토, 거대하고 치밀한 이론적 체계로 '악명'이 높다. 하버마스 자신도 이 책을 "괴물"이라고 불렀다고 한다. 이 책에 대한 반응은 호불호가 엇갈렸지만, 전체적으로 보면 불평과 불만의 목소리가 더 컸다. 보수주의자는 하버마스가 일종의 언어적 구원신학을 제시했다고 혹평했고, 좌파들은 계급갈등을 "생활세계의 식민화"로 대체했다고 비난했다. 지은이는 『의사소통 행위 이론』의 무미건조한 집필 스타일을 향해 쏟아진 다양한 비난과 혐오를 일일이 소개한다. 그중에서 특히 카를 마르쿠스 미헬이라는 논평자는 짜증 섞인 목소리로 **"꼭 그렇게 써야 했나요?"**라고 불평했다. 더 나아가 지은이는 이런 표면적 반응을 넘어서, 그 이면에 놓인 학문적, 문화적 상황의 거대한 변화를 조명한다. 그가 보기에 이 방대한 이론서는 시대를 잘못 타고나왔다. 이 책이 세상에 나온 1980년대 초부터 서독의 대학생과 정치운동가들은 "미래에 대한 낙관, 보편주의, 그리고 '거대 이론'"에 대해 염증을 느끼기 시작했다. 그들은 벤야민이나 푸코 또는 루만의 철학이 제공할 수 있는 비전이나 영감 또는 즉각적인 실존적 자극 그리고 즐거움을 원했다. 이들에게 하버마스의 집필 스타일은 매력이 없었다. 그러나 철학에서 영감과 계시를 기대하는 새로운 성향의 독자들에게 하버마스는 그저 침묵으로 일관했다.

오늘날의 관점에서는 『의사소통 행위 이론』이 승리였는지 패배였는지 판단하기 어렵다. 1981년 가을, 지그프리트 운젤트는 손수 뮌헨까지 가서 하버마스에게 방금 인쇄된 두 권의 책을 건넸다. 이것은 그가 특별히 중요한 저자들에게만 부여했던 특혜였다. 그리고 그해 겨울에 벌써 재판과 3판이 나왔다. 그러나 이것은 당시 잘나가던 주어캄프출판사의 규모에 비교해 초판 4,000부가 너무 적었던 것과도 연관이 있었다. 논평가 미하엘 루츠키는 이 책을 직접 읽기도 전에, 일기에서 이 올해의 가장 중요한 이론적 신간에 대해 "오래전에 예고되었고, 계속해서 연기되었으며, 거의 기대를 접었던" 책이라고 평했다. 이 대표작의 출간은 오랜 준비 기간 때문에도 이미 지성계의 일대 사건이었다. 카를 마르쿠스 미헬은 『슈피겔』에서의 서평에서 이렇게 썼다. "몇 달 전부터 우리 나라에서 집단적 학습 단계라고나 표현할 수 있을 어떤 일이 진행되고 있다. 거의 만 명의 인간이 (그리고 매일 2, 30명이 거기에 추가된다!) 결코 도외시하면 안 될 두꺼운 책 앞에서 머리를 숙이고 있다."[1]

　　박식함으로 유명한 저자가 이 새 저작으로 다시 한번 자기의 기록을 경신했다는 것에는 의심의 여지가 없었다. 다루어진 문제의 다양함, 검토한 자료의 풍부함, 그리고 체계적 시도의 광범위함은 유례가 없는 것이었다. 제목에 등장하는 의사소통적 행위 이론 이외에도 이 책은 합리성 이론, 합리화 이론, 사회 진화론, 그리고 근대화론을 포함한다. 철학자 뤼디거 부브너는『메르쿠어』에 발표한 서평에서 그 방대한 규모에도 불구하고 "명료한 사고의 인도"를 항상 알아챌 수 있다고 말했다.『FAZ』의 비평가 위르겐 부셰가 보기에 이론사를 이용하는 하버마스의 솜씨는 "신비스러운 매력"을 발산했다. 사회학자 하우케 브룬크호스트는 "그는 마르크스와 거리를 둠으로써" 마르크스로 돌아가는 길을 찾아낼 수 있었다고 썼다. 그러나 평론가 대다수는 이런 칭찬에 이어서 유보적인 평가를 덧붙였다. 전체적인 반응은 실망스럽다는 쪽이었다.[2]

　　보수주의자와 자유주의자가 보기에 하버마스는 생활세계에 보존된 왜곡되지 않은 의사소통 연관이라는 생각을 가지고, 그의 언어 신봉적 구원신학에 대한 새로운 증명을 제공했을 뿐이었다. 케임브리지학파의 창립자인 퀜틴 스키너는 한 대담에서 "하버마스 읽기는 루터 읽기와 똑같다. 다만 루터는 정말 놀라운 산문체로 쓴다는 점만이 다르다"라고 단언했다. 이 대담은 영국에서 하버마스의 명성을 두고두고 훼손하였다. "우리는 당연히 사회철학자들에게 단지 프로테스탄티즘을 다른 수단으로 연장시키는 것보다 더 나은 어떤 것을 바란다." 다른 이유로겠지만 많은 좌파도 스키너에 게 동의했을 것이다. 마르크스주의자가 보기에 계급갈등을 "생활세 계의 식민화"로 해소하는 것은 마르크스주의 유산에 대한 배신이 었다. 프랑크푸르트학파의 추종자들이 보기에 현대 사회에 대한 하 버마스의 변론은 비판이론의 "불능화Depotenzierung"를 표현한 것이 었다. 물론 그는 실망한 68세대로부터 이미 제도권의 일부라는 말 을 듣고 있었다. 그러나 국가를 지탱하는 사상가가 되려는 동기는 이때, 즉 1980년대에 비로소 전면에 등장했다.[3]

앞에서 언급한 『FAZ』의 비평가 위르겐 부셰도 이러한 하 버마스의 동기를 기묘하게 속삭이는 듯한 하이데거적 방식을 통해 서 드러낸다. 그의 논평의 출발점을 이루는 것은 연방공화국의 포 스트 비극적 특성에 대한 진단이다. "운구차가 오직 밤에만 오가는 나라에서, 그리고 노인들이 어떤 한계까지는 젊고, 역동적이며, 생 동적이려 하지만, 그 한계 저편에서는 실의Abseits에 빠지는 나라에 서, 이런 나라에서 죽음은 내쫓긴다." 부셰는 『의사소통 행위 이론』 에서 죽음의 현사실성이 사라져 버렸다는 관찰로부터 하버마스가 서독의 시대정신에 항복했다는 결론을 내린다. 신중한 정식화를 위 해서 먼 곳으로부터 이끌어 오긴 했지만, 그의 비판은 결국 하나의 명제로 귀결된다. "연방공화국이라는 실험이 있었고 또 지금도 진 행되고 있다면, 하버마스의 사유는 이 실험에 대해 긍정적 태도를

취한다." 이 명제는 그때부터 지금까지 여전히 인용할 만한 가치를 잃지 않고 있다.[4]

　　이때에 이르러 유럽 중심주의라는 비난도 거세졌다. 스키너는 하버마스가 의사소통적 이성의 보편성이 "선先왕조 시대의 이집트인, 9세기 프랑스의 농노, 그리고 [아마존 원시 부족인] 야노마미족"에게도 타당하다고 가정하는지 물었다. 또한 문화적 차이의 문제를 도외시하더라도, 그의 이론은 사람들 사이에서 관찰되는 의사소통 형식의 다양성을 간과하는 것처럼 보였다. 그러나 하버마스는 언제나 이런 비난을 일축하였고, '지배로부터 자유로운 논의'는 우리가 유의미하게 대화할 수 있으려면 반드시 전제해야 하는 반사실적 가정에 해당한다고 강조했다. 하지만 거기에는 이미 의사소통을 상호이해로, 그리고 상호이해를 합의로 환원해 버리는 가정이 숨어 있는 것은 아닌가? 미헬은 "위트, 유머, 아이러니, 냉소, 그리고 은유적이고 환유적인 말, 그리고 허구와 속임수, 유구한 역사를 지닌 훌륭한 수사학의 모든 무기는 어디에 있는가"라고 물었다. 하버마스 역시 단지 "일직선으로", 즉 진리성, 정당성, 진실성에 대한 요구만으로 의사소통이 이루어지는 사회에서는 결코 살고 싶을 리가 없다는 것이다.[5]

　　많은 비판가는 하버마스의 스콜라적인 의사소통 개념이 그의 글쓰기 스타일에도 반영되었다고 생각했다. 위르겐 부셰는 "심사평가서와 발표문 초안, 서평과 초록"을 힘들여 읽고 있다는 인상을 받았다. 뤼디거 부브너에 따르면, 이 책은 "알려진 이론들의 조각들, 학문적인 연구 프로그램, 그리고 참조한 입장들"을 "선별의 절차"를 거쳐서 하나의 콜라주로 새롭게 구성하고 있다.『프랑크푸르터 룬트샤우』의 편집자 아르노 비트만은 [하버마스와의] 인터뷰에서 하버마스에게 직접 사유를 전개하기 위해서 왜 "이렇게 많은 비계飛階의 설치, 다른 사람의 말들, 엄청난 수용적 자세"를 필요로 하는지 물었다. 방대한 분량의 참고문헌은 오래전부터 그의 현대성의 증명으로 간주되었다. 그런데 1980년의 길목에서는 독창적이지 못한 사상가라는 이미지를 형성했다.[6]

후속 세대인 우리가 1990년대에도 여전히 부분적으로 간직하고 있던, 그리고 ―훨씬 후에― 서두*에서 언급했던 레이첼 커스크의 서적 파괴 환상물에서 표현되었던 특이한 감정을 우리는 『의사소통 행위 이론』에 대한 반응들에서 만난다. ― 적어도 아주 명료한 형태로는 처음으로. 미하엘 루츠키는 그의 일기에 이 책은 "마치 눈처럼" 자신 위에 내린다고 기록했다. 그것은 마치 쏟아지는 눈처럼 그가 저항하기를 멈추어야만 비로소 어떤 "아름다움"을 획득할 수 있는 그런 책이었다는 것이다. 독어독문학자이자 소설가인 한스요제프 오르트하일에게는 그렇지 않았다. 그가 당시 한동안 유행했었던 지적인 자기 탐구 중 하나에서 고백했듯이, "사회과

---

*   이 책의 제1장을 참조하라.

학자 하버마스의 문장들"은 그에게 "혐오감"만 불러일으켰다. 카를 마르쿠스 미헬도 그와 비슷한 느낌을 느꼈고, 이를 매우 간단명료하게 표현했다. "친애하는 위르겐 하버마스여, 꼭 그렇게 써야 했나요?" 이것이 『슈피겔』에 실린 그의 서평의 짜증 섞인 결론이었다.[7]

『차이트』에 『의사소통 행위 이론』의 서평을 쓴 우르스 예기에게는 사회적 현실을 한갓 개념으로 파악하려는 하버마스의 시도가 "노티 나고 케케묵은 유럽식이며 우둔한 짓"으로 느껴졌다. 그는 이렇게 말했다. "나는 그것[사회현실]에 대해 나의 언어로 이야기할 수 있기를 바란다. 그리고 나는 그것에 대해 관련 당사자들이 서로 소통하는 바로 그 언어로 이야기하고 싶다." 이에 반해 하버마스는 동시대인들에게 사회에서 그들이 겪고 있는 불안에 대해 어떻게 생각해야 하는지를 훈시하려는 "늙은 교사Oberlehrer"처럼 행동한다는 것이다. 주어캄프 이론 총서의 좌장이자 20권짜리 헤겔 문고판 전집의 편집인이고 또 난해한 사고의 베테랑인 미헬은 심지어 이 철학자가 학술적인 글쓰기 방식과 과도한 개념 사용을 통해 의도적으로 "독자를 겁박"하려 한다는 의심을 드러냈다. 미헬에 따르면, 이론이 자신의 권위와 영광의 근거로 삼는 '상식과의 범주적 차이'를 서평자들이 잘 몰랐다고 단정하는 것은 너무 성급한 태도이다. 그 차이는 하나의 고유한 문제가 되었다. 즉 하버마스의 위기진단의 내용과 태도 사이에는 현저한 모순이 있는 듯이 보였다. 하버마스가 강력하게 옹호하는, 자기 분열한 현대의 화해는 결국 전문가의 지식이 학회와 연구소의 복도에서만 울려 퍼지지 않고, "좋은 삶의 문제"를 위해 ―어떤 매개를 거쳐서든― 활용될 수 있는지에 달려 있다. 그러나 의사소통적 행위의 이론은 과연 그러한 문제들과 연결될 수 있는 것이었는가? 그것은 스스로 생활세계로부터 이탈해 슈타른베르크의 연구소에 머물러 있지 않았는가? 예기는 묻는다. "일상의 실천을 이론적-체계적 토대 위에 세우려는 시도는 결국 그것의 뼈에서 골수를 빨아먹어 버리지 않는가?"[8]

우리는 하버마스가 다름 아닌 그의 대표작 때문에 온갖 비난을 받게 되었다는 인상을 지울 수 없다. 어떤 사람들은 그의 언어가 지나치게 현묘해서 절망했지만, 다른 사람에게 그것은 아직 충분히 현묘하지 않았다. 말하자면, 가장 친숙한 인간관계적 상황마저도 낯설게 만든 경쟁자 루만의 사회학적 개념 기술技術과 달리, 하버마스의 개념적 노력이 주는 추상화의 이득은 명확하지 않았다. 토대 연구와 현대 진단, 관찰자 및 참여자 관점, 체계 이론과 행위 이론을 결합하려는 노력 속에서, 하버마스의 이론은 한편으로는 절충적으로 뒤섞인 구조를 지니게 되었고, 그러면서도 다른 한편으로는 1980년대 초 문화비평의 상투성에서 벗어나지 못했다. 근대의 성취 이전으로, 즉 전문가 문화의 분화를 통해 시작된 학습 과정 이전으로 되돌아갈 수 없다는 사실을 계속 지적한 것도 도움이 되지 못했다. 하버마스가 그의 책에서 전개한 후기 자본주의의 의미상실의 변증법, "체계", 생활세계의 "빈약한 자원"에 대한 체계의 약탈

—또 예술은 주체의 진정성 있는 자기표현을 지원하기 위해 존재한다는 소략하게 서술된 미학 이론— 은 종종 좌파의 대안적 문명비판과 혼동될 정도로 흡사해 보였다.[9]

그때까지 언제나 시대의 흐름에 정확히 맞추어 반응했던 하버마스가 이번에는 시기를 놓친 것 같았다. 세상은 여러 해에 걸친 고된 개념 작업 이후에 나온 책의 타당성 요구에 대해 그리 수용적이지 않아 보였다. 작가 보토 슈트라우스는 『의사소통 행위 이론』이 출간된 해에 "변증법 없이는 우리는 즉시 더 우둔해진다. 그러나 그것 없이 해 나가야만 한다!"라고 썼다. 1980년대 초 서독 매체의 문화 면에는 대학생과 새로운 정치적 운동을 덮친 이론 피로감에 대한 진단들이 횡행했다. 그 상황을 통제하려는 시도 속에서 하버마스는 계속 지적인 대전환을 언급했다. 그는 전후 모더니티의 진보적 정신을 특징지었던 모든 것, 즉 추상, 원대한 포부, 미래에 대한 낙관, 보편주의, 그리고 "거대 이론"에 대한 염증을 확인했다. 하버마스는 주어캄프 문고 1,000호 기념으로 출간된 책 『시대의 정신적 상황에 관한 키워드』의 서론에서 "직접성 숭배, 고도한 형식에 대한 평가절하, 영혼의 무정부주의, 구체적인 것을 향한 전반적인 환호"에 대해 이야기했다. 하버마스의 요청에 따라 미헬도 이 책에 기고했다. 그의 기고문 「과학적 전환 이래 학문 연구자 전체의 근본 어휘」에는 "논증 연관", "접근 방법", 그리고 "실천 적합성"이라는 용어와 나란히 "이론 나부랭이Scheisstheorie"라는 표제어가 발견된다. 그리고 그것은 "기본적으로 전前 과학적인(즉 형이상학적인) 이론의 독단을 무개념적으로 표현하는 대학가의 은어"라고 풀이되어 있다.[10]

2년 뒤, 미헬은 『의사소통 행위 이론』에 대한 서평에서 이런 이론에 대한 혐오를 스스로 지니게 된 것처럼 보인다. 어쨌든 적어도 이 서평 이후에 하버마스는 그를 배신자로 여겼다. 이런 상황은 미헬이 엔첸스베르거의 새로운 라이프스타일 잡지 『트랜스아틀란틱』에 편집인으로서 참여했기 때문에 더 심화되었다. 하버마스는 1982년에 프랑스의 포스트 마르크스주의자 코르넬리우스 카스토리아디스에게 "나는 엔첸스베르거뿐만 아니라 미헬과도 매우 어려운 관계에 있다"라고 말했다. "나는 이 사람들을 자포자기한 자들로 간주한다. 그들은 냉소와 순응 사이에서 방황한다." 하버마스는 이들 좌파를 우파와 다름없는 "신포퓰리즘"이라고 싸잡아 비난했다. 그는 모든 방향에서 관찰되는 지적 수준의 하락을 지적하려했다. 지그프리트 운젤트도 이미 1980년에 첫 번째 책이 발간된 주어캄프의 "새로운 시리즈"를 더 강하게 문학적 방향으로 이끌겠다고 말했다. 하버마스가 보기에 이것은 원래 시리즈의 정신에 대한 배반으로 보였다. 그는 주어캄프의 발행인에게 "당신은 로터리클럽회원들의 세계에서 움직이는데, 나를 그것과 연결하는 것은 아무것도 없습니다"라고 썼다. 동시에 그는 이론 총서의 자문 자리에서 사퇴했다. 그는 자신의 이론을 점점 캄캄해지는 시대정신 속으로 담

대하게 새겨 넣어야 했다. 이는 니체의 『반시대적 고찰』에 비견되는 상황이다.[11]

　　『의사소통과 미학』의 인터뷰 진행자는 하버마스가 글을 쓸 때 어떤 "리비도 이미지"에서 영감을 얻는지, 그리고 그런 힘든 작업을 필시 가능하게 했을 "즐거움의 계기"를 어디서 얻는지 질문했는데, 이는 어떤 징후의 표현이다. 즉 진행자에 따르면, 잡지의 새로운 독자는 이론의 수용뿐 아니라, 생산도 어떤 쾌락 획득과 결부시키려 한다. 과거 신좌파를 지배했던 "이론 작업"의 금욕주의적 윤리는 그들의 후속 세대에게는 낯선 것이 되었다. 물론 이들은 여전히 난해한 사유에 관심을 가졌지만, 동시에 벤야민이나 푸코, 그리고 심지어 루만의 차가운 아이러니가 제공할 수 있었던 그런 즉각적인 실존적 자극을 지향했다. 1974년에 독어로 번역되어 주어캄프 문고로 나왔던 롤랑 바르트의 『텍스트의 즐거움』은 새로운 쾌락주의의 강령을 선언하는 문서였다. 무뚝뚝한 하버마스는 이에 대항해서 "사회이론은 개인적인 치유의 필요에 대해 냉담한 태도를 취한다"는 입장, 그리고 그의 스승인 아도르노에 충실하게 "새로운 사회구성체의 탄생을 위한 산파의 실천에 대해 알려 주면서 구원의 종교적인 관점을 부정하는 이론들은 우선적으로 근본적 절망의 의식을 낳게 마련"이라는 입장을 견지했다. 비종교적인 영감과 계시를 기대했던 독자들에게 그의 텍스트는 침묵으로 일관했다.[12]

　　저항 문화의 참여자들과 생활 개혁 실험의 추종자들도 건실한 시민인 하버마스에게서는 얻을 것이 없었다. 새로 창간된 『타게스차이통』의 편집부는 혹시 하버마스도 때로는 사회이론가로서의 직업을 "걷어치우고", "다른 어떤 것", 예를 들면 민간요법 치료사 자격증을 따는 꿈을 꾸지는 않는지 알고 싶어 했다. 그의 현명한 대답은 이러했다. "그런 일을 하는 상상은 모든 '중년의 위기'의 정상적 부분이며, 모든 40대 지식인의 로망에 속합니다." 그러나 자신은 "행복의 진보"가 있을 수 있다고 믿기에는 "본성적으로 너무나 프로테스탄트적"이라고 말했다. 그는 새로운 사고를 할 수 있으려면 기존 생활양식과의 단절이 필요하다는 생각도 별로 하지 않았다. "보십시오. 내가 만일 매우 구식인 모범시민적 생활양식을 유지하지 않는다면, 무방비 상태에서도 큰 두려움 없이 얼마간 급진적으로 사고할 수 있는 필요조건은 충족되지 않을 것입니다. 말하자면, 정규직 교수나 확고한 지위를 가진 작가의 생활양식은 책상에서 좌고우면하지 않는 데 필요한 제도적 피난처를 제공합니다."[13]

　　당시 청년 좌파가 하버마스에 대해 가졌던 모순된 감정은 그들이 한때 자신과 동일시했던 인물과 맺고 있는 오이디푸스적 관계를 증언한다. 미하엘 루츠키는 한참 동안 —하버마스가 보기에는 엉성했던— "미적-표현적" 행위 이론으로 『의사소통 행위 이론』을 극복하려는 생각에 애착을 보였다. 그의 이론에서는 상호 대화의 신체적 측면, 예를 들면 술과 담배의 역할도 고려되어야 했다. 루츠키는 그로부터 25년 뒤에도 자신의 아버지 살해가 아버지 자신에 의해서 칭찬받기를 꿈꾸는 분열적 증상을 보였다. "한여름 푸른 정원의 나무 탁자에서, 잠시 후에 R은 위르겐 하버마스를 위한 축사를 해야 한다. 준비할 여유도 없이 즉흥적으로. 하버마스가 친히 다가와서, 손으로 탁자 위를 쓰다듬고 그에게 격려하듯 고개를 끄덕인다. R은 준비할 시간이 전혀 없었음에도, 주어진 과제를 감당할 수 있다는 확신이 든다. 그는 기억력에 의지해야 한다. 따스한 바람이 정원으로 불어온다. 그는 '미적-표현적 행위'에 최대한 집중할 것이다. 하버마스는 여기에 가장 커다란 도전거리가 숨어 있음에도 불구하고 언제나 이것을 다루지 않고 회피했다. — R은 만족감과 불쾌한 불안감 사이에서 잠에서 깨어났다. 최근 들어 다시 자신이 '하버마스의 동생'으로 인정받지 못했다는 생각, 응당 받아야 할 포상도, 아무런 공표 가능성도, 아무런 연단演壇도 발견하지 못했다는 생각이 그를 고뇌하게 했다."[14]

◆

반계몽의 분류학

하버마스는 1980년대 초부터 점차 독일 사회와 화해하기 시작했다. 그는 독일 사회가 이제 어느 정도 민주주의적 질서를 내면화했다고 판단했고, 그에 따라 자신의 좌파적 입장을 한층 더 완화한다. 1984년에 하버마스는 스페인 의회 연설에서 사회주의의 역사적 패배를 선언했고, 이제 사회주의를 향한 기획에서 무엇보다도 민주주의가 우선성을 갖는다고 주장하기 시작했다. 그러나 다른 한편으로 거대 이론의 태양이 저물자, 근대의 적대자들(예를 들면 가다머)이 모습을 드러냈고, 보수주의적 복고의 물결이 다시 넘실대기 시작했다. 하버마스는 「근대 ─ 미완의 프로젝트」라는 글로 대응했다. 이 글에서 하버마스는 계몽적 이성의 잠재력을 부정하는 모든 입장을 비판하기 위해 **"반계몽의 분류학"**을 제시했다. 여기서 특이한 것은 그의 적대감이 독일의 반계몽주의를 넘어서, 프랑스 철학으로 확대되었다는 것이다. 그때까지 프랑스 철학에 관심이 없었던 하버마스가 왜 이때 갑자기 프랑스 철학에 대한 적대감을 드러냈을까? 지은이에 따르면, 프랑스 철학에 대한 하버마스의 비판은 프랑스 철학 자체가 아니라, 그들의 주술에 걸려 헤매는 독일 독자를 향한 것이었다. 마르크스주의의 지나친 '학문화'에 싫증을 느꼈던 독일 대중은 프랑스 철학을 읽으면서 큰 해방감을 느꼈다. 반계몽적 프랑스 철학은 독일로 건너와서 의외로 '전복적 아우라'를 띠었다. 이것이 바로 하버마스가 「근대 ─ 미완의 프로젝트」에서 프랑스 철학을 때리지 않을 수 없었던 이유였다.

현재Gegenwart의 시작을 찾아서 정하는 일은 얼마 전부터 재등장한 시대진단 작업의 한 부분이다. 자신의 위치를 시간의 흐름 속에서 특정하려는 욕구는, 18세기와 19세기 사이에 열린 미래를 향한 역동적 역사의식이 생겨난 이래, 근대적 자기 이해의 일부분이다. 미셸 푸코에 대한 하버마스의 추도문에 따르면, 그 당시에 "비의秘儀적인 철학은 역사적 순간의 도발에 응답하는 현재 비판"으로 전환되었다. 그러나 당면한 우리의 시대진단은 과거의 시대진단들과 달리 '지금시대Jetztzeit'의 본질을 그 역사적 출발점을 확정함으로써 해명하려 한다는 점에서 주목된다. 이것은 다음과 같은 생각과 결부되어 있다. 이 '지금'은 하버마스가 푸코 추도문에서 말한 것처럼 "예견되는 미래 가능성의 압력에 눌려 터져 나오는 순간"을 가리키는 것이 아니다. '지금'은 모호한 방식으로 미래와 융합하면서 오직 자신의 과거에 대한 거리 유지 속에서만 결정될 수 있는 연장된 시기, "폭이 넓은 현재"를 가리킨다. 그래서 최근에 우리의 자기 위치

설정 시도를 장식하고 있는 그 끝없는 "포스트" 개념들의 연쇄가 나온다. 우리의 시대는 포스트 역사적, 포스트 모던적, 포스트 식민적, 포스트 민주주의적, 또는 포스트 사실적인 것으로 이해됨으로써만 우리에게 의미를 지니는 것처럼 보인다. 어쨌든 이것은 각각이 '이후시대Nachzeit'의 시작Anfang에 대한 물음을 함축한다.[1]

우리의 정치적, 사회적, 그리고 문화적인 '지금'을 정의하는 것은 리먼 브라더스의 파산, 9.11 사건 또는 베를린장벽의 붕괴와 더불어 시작되었을까? 사실 최근 몇 년간에 나타난 다양한 "현재의 역사들"은 훨씬 더 이전으로 거슬러 올라간다. 서로 다른 강세와 비중 설정에도 불구하고, 그 이야기들은 문제가 되는 시대전환점을 예외 없이 1970년대에서 80년대로의 이행기에서 찾는다는 점에서 일치한다. 때로는 1977년, 때로는 1979년, 때로는 1980/81년에 결정적인 단절이 있었다고 주장된다. 그 이야기들은 각기 선택적으로 텔레비전 시리즈 《홀로코스트》의 방송, 이란혁명, 또는 "정체성 정치"라는 개념의 등장 등의 사건을 다가오고 있는 것의 징후라고 강조한다.[2]

그 당시는 하버마스가 슈타른베르크와 미국의 대학을 왕래하면서 『의사소통 행위 이론』의 완성을 위해 애쓰던 시기였다. 1980년대로 넘어가는 문턱은 그의 생애에서도 하나의 분수령을 이룬다. 이 전환에 앞선 —여러 면에서 마치 오래된 과거처럼 느껴지는— 수년간, 우리는 더 암울한 동시에 더 희망찬 연방공화국이라는 무대 위에서 하버마스를 발견한다. 이 무대에서는 독일인들의 권위주의적 성향에 대한 여전한 불신, 그리고 힘들게 성취한 민주주의의 승리 이전으로 후퇴할지도 모른다는 우려에 맞서서 광대한 정치적 기대지평과 전후戰後 모더니티의 미래 확신이 마주 서 있었다. 사실 하버마스 자신은 이런 대조가 단지 착시현상임을 밝혀내려 했다. 즉 초기 연방공화국의 정치적 스펙트럼이 너무 보수적이었기 때문에, "급진주의자로 취급받는 일"은 너무나 쉬웠다는 것이다.[3] 그럼에도 불구하고 고전적인 주어캄프 문화의 이 대변자는 더 나은 사회를 위한 막스플랑크연구소 설립이라는 이념을 수용했고, 이론의 변혁적 힘에 대한 그의 믿음은 이미 오래전부터 —약한 메시아주의적 힘이 잠재해 있는 듯 보이는— 선명하게 복고 미래주의 Retrofuturismus*의 모습을 띠었다.

1980년에 들어서 비로소 오늘날 여러 측면에서 더 친숙하게 느껴지는 영역이 열린다. 한편으로 하버마스는 이제 점점 더 자주 독일의 상황이 "다소 개선"되었다고 인정했다. 그는 이러한 느낌을 80년대 말에 "근본적 자유주의화"라는 개념을 만들어 표현했다. 리타 쥐스무트**가 68년의 영속적 유산을 대표한다는 하버마스의 논평은, 지금 돌이켜 보면 메르켈 시대를 예언한 것임이 드

---

*   과거의 미래 예측을 회고하면서 현재를 재해석하는 예술·문화 장르를 말한다.

**   기민당 소속의 보수 정치인이면서도 진보적 가치를 옹호했던 여성 정치인이다.

러난다. 1988년에 그는 얼마간 안도하면서 그것[68년의 유산]의 "제도 속으로의 진입은 심지어 기민당에까지 도달했다"고 단정했다. 몇 년 뒤, 그는 심지어 헬무트 콜과 화해해야겠다고 느꼈다. 하버마스에 따르면, 콜이 선언했던 "정신적-도덕적 대전환"은 처음의 우려와 달리 단지 수사법에 머물렀다. 하버마스는 대표성 없는 연방 수상이면서 지방색이 역력했던 유럽인인 콜이 자신[하버마스]을 "(구) 연방공화국과 화해"시켰다고 말했다.[4]

그러나 다른 한편으로 이러한 화해는 결과적으로 사회이론가로서의 그의 야심을 완화했다. 1984년에 하버마스는 2년 전부터 사회노동당이 다수를 차지하고 있던 스페인 의회에서의 연설에서 역사적인 패배를 인정했다. "미래의 지평"이 위축되고, "타율적 노동"으로부터의 해방이 비현실적임이 드러났기 때문에, 이제 초기 사회주의에서 유래하는 노동사회의 유토피아와 작별해야 하는 때라고 그는 말했다. 물론 그는 여전히 "민주적 사회주의" 개념을 견지했고, 『뉴 레프트 리뷰』와의 인터뷰에서는 심지어 앞으로 다시 이 개념을 자주 사용하겠다고 다짐했다. 그러나 이것은 그가 이 개념을 —흔히 "포스트 마르크스주의적"이라고 부를 수 있는 용법에 따라서— 노동 패러다임에서 떼어 내서 의사소통 패러다임과 결합했기 때문에 가능했다. 말하자면, 더 나은 사회에 대한 그의 꿈은 앞으로는 생산관계가 아니라 상호이해의 관계에 따라서 형성된다. 1988년에 그는 이렇게 말했다. "사회주의는 민주주의적 절차 자체에 들어 있는 유토피아적 요소를 진지하게 받아들일 때만 살아남을 것이다." 하버마스는 유토피아적 요소, 더 정확히는 민주주의적 법치국가의 규범적 핵심을 "재구성하는 일"을 1981년, 프랑크푸르트로 복귀한 때부터 시급히 해결해야 할 주요 과제라고 생각했다.[5]

조앤 디디온은 뉴욕과의 점진적 이별에 헌정한 한 에세이에서 "일의 시작을 보는 것은 쉽지만, 그 끝을 보는 것은 어렵다"고 썼다. 우리는 이 명제를 하버마스가 과거 20년 동안 스스로 구현했던 "거대 이론"의 시대에 그대로 적용할 수 있다. 1980년을 전후한 몇 년은 이 시대의 끝을 암시하는, 눈에 띄지 않는 사건들로 가득하다. 그중 하나는 철학자 한스게오르크 가다머가 1980년 6월, "푸르 메리트"회의 회원총회를 맞아 본대학 강당에서 발표했던 도발적인 "이론 예찬"이다. 이 축하 강연에서 가다머는 학생봉기의 시대 이래로 망각되어 온 그리스적-고대적 이론 이해를 부활시켜야 한다고 호소했다. 그는 참석한 공훈자들에게 플라톤과 아리스토텔레스는 원래 **테오리아**theoria(이론)라는 말로서 세계에 개입하기보다는 단순히 세계를 관조하는 무관심한 숙고의 태도를 의미했다고 강조했다. "이론을 가리키는 오래된 이름은 물론 다른 것, 즉 **소폰**sophon(지혜)에 대한 사랑, 철학이었습니다." 우리가 가다머 연설의 워딩을 1960년대 하버마스의 취임 강연과 나란히 놓고 보면, 가다머는 바로 그의 후배 철학자가 과거에 주장했던 '철학의 비판적 사회이론으로의 변형'을 다시 수정하려 한다는 것이 분명하게 드러난다. 녹색당이 처음으로 연방의회 선거에 뛰어들고, 그 뒤를 따라 많은 신좌파가 "제도권으로의 행진"을 시작했던 반면에, 가다머는 고고하게 시류에서 벗어나 있는 보수주의를 위해서 난해한 사유의 복권을 주장했던 셈이다.[6]

만약 당시에 하버마스가 가다머의 독이 든 이론 예찬을 들었다면, 그는 분명 그것을 "복고의 물결"의 더 심각한 징후로 해석했을 것이다. 당시 하버마스는 복고의 물결이 연방공화국을 뒤덮었으며, 자신도 점점 더 수세에 몰리고 있다고 생각했다. 참고로, "푸르 르 메리트"회 회원들은 40년 뒤에야 비로소 하버마스를 자신들의 일원으로 받아들였다. 1980년 9월, 그는 프랑크푸르트시의 아도르노상 수여식에서 반격의 기회를 잡았다. 수상 연설의 제목은 "근대 — 미완의 프로젝트"였다. 이 연설과 함께 나의 세대에게는 "근대"와 "포스트 근대" 간의 결정적인 균열이 시작되었다. 하버마스는 먼저 개략적인 터치로 과학, 도덕, 예술의 사회적 분화 과정을 스케치했는데, 이것은 다음 해에 나온 『의사소통 행위 이론』에 상세히 서술되었다. 그러나 그는 이 근대화의 과정을 연설의 제목에 나오는 "근대 프로젝트"와 구분하기를 원했다. 그에게 근대 프로젝트는 프랑스 계몽주의 이후로 다음을 의미했다. "객관화하는 과학, 도덕과 법의 보편주의적인 토대, 자율적인 예술을 혼동하지 않고 각각의 고유한 의미에서 발전시키되, 동시에 그렇게 해서 수집된

인지적 잠재력을 신비하고 고상한 형태로부터 분리하여 실천, 즉 삶의 관계의 이성적인 조직을 위해서 이용한다." 이 프로젝트는 비록 다른 방향에서이지만, 생활세계 개념과 마찬가지로 합리화된 사회에서 상실된 통일을 다시 회복하려는 노력을 분명하게 드러낸다. 그러나 하버마스가 한발 더 나아가 그의 "근대"를 통해서 정의한 것은 어떤 기준, 즉 교양된 사람들이 그들의 비난자 사이에서 자신을 측정하는 기준이었다. 연설의 결론에서 그는 "구Alt-", "신Neu-", 그리고 "청년Jung 보수주의자" 또는 "전Prae-", "반Anti-" 그리고 "포스트Post 모던"의 동물도감Bestiarium을 제시했다. 그는 이들의 오류가 세분화의 위험스러운 이상발육뿐만 아니라, 그 과정에서 축적된 이성의 잠재력을 "해방"하려는 시도까지도 공격했다는 데 있다고 주장했다.[7]

이 분류학에서 첫 번째로 주목할 만한 것은 이 분류법이 이미 19세기와 20세기 초에 만들어진 것이라는 점인데, 이를 통해서 하버마스는 반동의 어두운 태양 아래에서는 어떤 새로운 것도 기대할 수 없다는 사실을 암시하려 했다. 그가 접두사 "포스트-"를 가능한 한 "신Neo-"으로 대체하려 한 것도 같은 맥락에서 이해할 수 있다. 다시 말해 근대의 적대자들은 결국 재등장한 자들이며, 심지어는 사회적 진화의 격세유전으로 나온 자들이다. 이들은 종종 "무뎌진 무기를 반계몽의 무기고"에서 꺼내서 다시 먼지를 터는 것 이상의 더 나은 생각을 하지 못한다. 철학자 디터 헨리히는 하버마스가 자신을 "신-형이상학자"로 분류한다고 느꼈음에 틀림없다. 그는 몇 년 뒤 하버마스를 교활한 보수주의의 추적자라고 불렀고, "바람이 그의 상호작용 패러다임에 대항해서 일으킨 모든 이론 지형의 변화를 정치적 소시민주의나 문화적 혼란의 전조로 간주함으로써 자신이 바라는 쪽으로 조종해서 데려간다"고 비난했다.[8]

두 번째로 눈에 띄는 것은 하버마스가 독일 내의 적대자 집단 —예를 들면 카를 슈미트, 고트프리트 벤, 그리고 "신보수주의적인" 리터Ritter학파와 로베르트 슈페만 같은 "구보수주의자"가 여기에 속한다— 을 넘어서, "조르주 바타유, 푸코, 데리다 같은" 당대의 프랑스 철학자들도 적으로 삼았다는 사실이다. 외국의 반계몽주의 대표자들이 바로 저 "청년 보수주의자들"이다. 이들은 니체와 하이데거에게서 영감을 받은 야생적 주체성의 향연과 함께 근대에 담겨 있는 이성과 조우했다. "그들은 상상력과 자기 경험, 그리고 정념의 자발적인 힘을 아득한 옛날 또는 태곳적으로 이전했으며, 도구적 이성에 대항해서 단지 깨달음을 통해서만 접근 가능한 원칙 —힘에의 의지이든, 주권성이든, 존재이든, 시의 디오니소스적인 힘이든— 을 제시했다." 하버마스는 이 시기의 한 인터뷰에서 자신이 "바타유에서 유래하는 이 모든 잡동사니를" 매우 위험한 것으로 간주한다는 사실을 숨기지 않았다. "그런 입장들로부터 많은 길이 시작된다. 그러나 그것이 정치적으로 되면, 대부분은 불행으로 인도한다." 그러나 그는 이런 위급한 사태가 일단은 등장하지 않을 것이

라고 확신하고 있었다.[9]

그의 이런 공격은 뜻밖의 일이었다. 그때까지 그는 실존주의를 제외하면 현대 프랑스 철학을 단지 곁눈질로만 따랐고, 1960년대 이래 라인강 저편에서 그에게 쏟은 관심에 대해 기껏해야 마지못해 응대했을 뿐이기 때문이다. 뤼시앵 골드만이 프랑스로 오라며 그를 유혹했지만 [그가] 거절했다는 애기는 이미 했다. 하버마스의 생전 유고Vorlass에는 아이슬란드의 사회학자 요한 아르나손이 파리의 현황을 보고하는 편지가 있다. 이 편지는 1971년, 하버마스에게 새로운 "철학적 차원에까지 돌입하는 '우상 파괴적인' 경향"을 경고해 주었다. "이 경향은 주로 주체라는 전통적 개념을 공격합니다." 그러나 경보 해제가 즉시 뒤따른다. "문제 설정 전체가 막다른 길에 다다랐습니다. 오직 변증법적 사고만이 거기서 벗어나는 길을 열어 줄 수 있을 것입니다."[10]

1974년만 해도 하버마스는 출판인 악셀 마테스의 요청, 즉 그가 계획하고 있는 바타유 전집을 지지하는 성명서를 써 달라는 요청을 '바타유의 글들을 잘 모른다'는 이유로 거절했다. 그러나 6년 후 이런 무관심은 깊은 적대적 관계로, 그리고 바타유는 위협적인 "청년 보수주의자"로 전환되었다. 우리는 이런 태세 전환의 이유를 독일 국내의 상황 전개에서 찾아야 한다. 하버마스를 경계 태세로 전환시킨 것은 파리의 논쟁 자체가 아니라 그것에 대한 독일의 반향이었다. 프랑스 사상은 메르베 및 다른 작은 출판사들에 의해서 급히 편집되어 출판되면서 마르크스주의의 학술화에 염증을 느낀 학생운동 후속 세대를 사로잡았다. 이제는 언어나 기호 같은 범주와 결별하고, 대신에 전쟁과 전투의 모델에 따라 사회적 관계를 분석할 때라는 푸코의 주장을 읽었을 때, 그들은 수년간의 고된 의사소통적 학습 과정을 겪은 터라 푸코 사상의 회화적인 힘에서 특히 큰 해방감을 느꼈을 것이다. 이것은 "담론" 또는 "장치Dispositiv" 같은 개념들이 독일에서, 프랑스적 맥락에서는 전혀 볼 수 없었던 전복적 아우라를 갖는 데 기여했다. 그래서 출판인 로타 바이어는 이것이 번역과 관련된 현상이라는 견해를 옹호했다. 그는 1980년대 초에 "프랑스-이론은 '독일제(메이드 인 저머니)'"라고 선언했다.[11]

　　『로볼트 문학 매거진』은 1978년에 이미 포스트 구조주의를 "새로운 비합리주의"라고 선언했다. 같은 해에 장 아메리는 『차이트』에서 푸코를 위험한 반계몽주의자라고 비난했다. 2년 뒤에는 하버마스도 근대에 대한 변론을 가지고 이 방어전선에 합류했다. 하버마스의 퇴마의식이 누구보다 먼저 바타유를 향했기 때문에, 우리의 시선도 다시 독일에서의 바타유 수용 과정을 향한다. "공포의 미학"에 대한 연구를 통해서 에른스트 윙어 르네상스에 크게 기여했던 카를 하인츠 보러는 최근의 소비 이론가 바타유에 대한 애정을 보였는데, 이것은 바타유를 위험한 이웃의 자리에 놓았다. 그러나 연방공화국에서 가장 적극적인 바타유 옹호자로서 등장한 사람은 그의 번역자이자 편집자인 게르트 베르크플레트였다. 베르크플레트는 "수다스러운 계몽주의"와의 관계를 청산하면서, 하버마스뿐만 아니라 구프랑크푸르트학파의 "고향을 상실한 유대주의"도 문제로 삼았다. 하버마스의 아도르노상 수상 기념 연설이 1년도 안되어 불어로 번역 출간되었을 때, 파리 사람들은 바타유와 푸코가 바이마르공화국의 급진-보수적 흐름과 도대체 무슨 관련이 있는지 궁금해했다. 프랑스에서는 하버마스의 투쟁적 언어가 사실 그들을 추종하는 독일인들을 향한 것이라는 사실을 아무도 몰랐다.[12]

1981년에 콜레주 드 프랑스를 방문해 달라는 고대사학자 폴 벤의 초청을 받았을 때, 하버마스는 "나는 파리의 지성적 상황을 더 잘 알게 되고, 프랑스의 동료들과의 접촉을 심화시킬 기회를 처음으로 얻게 되어 매우 기쁩니다"라고 대답했다. 그로부터 2년 뒤인 1983년 봄에 마침내 실현된 하버마스의 강의들은 『현대성의 철학적 담론』의 제1부가 되었다. 하버마스의 보수주의 분류법을 몰랐을 리 없는 푸코는 하버마스의 첫 강의에 참석할 필요를 느끼지 않았다. 푸코의 전기를 쓴 디디에 에리봉에 따르면, 며칠 뒤 푸코가 순전히 의무감에서 겨우 함께했던 저녁식사 자리는 "차가운 예의 바름"의 분위기가 지배했다. 그리고 두 대립적인 사상가는 서로에게 할 말이 전혀 없었다고 한다. 이에 반해 하버마스는 —어쩌면 나이가 들어 관대해진 탓일 수도 있지만— 좀 더 좋게 보고한다. 그는 아이러니를 즐기는 파리의 지성인 대신에 인상적인 "진지함"을 가진 철학자를 만났다고 말했다. 또 하버마스는 그들이 서로의 지적인 이력에 관해서 대화했으며, '뉴 저먼 시네마'***에 대해서 토론했다고 말한다. 그럼에도 그는 그들의 좋은 관계에 한계선을 그어야 한다고 느낀 듯하다. 하버마스는 자신은 알렉산더 클루게와 볼커 슐뢴도르프를 좋아했지만, 푸코는 —"당연하게도"— 한 해 전에 개봉되었던 원시림 드라마 《위대한 피츠카랄도》의 감독 베르너 헤어초크를 좋아했다고 말하고, 이렇게 서로 다른 영화 취향 속에 그들의 철학적 기질의 전적인 불일치가 드러나 있다는 식으로 설명했다.[13]

프랑크푸르트로 돌아온 후, 하버마스는 새로운 "주어캄프 강좌"와 관련하여 푸코를 강연자로 섭외하려 했다. 그러나 푸코는 이미 가을에 버클리에서 객원교수 학기를 보내기로 예정되어 있었고, 나중에 가서도 강연을 맡으려 하지 않았다. 에리봉에 따르면, 푸코는 이 독일의 동료와 대화를 이어 가는 데에 흥미를 느끼지 않았다. 푸코가 프랑크푸르트학파의 글을 직접 본 것은 그로부터 불과 몇 년 전이었는데, [그는] 거기에 그 자신의 사상이 이미 예견되어 있음을 깨닫게 되었다. 그러나 그가 이 시기에 발표한 다양한 진술들에서 알 수 있듯이, 푸코는 하버마스를 이 사유 방식의 대변자로 간주하지 않았다. 푸코는 과거의 비판이론이 "범주들을 동시대의 정치적 문제들 속으로 이전시킴"으로써 "제도화된 철학을 혼란

***   1960, 1970년대 서독에서 유행했던 영화 스타일을 말한다.

에” 빠뜨렸던 반면, 하버마스는 “대학 외부의 정치, 문화, 사회적 영역에서 일어나는 모든 일을 주류적인 토의 아래에 귀속”시키려 한다고 말했다. 푸코가 보기에 하버마스는 저 추상적인 학술적 이성의 관리인이었다. 푸코는 분석을 통해서 그런 이성을 움직이는 우연적이고 역사적인 추동력을 폭로했던 장본인이다. 하버마스는 푸코가 “특수한” 지식인상과 대조시켰던 “보편적” 지식인상의 대표자였다. 하버마스는 결국 효과가 없었던 마지막 편지에서 이렇게 말했다. “적어도 본인은 귀하를 프랑크푸르트의 학술 공동체에 소개하려고 진지하게 시도하고 있다는 점을 부디 헤아려 주시기 바랍니다.” 그런데도 더 진전된 교류가 없었다면, 그것은 당연히 하버마스의 책임은 아닐 것이다.[14]

◆

거리 두기와 용기

하버마스는 80년대 초부터 독일 내의 지성적-정치적 보수화의 경향을 저지하기 위해 발 벗고 나섰다. 이때부터 하버마스는 본격적으로, 전문적 철학자인 동시에 공적 지식인으로 등장한다. 그는 철학자로서 현실과 일정한 거리를 두었지만, 동시에 공적 지식인으로서는 언제나 주체할 수 없는 "분노의 감정"으로 글을 썼다. 이런 점에서 하버마스는 **"거리 두기와 용기"**라는 서로 충돌하는 두 가지 덕목을 겸비한 철학자였다. 동시에 그는 진지한 철학적 연구와 정치적-시사적인 연구를 서로 다른 두 차원으로 분명하게 구분하려 했다. 그가 보기에 데리다의 해체주의와 푸코의 계보학은 이러한 구분을 무시했기 때문에 비판받아 마땅했다. 그들은 철학, 문학, 과학을 뒤섞음으로써, 논증에 의한 정당화라는 이성의 규칙을 부정하거나 무력화했다. 반면 하버마스의 의도적인 역할 놀이를 이해하지 못한 반대자들은 하버마스의 사상에 일관성이 없다고 헛발질했다. 소통과 합의의 이론가가 종종 전투적인 논쟁가로 등장하는 것은 그의 『의사소통 행위 이론』의 귀결이며, 거기에는 아무런 수행적 모순도 없었다. 하버마스에게 소통과 합의는 화기애애한 분위기의 덕담 나누기가 아니라, 이성에 기초하는 설복과 승복의 진검승부 속에서만 가능한 것이기 때문이다.

프랑스 철학자들과의 갈등에서는 공공적 지식인 하버마스의 전반적인 특징이 드러난다. 그는 철학자로서는 보편적 수준에서 논증하지만, 동시에 **공적 지식인**으로서는 계몽에 역행하는 독일에서도 보편적 이성의 규범들이 관철되게 하며, 동료 시민들을 민주주의자로 교육한다는 특수한 임무에 자신을 한정한다. 하버마스는 파리에서 프랑스 청년 보수주의자들을 만나고 그들의 글을 깊이 연구하기 이전에 이미 이들을 독일 내부의 문제로 생각했다. 그의 반대자 페터 슬로터다이크는 "근본적으로 하버마스는 언제나 단지 재교육의 이론가에 머물렀다"고 말했다.[1]

보편적인 관심사와 특수한 관심사의 교차는 하버마스의 전 작품에서 나타나는 두 가지 서로 다른 글쓰기 형식으로 표현되었다. 그의 다양한 글들을 나란히 놓고 읽어 보면, 곧바로 다중 시점을 가진 저자가 썼다는 인상을 받게 된다. 자신의 무미건조한 명제들을 "타인의 혀"로 정식화하기를 선호하는 학술적 철학자는 어느 순간 "공적 발언에 대한 분명한 즐거움"을 느끼면서 이전투구의 논쟁 속에서 뜻밖의 논쟁적 우아함을 발휘하는 감화적인 사상가로 변모한다. 자신의 시사적인 글들이 항상 부업으로 받아들여지기를 바랐던 하버마스는 그의 『정치적 소논문들』에 대해서 이렇게 말했다. "이 논문들은 학술적 작업에서보다 덜 제한적인 규칙에 복종한다." 조금 심하게 말한다면, 우리는 하버마스가 역할 산문Rollenprosa*의 한계에 접근하는 역할 분할을 하고 있다고 주장할 수 있다. 거기서는 서로 다른 감정 상태가 작동한다. 나는 "유감스러울 정도로 진지한" 사상가를 자처하는 바로 이 철학자가 자신의 신문 기고문들은 언제나 분노의 감정으로 쓴다고 확신한다.[2]

그의 작품이 두 화자 역할로 양분되는 현상은 아주 오래 전까지 소급될 수 있지만, 하버마스가 처음으로 분명히 양자를 구분하기 시작한 것은 1980년대 초이다. 그는 『의사소통 행위 이론』의 간행을 계기로 "서로 다른 두 영역", 즉 한편으로 "정치적-시사적인 것들"과 다른 한편으로 "본격적인 철학함"을 구분하는 것이 중요하다고 선언했다.[3] 우리는 이것을 그의 이론 체계로부터 추론해 낼 수 있다. 근대가 자랑스럽게 생각할 수 있는 모든 성취, 모든 진보는 이런 방식으로든 저런 방식으로든 언제나 분화의 과정으로

소급된다. 그러므로 탈분화와 혼합은 그것이 학문적 이야기이든 공
공적 이야기이든 하버마스에게는 언제나 퇴보와 결부되어 있다.

그래서 그는 프랑스 철학자들을 계몽의 반대자라고 생각
했다. 그는『현대성의 철학적 담론』에서 이렇게 썼다. "부정의 변증
법, 계보학, 그리고 해체는 근대의 앎을 필연적으로 세분화시키는,
그리고 오늘날 우리의 텍스트 이해에 토대가 되는 중요한 범주들
을 무시한다. 그것들은 철학 또는 학문에도, 도덕 이론과 법이론에
도, 문학과 예술에도 분명하게 귀속되지 않는다. 그런 논의는 오류
가능주의Fallibilismus의 제도화된 규준들을 흐리게 만든다. 그것들은
논증이 이미 논박되었을 때조차도 여전히 최종적인 단어를 허락한
다." 사실 포스트 구조주의의 저서들이 발휘하는 매력은 상당 부분
과학, 철학, 그리고 문학 사이에서 그들이 갖는 발생적 모호성으로
부터 양분을 취했다. 푸코, 데리다 또는 들뢰즈와 과타리의 텍스트
들은 진리 파악보다 더 중요한 과제를 수행하는 듯하다. 이에 반해,
하버마스가 보기에 이처럼 유적 귀속성을 통해서 동시에 자신의 타
당성 요구를 은폐하는 "이론" —여기서 인용부호는 하버마스가 저
텍스트들에 이 명칭을 부여하는 것이 부적당하다고 생각한다는 표
시이다— 은 기본적인 정당화 의무를 이미 저버린 것이다.[4]

하버마스가 1980년대 초 이래로 철학자의 역할과 지식
인의 역할을 분리할 때 보여 준 그 철저함은 그 이면에 단지 이론
적 동기만 놓여 있지는 않았음을 시사한다. 그는 한 언론인에게 이

렇게 말했다. "나에게 있어서, 당혹스러울 정도로 화나는 일은 나의 이런 역할 분화를 알아채지 못하는 사람들로부터의 공격이다." 여기서 하버마스는 그의 정치적 실천과 철학 간의 일관성 결핍이라는 누차 제기된 비난에 관하여 불평하고 있는 것이 아닐까? 시간이 지나면서 하인츠 부데 이외에도 여러 사람이 이 이성적 논증의 대표자[하버마스]가, 합의의 이론가로서 일반적으로 세계를 친구와 적으로 구분하는 경향이 있을 뿐만 아니라, 신랄한 판단과 과감한 논쟁을 두려워하지 않는다는 것을 알아챘다. 그러나 서로 다른 언어 행위들 사이에 범주적 구별이 존재한다면, 그리고 그들이 서로 다른 타당성 요구들과 결부되어 있다면, 그의 비판자들의 주장과는 달리, 거기에는 아무런 수행적 모순도 없다. 하버마스의 영역 구분은 그의 사회이론의 귀결이며, 프랑스 지역의 모호한 언어에 대한 비아냥이었다. 그러나 그것은 동시에 그의 강력한 공적 개입을 정당화하기 위한 전략으로 이해될 수도 있다.[5]

그렇다면 하버마스가 이렇게 중시한 이 구분은 그가 1960년대부터 주장했던 이론과 실천의 통일이 단지 전설 속의 괴물 키메라에 불과하다는, 다시 말해 난해한 사고는 대학에 속하고 공론장에서는 상식이 지배한다는 고백이었을까? 1970년대에 하버마스 자신이 사용한 표현에 따르면, "이론적 분석을 일상 정치에서의 중, 장기적 관점과 연결할 수 있다"는 신념을 견지했던 좌파는 하버마스의 새로운 금욕적 역할 구분을 또 다른 자유주의적 패배주의로 해석했다. [이에 대해] 우르스 예기는 "아무것도 뒤섞지 마라! 그래, 아무것도 뒤섞지 말라고!"라고 논평했고, "직업적 학자"로서 하버마스는 결코 그의 철학을 거리의 압력에 내맡기는 위험을 감수하려 하지 않을 것이라고 추측했다. 그 대신에 하버마스가 독자들에게 제공한 것은 —예기의 말에 따르면— "이론의 누벨 퀴진 Nouvelle Cuisine"**이다.[6]

**   하버마스가 대중을 위해 쓴 글은 "누벨 퀴진"처럼 자신의 이론을 가볍고 단순하게 만든 것이며, 따라서 진지한 이론과 혼동하면 안 된다는 뜻으로, 우르스 예기가 한 말이다.

나는 고발한다

집요한 논쟁가 또는 공적 지식인으로서 하버마스의 면모는 1986년에 시작된 '역사가 논쟁'에서 극명하게 드러난다. 1986년 여름, 보수적 역사학자 에른스트 놀테는 유대인 학살은 스탈린주의의 집단학살에 대한 모방적 반응이며, 따라서 일회적인 사건도 불가사의한 사건도 아니라고 주장했다. 이 기사가 나간 직후에 독일 지성계에 별다른 반향은 없었다. 그런데 약 한 달 후에 하버마스가 놀테를 가차 없이 비판하는 반론을 『차이트』에 게재하면서 저 유명한 '역사가 논쟁'이 불붙기 시작했다. 이것은 에밀 졸라가 공개서한에서 **"나는 고발한다!"**를 외친 후에 드레퓌스 사건의 판도가 결정적으로 변화된 것에 비견될 만한 일이었다. 놀테의 민족주의적 테제는 즉시 민감한 정치적 문제로 비화했다. 전후 세대가 독일 전후 민주주의의 정신적 방향성을 놓고 벌인 긴 전쟁의 마지막 전투가 시작된 것이다. 논쟁은 하버마스의 명백한 승리로 끝났고, 홀로코스트는 독일인이 저지른 일회적이고 유일무이한 종류의 인류 범죄이며, 결코 상대화될 수 없는 것이라는 좌우 진영의 합의가 도출되었다. 여기서 지은이는 다른 장들에 비해 훨씬 많은 분량을 할애하면서 역사가 논쟁의 경과와 거기서 하버마스가 이룩한 공과 과, 그리고 최근에 벌어진 '제2차 역사가 논쟁'의 변화된 논점 등을 추적하고 있다. 여기서 독자는 그의 본업이 철학자가 아니라 역사가라는 점을 새삼 확인하게 될 것이다.

내 기억 속에서 1986년은 두 가지 사건으로 각인되어 있다. 하나는 4월의 체르노빌 원전 폭발이다. 그 이후 우리는 비가 올 때는 외출할 수 없었다. 다른 하나는 멕시코에서 열린 축구 월드컵이었다. 이것은 내가 텔레비전으로 처음부터 끝까지 보았던 첫 번째 월드컵이었다. 하버마스는 독일이 아르헨티나에 패배했던 월드컵 결승전이 끝나고 열흘 뒤에, 그의 글 중에서 아마도 가장 파급력이 컸던 글을 신문에 발표했다. 그때 나는 이 사실을 알기에는 너무 어렸다.

이른바 역사가 논쟁은 연방공화국의 이념 지형에서 하나의 거대한 전환점에 속한다. 이 논쟁은 하버마스가 "돌발적으로 일으켰고, 또 승리했다"는 평가를 추가한다면, 빌레펠트학파의 구조사Strukturgeschichte로는 결코 포착할 수 없을 그림이 그려진다. 즉 여기서 한 지식인이 거의 혼자서 나라 전체의 정치적 문화를 근본적으로 뒤바꾸었고, 이후 수십 년 동안 거기에 자신의 도장을 찍어 놓았다! 하버마스는 이렇게 자신을 영웅시하는 관점을 분명 거부할 것이다. 물론 그때 자신의 가장 큰 쿠데타가 성공했다는 주장에는 어쩌면 동의할 수도 있겠지만 말이다. 1986년 2월, 그는 하인리히 하이네에 대한 강연에서, 공공적 지식인의 프랑스적 역할 모델이 얼마나 늦게 독일에 정착되었는지 설명했다. 그것은 68운동의 결과로 비로소 확립되었는데, 이는 그사이에 이 나라에 심지어 보수적인 "역逆지식인"들이 나타났다는 데서 잘 알 수 있다고 주장했다. 몇 달 뒤에 이에 대한 검증이 시작되었다. 프랑스의 지식인들이 "보편적 지식인"상을 놀랍도록 담담하게 땅에 묻어 버린 직후, 독일에서는 1980년대의 정치적 혼란 속에서 보편적 지식인이 가장 큰 영향력을 발휘하는 시기가 시작되었다.[1]

　　　논쟁의 진행 과정을 다시 한번 살펴보자. 1986년 여름, 베를린의 역사학자 에른스트 놀테는 『FAZ』에 기고한 글에서 나치의 유대인 학살은 스탈린주의의 집단학살에 대한 하나의 반응이라는 견해, 즉 근원적으로 "아시아적인 행위"에 대한 모방이었으며, 따라서 유일무이한 사건도, 이해할 수 없는 사건도 아니라는 견해를 옹호했다. 그는 그 직전에 이미 이스라엘의 역사가이자 홀로코스트 생존자인 자울 프리드랜더를 반박하며 다음과 같이 주장했다. 1939년에 세계 유대인 회의의 의장인 하임 바이츠만이 히틀러에게 모든 형태에서의 전쟁을 선포했으며, 따라서 이 독일의 독재자는 유대인을 정당하게 적군으로 ―"물론 그래서 죽여도 좋다는 것은 아니었지만"― 취급할 수 있었다.[2]

오늘날 다수 언론인의 회고 기사에서 읽을 수 있는 것과 달리, 당시 놀테의 기사는 "분노의 폭풍"을 일으키지 않았다. 한 달 뒤 『차이트』에 실린 하버마스의 반론이 비로소 놀테의 테제를 정치적 문제로 변모시켰다. 이 테제는 놀테가 이미 1963년에 그의 대표작 『파시즘의 시대』에서 원칙적으로 옹호했던 것이었다. 하버마스는 아우슈비츠와 굴라크Gulag의 비교, 그리고 양자의 인과적 연결을 온당치 못한 주장이라고 비판했다. 그러나 더 중요한 것은 하버마스가 놀테의 기사를 수정주의적 "나토NATO 역사가들"이 벌인 캠페인의 일부분이라고 주장했다는 것이다. 나토 역사가들은 당시 독일 수상의 역사정책 실행을 지원하는 차원에서, 심하게 손상된 독일 민족의식을 고취하려 했다. 그 전년도에 헬무트 콜은 종전 40주년 기념일에 즈음하여 비트부르크의 군인묘지에서 미국 대통령 로널드 레이건과 함께 상징적인 화해를 연출했다. 하버마스는 독일의 과거를 "정상화하려는" 시도에 대한 비토Veto(거부)로서 홀로코스트라는 유례없는 인류 범죄를 제시했다. "그 참담한 [역사적] 연속성의 단절[홀로코스트]과 더불어, 독일인들은 자신의 정치적 정체성을 보편주의적, 국가 시민적 원칙들 이외의 다른 어떤 것 위에 세울 가능성을 상실했다. 그런 원칙의 빛 속에서만, 민족적 전통은 생각 없이 전승되지 않고, 철저히 비판적, 자기비판적으로 전승될 수 있기 때문이다." 더 나아가, 여론조사기관의 설문 조사에서 드러나듯이, 독일 시민들은 실제로 그런 "헌법애국주의"를 향해 나아갔다. "도덕적 파국을 의미할 수도 있었던 그 기회를 아주 헛되이 날려 버리지는 않았다"는 하버마스의 내면적 만족에서 우리는 헤겔의 "이성의 간지"의 희미한 메아리를 들을 수 있다.[3]

화학적 촉매 반응을 연상시킬 정도로 격렬했던 후속 논쟁은 여러 층위에서 전개되었다. 정치적 관점에서는 나치즘적 과거사 처리가, 학문적 관점에서는 홀로코스트에 관한 연구가 논란이 되었다. 콜 정부의 역사-정치적인 공세가 보여 주었듯이, 독일인들이 1945년에 "패망"했는지, 또는 "해방"되었는지는 1980년대 중반에도 아직 결정되지 않고 있었다. 심지어는 40년이 지난 지금이 아우슈비츠 문제 청산을 마무리할 때인지, 아니면 이제 정말 진지하게 시작할 때인지도 결정되지 않고 있었다. 오늘날 우리는 라울 힐베르크의 선구적 연구 『유럽 유대인의 파괴』가 겨우 4년 전에서야, 그러니까 미국어 원서가 나온 지 20년 뒤에서야 서베를린의 한 대안 출판사에 의해 가해자의 언어로 번역되었다는 사실에 당혹감을 느낀다. 1980년대 중반에 독일 역사가들은 이 주제에 관한 포괄적 연구를 전혀 내놓지 못했다. 그때까지도 나치즘의 다른 측면들, 즉 "권력 획득", 지배구조 또는 전쟁의 진행 과정 등이 연구의 중심에 있었다. 또 히틀러 정권의 악행을 자본주의적 본성에서 찾았던 좌파의 파시즘 이론은 유대인 학살을 "부차적 모순"이라는 이름으로 다루었다.[4]

그 당시에 역사 서술에서의 직무유기[맹점]가 매우 또렷하게 드러났던 것은 사실이지만, 그것이 논쟁의 높은 열기를 다 설명할 수는 없다. 역사가 울리히 헤르베르트는 "연방공화국의 정치적 진영들 사이의 대리전"에 대해 말한다. 우리가 거의 모든 논쟁 참여자의 세대 분포에서 알 수 있듯이, 전후 세대가 독일 전후 민주주의의 정신적 지향을 놓고 벌여 온 오랜 전쟁의 마지막 전투는 1986년에 시작되었다. 전후 40년이 지났으므로 과거를 흘려보내고 긍정적인 자기 이해를 회복해야 하는가? 또는 아우슈비츠에 대한 기억만이 —일종의 "부정적 국가이성"으로서— 권위주의적 모델로의 퇴락을 막을 수 있는가? 1980년대 말 서독의 공론장에서는 이미 하버마스를 중심으로 하는 좌익 자유주의 진영이 자신의 승리로 논쟁을 마무리했다는 것이 정설로 되었다. 학술적인 논쟁과 공공적인 논쟁의 섬세한 구분에 대한 감각이 전혀 없어 보였던 에른스트 놀테가 텔레비전에서의 경박한 발언으로 공분을 샀지만, 좌우 진영을 포괄하는 하나의 합의가 대세를 이루었다. 이 합의에 따르면, 홀로코스트는 —합법적인 정치적 논의의 한계 내에서— 독일인이 저지른 특수한 인류 범죄이며, 결코 상대화되거나 단순한 과거지사로 간주될 수 없었다. 1988년, 하버마스는 "안도의 한숨과 함께" 그동안에 독일에는 "확실하게 믿을 수 있는 다수파"가 생겼다고 단언했다. 비록 그가 나중에 이런 평가에 대해 다시 의심했을 수 있을지라도, 20년 뒤에 그는 다음과 같은 선언으로 이 평가를 재확인했다. 즉 역사가 논쟁은 "**기억정치**의 영역에 독일의 정치 엘리트들이 결코 훼손할 수 없는 말뚝을 박았다."[5]

　　그로부터 16년 뒤에 다시 다른 그림이 등장한다. 한편으로 독일에서 정치가들이 역사가 논쟁과 홀로코스트 기념물 논쟁에서 확립된 우리의 기억문화의 말뚝들을 흔드는 동안, 다른 측면에서 이 기억문화는 그 자체가 이미 고정된 전례典禮의 경향을 띠고 있지 않은가 하는 물음에 봉착했다. 앞에서 이미 인용했던 더크 모세스는 2021년에 "독일인의 교리문답"에 대한 그의 논박을 통해서 소위 제2차 역사가 논쟁을 촉발했다. 이 논쟁에 참전한 모세스와 다른 사람들이 보기에, 특수성 테제, 즉 홀로코스트가 사상 유례없는 특수한 사건이었다는 가정은 한때 계몽적이고 토의를 풍부하게 만들었던 테제에서 독단적인 주장으로 변질되었다. 모세스에 따르면, 이 가정은 한편으로 유대인 학살과 식민지 범죄의 관계에 관한 비교연구를 평가절하하고, 다른 한편으로 이스라엘에 대한 "성숙한mündig" 공적 토론을 방해하기 위해서 새로 도입되었다. 이미 2015년에 이스라엘 철학자 옴리 뵘은 네타냐후 정부의 가자지구 정책에 대해 하버마스가 발언을 거부한 것은 스스로 주장했던 저 보편주의적 원리에 대한 배반이라고 비난했다. "이스라엘 정부의 행동에 대한 논평을 거부하는 독일인은, 유대인 문제에 관여하는 즉시, 이미 계몽의 입장을 거부한다."[6]

　　2023년 10월 7일에 벌어진 하마스의 테러 공격과 가자지구에서의 전쟁, 그리고 반유대적인 증오심의 세계적 확산은 이 논쟁에 갑작스러운 폭발력을 부여했다. 2023년 11월, 아직 내가 이 글을 쓰고 있었을 때, 하버마스는 프랑크푸르트대학의 동료와 함께 발표한 입장문에서, 다시 불붙은 반유대주의를 날카롭게 비판했다. 그는 나치의 범죄로 인해 "유대인의 삶과 이스라엘의 존재 권리"는 독일에서 "중심적이고 특별히 보호받아야 할 요소들"이 되었다는 사실을 상기시켰다. 또한 "여러 이유로 인해서 반유대적인 감정과 신념을 길러 온 나라 안의 사람들은" 이스라엘의 정당한 군사적인 반격을 기회로 삼아서 그 감정을 마음대로 발산해서는 안 된다. — 이것은 특히 독일에 거주하는 무슬림계 이주민들을 생각하면서 한 말이리라. 모든 방식의 반유대주의에 대한 비판은 하나의 필연적인 시그널이다. 그런데 하버마스와 그의 공저자는 중동 지역의 정치적 상황의 복잡성에 대해, 그리고 최근의 사건들을 통해서 역시 새로운 양분을 얻고 있는 독일의 이슬람 공포증에 대해서는 전혀 언급하지 않는다. 이것은 그들의 보편주의가 바로 여기서 구 연방공화국의 도덕적 삶에 기인하는 한계에 부딪힌다는 사실을 분명히 해준다. 그들의 말대로 "자유와 신체의 불가침성이라는 기본권과 인종주의적 비방을 받지 않을 기본권이 만인에게 똑같이 타당"해야 한다면, 어째서 그들은 이스라엘은 그렇게 열심히 당당하게 편들면서, 반대편이 받는 모욕과 비방에 대해서는 완전하게 침묵하는가? 이것은 하버마스가 이미 역사가 논쟁 당시에 결정적인 문제라고 보았고, 또 지금 새로운 방식으로 제기되는 하나의 물음으로 우리를 인도한다. 즉 홀로코스트의 특수성 인정에 기초하는 기억문화가 지금도 여전히 이 나라 주민의 머리와 가슴속에서 보편주의적-공화주의적인 심정이 발흥하도록 만드는 데 적합한 것인가?[7]

특이한 것은 1970년대에 하버마스가 슈타른베르크의 연구소로 잠시 불러왔었던 독일계 유대인 철학자 에른스트 투겐트하트가 1986년 7월에 벌써 특수성 테제를 비판했다는 점이다. 이 비판은 여러 측면에서 현재의 논쟁을 암시하고 있다. 그는 이 논쟁적인 글이 『차이트』에 발표된 바로 그날에 친구인 하버마스에게 이런 편지를 보냈다. "부디 여기서 나를 오해하지 말게나. 나는 아우슈비츠가 독일인에게나 유대인에게나 결코 무심히 지나칠 수 없는 특수한 역사적 트라우마라고 믿네. 우리에게 그것은 유일무이한 것이지만, 우리가 거기서 끌어내야 하는 교훈은 독일인에게든 유대인에게든 보편주의적인 것이어야 하네. 우리는 그 운명에서 생겨난 감수성을 보편주의적인 감수성으로 전환해야 하네. 반드시! 그렇지 않으면 우리는 특수성의 악순환에서 벗어날 수 없다네. 그래서 특수한 사건들은 자극제일 수는 있지만, 논증일 수는 없네. 유대인과 독일인 모두 자신이 특수하다고 느끼고, 또 그래서 자신의 운명도 ―긍정적으로든 부정적으로든― 특수하다고 생각하는 경향이 있네. 그러나 이것은 이스라엘과 독일 양국에서 단지 그 사건에 울타리를 치고, 얼마든지 비교 가능한 [다른] 사건들을 평가절하하는 결과를 낳을 수 있다네."[8]

당시 하버마스가 어떻게 답했는지 궁금하지만, 생전 유고 Vorlass 속에는 투겐트하트에게 보냈을 답장이 포함되어 있지 않다. 아마도 그는 헤겔의 변증법을 언급하고, 언제나 역사적인 구체화를 요구하는 이성의 보편적 규범들은 독일에서 단지 극도의 특수성을 인정함으로써만 효력을 발휘한다고 주장했을 것이다. 2021년, 하버마스는 더크 모세스의 글에 대한 답변에서 "모든 역사적인 사실은 다른 사실들과 비교될 수 있다"고 인정했지만, 나치의 경우는 식민 통치를 당하는 국민에 대한 착취가 아니라 "내부의 적"을 "철저히 말살하는 일"에 관련된 것이라고 주장했다. 그러면서 이 양자의 구별은 우리가 역사학적으로 어떻게 평가하고 싶어 하든, 그것 역시 비교로부터 생겨나는 구별이라고 말했다.[9] 1986년에 하버마스가 시작했던 논쟁을 바라볼 때, [우리는] '비교금지Vergleichsverbot'가 인식론적 입장도 형이상학적 입장도 아닌 정치적 입장, 즉 당시 상황에서 나름대로 전략적 특수성을 갖게 되었던 정치적 입장을 드러낸다는 점에 주목할 필요가 있다. 여기서 하버마스의 역할 ―그리고 그의 쿠데타― 을 정당하게 평가하려면, 우리는 역사가 논쟁을 뒤에서가 아니라 앞에서부터 살펴보아야 한다.

고대 로마의 '**분열시켜 지배하라**diviede et impera'라는 격언과 반대로, 하버마스는 적들을 병합해서 무찌르는 기예를 구사했다. 그는 미하엘 슈튀르머, 안드레아스 힐그루버, 클라우스 힐데브란트, 그리고 에른스트 놀테 등 4명의 서로 다른 역사가를 수정주의자의 돌격대로 단순화시켰다. 그뿐 아니라, 그는 오래전부터 "복고"에 대항해 "근대"를 옹호하는 과정에서 부딪혔던 다양한 전선戰線들을 싸잡아서 자신에게 유리하게 설정하는 데도 성공했다. 즉 그는 이 전선들을 단 하나의 장면 —나치즘적 과거와의 관계 설정—에 집중시켰다. 역사가 논쟁에서도 하버마스는 "신보수주의적으로" 단순화된 근대 이해, 거대한 추세 전환의 결과인 "신포퓰리즘", 그리고 68년 이후의 지적인 무기력증에 대항한 자신의 투쟁을 계속해서 이어 나갔다. 그러나 그가 이 투쟁을 역사학으로 가져갔다는 것이 여기서 결정적으로 새로운 점이다.

역사학의 이데올로기 전선은 1960년대와 1970년대의 논쟁을 거치면서 다시 약간 느슨해진 상태였다. 그랬던 역사학이 마치 자기장 속으로 들어간 듯, 순식간에 두 개의 적대적인 진영으로 쪼개졌다. 하버마스의 생전 유고에는 그에게 동의의 뜻을 전하려 했던 역사가들의 편지가 수북하게 쌓여 있다. 볼프강 몸젠은 그의 개입에 "큰 감명"을 받았다. 하버마스가 놀테에 대한 반론을 쓸 때 이미 조언을 했던 한스울리히 벨러는 좌익 자유주의 진영을 위한 작전 계획을 작성해 보냈다. 『차이트』에 동의하는 논평을 실었던 뮌헨 현대사연구소장 마르틴 브로샤트도 하버마스에게 지원을 약속했다. 그는 철학자에게, 그의 관심사는 "선생님의 개입이 지닌 정당성과 거기서 선생님을 인도하고 있는 놀라운 영감을, 우리의 동료 좌파들에서 발견되는 하버마스-접촉-불안증후군에 대항해서,

명백히 드러내는 일”이라고 썼다.[10]

　　반대로 다른 진영[역사학계]의 대표자들은 그들이 보기에 이데올로기적 갑질로 간주되는 상황에 대해 분노했다. 공격이 외부자로부터 왔기 때문에, 자신의 학문이 분과로서 도구화되거나 심지어 홀대받는다는 느낌이 부가되었다. 클라우스 힐데브란트는 하버마스가 역사 연구에 대해 “혼란된 태도”를 취한다고 비난했다. 논쟁을 진화하려고 노력했던 소수 중 하나인 토마스 니퍼다이는 그 논쟁이 학문을 위해서는 “불행한 일”이라고 주장했다. 1960년대에 이미 피셔-논쟁에 관여했던 이마누엘 가이스는 보수적인 역사가들의 정당성 상실에서 심지어 민주주의에 대한 위협을 느꼈다. 하버마스가 이런 비난들을 “소위 정치와 학문의 병합에 대한 소심한 거부”라고 반박한 것은 논쟁의 분위기에 대해서 많은 것을 말해 준다. 또 어쩌면 역사학에 대한 근본적인 유보적 태도 —이에 대해서는 나중에 이야기할 것이다— 때문에, 하버마스는 이 분과학문의 고유한 인식관심들을 일종의 무관심으로 대했던 듯하다. 그는 평소에 꼼꼼하게 여러 장르, 그리고 발화자의 여러 역할을 구분했지만, 역사가들과의 논쟁에서는 탈분화를 전혀 마다하지 않았다.[11]

　　그러나 내게는 그가 일단 역사정치Geschichtspolitik의 링 위에 올라섰다는 사실이 그의 새로운 토론 스타일보다 유의미해 보인다. 그런 점에서 1986년에 하버마스가 승리했다는 주장은 절반의 진실일 뿐이다. 그는 “신보수주의적” 반대자들이 선택한 무기를 수용하는 희생을 치르면서 승리했다. 하버마스가 1980년대 이래의 시대진단에서 항상 주장했듯이, 신보수주의적 반대자들은 서독 사회의 위기에 대해서 상징적-정치적 회피 전술로 대응했다. 하버마스에 따르면, 거기에는 한편으로 지식인들을 내부의 적으로 몰아가려는 의도가 포함되어 있었다. "다른 한편으로는 전통적 문화, 그리고 관습적 도덕, 애국주의, 시민적 종교, 그리고 민중문화의 지속적 힘을 보호하려고 했다."[12]

하버마스는 『의사소통 행위 이론』을 통해서 분석의 차원을 더 심화시킴으로써 해석 주권을 되찾아 오려고 시도했다. 그리고 그는 역사가 논쟁의 과정에서 비로소 사회적 범주 대신에 문화적 범주로 논증하고, 이론의 실천 ―또는 그 반대― 을 메타정치, 즉 헤게모니 투쟁으로 대체하는 데로 이행했다. 하버마스가 [1986년의] "헌법애국주의"에 대한 연설을 계기로, 그때까지 서독 좌파 내에서 금기시되었던 태도를 취한 것은 여러 가지를 암시하는 징후이다. 그러나 동시에 그는 계속해서 "문화와 정치의 새로운 친밀성"을 비판하는 데로 나아갔다. 왜냐하면, "일단 문화에 몸을 맡긴 사람은 오직 신념이라는 위험한 매체로만 설득할 수 있기" 때문이다. 그러므로 하버마스는 1986년 말에 철학자 크리스토프 튀르케가 [역사가] 논쟁에 참여한 당파 중에서 누구도 자본주의에 대해 말하지 않는다면서 분노를 표했던 것에 동의했을 것이다. 울리히 헤르베르트도 역사가 논쟁의 결과를 다음과 같이 정리했다. "자본과 노동 간의 모순, '더 많은 민주주의' 또는 긴장 완화와 동방정책에 대한 요구는 이제 더 이상 전선의 형태를 결정하지 않았다. 좌파와 우파라는 범주는 무엇보다도 나치의 과거사에 대한 태도에서만 계속해서 자신을 규정했다."[13]

그러므로 우리는 하버마스가 스스로 보수주의적 퇴행의 일부분이라고 지적했던 "신역사주의"에 일조했다고 말할 수 있다. 앞에서 나는 하버마스의 지적 궤적이 1980년대의 어느 시점에서 현재로의 문턱을 넘었다는 나의 인상을 묘사했는데, 그것은 문자 그대로 이 시대전환과 관련이 있다. 그것은 하버마스가 당시에 근대의 창창한 기대지평을 도외시하고, 그 대신 "해결되지 않은 현재"에 대한 지배를 계속하고 있는 과거로 [자신의 관심을] 전환했다는 관찰과 관련된다.[14]

◆

미래로부터의 귀환

여기서 지은이는 하버마스를 중심에 놓고 독일 역사학의 학문적 지위와 부침의 역사를 개관한다. 물론 2차 대전 직후부터 독일 그리고 하버마스의 사상에서 역사는 기본적으로 중요한 문제였다. 그러나 전반적으로 신생 본Bonn공화국은 민주주의 국가를 확립해야 한다는 미래적 프로젝트에 직면했으며, 역사 문제는 상대적으로 뒷전이었다. 1960년대 독일에서 전통적-보수주의적 방식의 역사학은 거의 힘을 상실했다. 하버마스는 1970년대부터 민족의 역사와 전통이 아니라, 보편주의의 이성적 지평에 기반한 논의를 통해서 형성되는 새로운 국가 정체성의 가능성을 모색했다. 그러나 그와 비슷한 시기에 이미 서서히 복고의 바람이 불기 시작했고, 포스트 모더니즘과 결탁한 보수적 "신역사주의"가 머리를 쳐들기 시작했다. 이러한 복고적, 민족주의적 경향은 1986년에 역사가 논쟁의 불씨가 된 놀테의 글(「지나가지 않는 과거: 썼지만 발표할 수 없었던 연설문」)에서 정점에 도달했다. 이때 하버마스는 '민주공화국'이라는 프로젝트를 구출하기 위해 자신의 홈그라운드인 철학을 떠나서 역사정치의 링 위에 오르지 않을 수 없었다. 지은이는 이렇게 독일 사회 그리고 특히 하버마스의 관심이 미래 프로젝트로부터 과거사 처리 문제로 돌아오게 된 상황을 **"미래로부터의 귀환"**이라고 표현한다.

물론 역사는 어떤 방식으로든 처음부터 하버마스의 저작 속에 존재
했다. 인간적 사회의 가능성에 대한 그의 집착에는 1945년의 충격
적인 체험이 공명하고 있었다. 1953년에 그는 하이데거가 "수백만
의 인간에 대한 계획적인 살인"을 존재사적으로 정당화하려 한다
고 비판했다. 또 그는 카를 야스퍼스의 경고적인 상황 파악, 『연방
공화국은 어디로 가는가?』에 대한 1966년의 서평에서 정치인들의
"종결지으려는 마음 Schlusstrichmentalitaet"에 대한 야스퍼스의 비판에
동조했다. "나치 테러 범죄"의 공소시효를 4년 더 연장하려 할 뿐,
근본적으로 문제 삼지는 않으려는 연방의회의 결정은 "우리가 한
때 대중의 환호로 지탱되었고, 뛰어난 개인들의 지지도 받았던 저
국가에 대해 정치적 책임을 지지 않으려" 한다는 사실을 다시 한
번 확증한다는 것이다. 2년 뒤, 하버마스가 『인식과 관심』에서 전
개했던 "상실된 생활사"의 사회적인 회복이라는 이념은, 비록 명백
히 선언하지는 않았지만, 이러한 책임회피의 태도를 법적이지 않은

다른 방식으로 제어하려는 시도로 이해할 수 있다. 결국 그는 프랑크푸르트에서 아우슈비츠를 최종적 준거로 삼았던 사고의 분위기 Dunstkreis 속으로 빠져들었다. 하지만 하버마스는 점차 아도르노의 부정변증법에서 벗어났는데, 이것이 곧 그에게 저 거역할 수 없는 준거점[아우슈비츠]에서 벗어나라고 요구하지는 않았을까? 아무튼 역사가인 노르베르트 프라이가 "본래적으로 비역사적"이라고 표현했던 홀로코스트가 1970년대에 하버마스의 저작에서 거의 사라졌다는 사실은 특기할 만하다.[1]

그런 한에서 오해의 위험을 무릅쓰고 과감히 말한다면, 하버마스에게서도 통일된 신생 연방공화국의 "미래 프로젝트" 전체가 지녔던 전형적 특징, 즉 따라잡아야 할 근대화는 과거가 아니라 미래를 바라보는 것에 기초한다는 견해가 확인된다. 니체는『삶에 대한 역사의 이점과 단점에 관하여』라는 글에서 전향적인 활동성과 회고적인 기억의 통합 불가능성을 전제로 삼는다. 즉 행위의 힘은 망각의 능력에 의존한다는 것이다. 1983년에 헤르만 뤼베는 이와 유사한 독일 전후 사회의 기능적인 요구에 관련된 사상을 "의사소통적 침묵"*의 개념으로 표현했다. 경제적, 정치적, 그리고 지성적인 재건의 국면은 그의 주장에 풍부한 예시 자료를 제공한다.

---

* 독일인들이 서로의 직간접적 상호이해 아래서 특정한 문제, 즉 과거사에 대해서 침묵하는 모순적인 상황을 표현하는 말이다.

즉 아버지의 죄를 심판하려는 모든 충동에도 불구하고, 68혁명조차도 "구체화의 회피"라는 특징을 지니고 있었다. 이론의 기나긴 여름[1960년대부터 1980년대 초까지]은 역사에 있어서는 궁핍한 시대였다.[2]

정신과학과 문화과학이 이미 오래전부터 역사화의 왕도를 걷고 있는 오늘날, 우리는 1960년대에 역사가 얼마나 소외된 지위에 있었는지를 상상하기 어렵다. 1970년 역사학자 대회의 종결 강연에서 라인하르트 코젤렉은 자신의 학문이 1945년부터 감수해야 했던 사회-정치적, 그리고 인식론적 가치하락을 요약 정리했다. 그에 따르면, 역사학은 과거사를 "해결"하라는 요구도 ―여러 원칙적인 이유로 인해서― 감당하기 어려운 상태에서 동시에 사회과학들의 발흥 때문에 기존의 인식론적 지위를 상실했다. 이렇게 역사학 자체의 미래가 위태롭게 보였던 상황에서, 코젤렉은 역사학의 "이론 결핍"을 강요된 이론화를 통해서 보완할 것을 요청했다. 코젤렉과는 다른 부류의 이론을 염두에 두었지만, 그의 동료인 볼프강 몸젠의 생각도 유사한 방향으로 향했다. 몸젠은 같은 해에 행한 교수 취임 강연에서 "역사주의 너머"의 역사학을 옹호했다. 그리고 이 역사학은 "다른 사회과학들의 진정한 동반자"로서 "현재에 더 많은 합리적인 방향성"을 제공하는 데 기여해야 한다고 말했다.[3]

우리는 몸젠의 단어 선택에서 이미 하버마스가 당시에 미래의 역사학에 대해 품었던 생각들에 가까이 다가간다. ― 그가 몸젠과 코젤렉에 비해 "이론Theorie"과 "서사Erzaehung"의 언어 게임을 범주적으로 덜 단호하게 구분했다는 점은 일단 도외시하자. 하버마스는 역사학이 현존할 권리가 있음을 부인하지는 않았지만, 서사적인 앎으로서 역사학은 "이론이 될 수 없다"고, 즉 역사학은 과거의 사건에 관한 진술만 할 수 있다고 주장했다. 심지어 하버마스는 해석 지평들 사이에 명확한 경계가 없다는 점에서, 역사가의 인식을 평범한 "동시대인들의 역사의식"보다 더 높은 지위에 놓는 것을 거부했다. 그의 학창 시절 친구인 빌레펠트대학의 벨러가 시도했던 것처럼 그것에 사회학적 개념을 도입하는 것은, 하버마스가 보기에는 역사를 "서사적인 준거 체계"로부터 해방시키기에 불충분했다. 현대 사회의 분화에 대한 그의 1970년대의 선행 연구를 살펴보면, 우리는 하버마스가 역사적 탐구로 뒷받침된 진화론을 통해서 역사 서술을 미래 전망적으로 극복하려 했다는 인상을 받게 된다. 이 진화론은 과거사의 재구성에 자신을 제한하지 않고, 현재의 "구조적인 가능성"으로부터 미래적인 발전을 추론한다.[4]

　　　　이와 유사한 것이 민족 정체성과 집단기억에 대한 하버마스의 사고에서도 확인된다. 1974년 슈투트가르트 헤겔상 수여식에서 그는 수상 기념 연설을 전부 이 주제에 할애했다. 강연의 기본 사상은 명백히 그가 당시 연구하고 있었던 새로운 사회적 의사소통 이론에서 가져온 것이었다. 인간, 그리고 의미에 대한 인간의 욕구를 사회적 체계라는 환경 세계로 환원하려 했던 루만에 대항해서,

하버마스는 현대 사회조차도 결합을 유지하기 위해 집단적인 귀속감에 의존한다고 주장했다. 그러나 이 귀속감은 이제 전통적인 방식, 즉 문화적 전통, 민족적 공동체나 특정한 영토를 통해서 형성되는 것이 아니다. 그는 여전히 존속하고 있는 계급구조와 경제적인 세계화를 고려할 때, 헤겔이 주장했던 "주권적 입헌 국가"조차 "이성적인" 정체성의 토대가 되기 어렵다고 생각했다. 그 대신에 하버마스는 "포스트 관습적인" 방식으로 형성되는 보편주의적 정체성의 가능성을 그려 보았다. 이 정체성은 우리가 공유하는 것이 언제나 토론을 통해 형성되는 이해와 합의의 관계에 기초한다는 의식에서 성장한다. "복잡한 사회에서 집단적인 정체성이 형성된다면, 그 정체성은 내용적으로 아무 편견도 없고, 특정한 조직체에서 독립적인 공동체적 정체성의 형태를 지닐 것이다. 그리고 이 공동체의 구성원들은 자신의 정체성과 관련한 지식을, 경쟁하는 여러 정체성 기획을 통해서, 즉 전통에 대한 비판적 기억 속에서, 또는 과학, 철학, 그리고 예술의 자극을 받아서, 그리고 논의와 실험을 거쳐서 형성할 것이다." 여기서 하버마스가 가정법을 쓰고 있음에 주목하라. 하버마스는 포스트 민족적, 포스트 영토적, 포스트 국가적인 정체성이 이미 어딘가에 실현되어 있다고 믿을 정도로 순진하지 않았다. 그의 기획의 보편주의적 지평으로 인해서 하버마스는 문화적, 역사적 고유성을 일단 논외로 하고 논증했다. 그렇지만 사람들은 하버마스가 스쳐 지나가는 말로 "문화적인 자명성이 소진되고 전통적인 타당성 요구들이 의심받게" 되었다고 말할라치면, 과민하게 주목하고 반응한다. 하버마스가 헤겔상 수상 연설에서 옹호했던 정체성-정치적 실험의 분명한 이름은 "연방공화국"이다.[5]

다만 "신역사주의"가 없었다면 [좋았으련만]! 역사 서술을 대체하는 이론이 준비된 것처럼 보였을 때, 그리고 의사소통 관계가 민족 정체성을 대체한 것처럼 보였을 때, 하버마스는 여기서도 보수 진영의 격렬한 반발에 봉착했다. 정신적인 긴장의 해이, "신보수주의", "신포퓰리즘", "신아리스토텔레스주의" 등의 신드롬, 그리고 하버마스가 1970년대 이래로 점점 더 우려를 표명했던 다른 모든 수정주의에는 과거로의 회귀도 포함되었다. 진보에 대한 전후 모더니티의 약속이 침식Erosion된 상황은 회고적인 감정을 촉발시켰다. 우리는 이런 징후를 역사적 전시회와 박물관의 갑작스러운 인기, 복고풍의 팝 문화 또는 일상의, 지역의, 그리고 가문의 역사를 찾아서 다락방과 시 문서보관소를 이 잡듯이 뒤졌던 아마추어 역사가와 계보학자에게서 찾아낼 수 있다. 이론의 광휘가 퇴색함에 따라서, 역사는 좌파에게도 매력적이게 되었다. 당시 서독의 여러 도시에 설립되었던 역사 공장들은 대안 운동으로부터 등장했다. 1987년에 비평가 구스타프 자이프트는 "역사적인 것이 거의 강제적으로 서독인의 의식 속으로 귀환"했다고 말했다. 1970년대 초에 볼프강 몸젠은 빠른 삶을 추구하는 현대 사회에서 역사적인 의미가 사라지고 있다고 진단하고, 그래서 전문적인 역사학이 집단적 기억을 보존하는 일을 맡아야 한다고 말했다. 그러나 70년대 말이 되자 그의 동료 중 여럿은 벌써 집단적 기억의 인플레이션과 진부화^{陳腐化}를 비판하기 시작했다.[6]

한편 하버마스는 신역사주의의 정치적 함축에 주로 관심을 기울였다. 발렌슈타인 전기로 베스트셀러 작가가 된 골로 만은 1974년에 이미 생동감 넘치게 설명하는 역사 서술로의 복귀를 요구했다. "이론적 토론은 결코 중단되면 안 되지만, 그러나 그것은 스스로 진정될 것이다"라는 것이 그의 자신감 넘치는 예견이었다. 3권으로 된 19세기의 『독일 역사』—우리는 1990년대에 이 책을 빌레펠트학파에 대한 장엄한 반격으로서 읽었다— 를 쓴 뮌헨의 역사학자 토마스 니퍼다이는 유사한 태도를 통해서 벨러의 반대자로서의 학술적 입지를 확보했다. 만약 하버마스가 처음부터 그것을 단지 역사가들 사이의 방법논쟁으로 간주했더라면, 그는 덜 걱정하면서 반응했을 것이다. 그러나 그가 보기에 역사적 사회과학[빌레펠트학파]의 비판가들은 사실상 그들의 학문[역사학]을 다시 민족 정체성에 대한 전통적인 서사를 위해 개방하고, 과거의 관점과 정조에 공감함으로써 역사적 연속성에 대한 감각을 확립하려는 목적을 추구했다. 이 경향은 1980년대에도 여전히 히틀러에게 공감하려한 안드레아스 힐그루버와 에른스트 놀테의 태도와 함께 1980년대에 가장 위험한 정점에 도달했다.[7]

설상가상으로 역사적 정체성에 대한 새로운 욕구는 진보

주의자들 사이에서도 나타났다. 예를 들면, 한스위르겐 지버베르크는 1977년에 자신이 만든 영화 《히틀러》에서 나치즘에 매료되고 말았다. 또는 프랑크푸르트의 좌파 활동가 슈폰티 토마스 슈미트는 자신의 독일인다움을 "이제 더 이상 숨기지" 않겠다고 공개적으로 선언했다. 또 카를 하인츠 보러는 1979년에 『FAZ』에서 독자들에게 사회민주주의적인 문화이해의 무미건조함을 버리고 다시 "정신적 가능성"으로서의 독일에 가담하기를 요청했다. 그러나 하버마스가 가장 분노한 것은 공공연한 공산주의자이자 '독일의 가을'에 자신과 함께 좌파 지식인을 음해하려는 시도에 대항했던 마르틴 발저가 그즈음에 독일 민족적인 어조를 드러냈기 때문이었다.[8]

두 사람은 1960년대의 주어캄프 문화 속에서 서로 알게 된 이후에 수십 년 동안, 같은 나이 또래의 자식들도 있고 해서, 가족 차원에서 친교를 맺어 왔었다. 슈타른베르크와 누스도르프를 번갈아 방문했고, 함께 휴가를 보냈으며, 같은 시기에 미국 방문교수로 일하면서 교류하기도 했다. 마르틴 발저의 일기는 그가 소설 『도망치는 말』로 최고의 성과를 달성했던 때조차 자신의 작가적 지위에 대해 점점 더 불안감을 느꼈음을 보여 준다. 이런 마르틴 발저에게 하버마스는 중요한 멘토 중 한 사람이었다. 그는 1977년에 "나는 위르겐 하버마스 이외에는 그 누구도 전적으로 인정하기 힘들다"라고 기록했다. 한 꿈에서 그들은 서로 단단히 묶인 채 밤하늘을 가로질러 날았다. 마치 하버마스가 그를 공포스러운 추락에서 지켜

줄 수 있는 유일한 사람이었던 듯했다. 그럴수록 그 친구가 1979년 6월의 50번째 생일에 그들의 우정에 대해 의심을 표했을 때, 발저가 받은 마음의 상처는 그만큼 더 컸다. 그 직전에 발저는 하버마스에게 주어캄프의 가을 프로그램으로 이미 예정되었던 『시대의 정신적 상황에 관한 키워드』에 실을 기고문을 제출해야 했다. 이 기고문 「유령들과의 악수」에서 그는 처음으로 내적인 동요를 밖으로 표현했다. 즉 그는 좌파적 자유주의 공론장의 "역사 거부적"인 중립성에 반대해서 "연방공화국의 상황을 극복"하려는 욕구, 그리고 "소위 자연적인" 민족 정체성을 회복하려는 욕구를 고백했다.[9]

신랄한 판단이 특기인 하버마스는 자신의 생일 파티에서 위와 같은 발저의 욕구에 대해 어떻게 생각하는지를 솔직하게 드러냈다. 발저가 가까이에 있었을 때, 하버마스는 문학평론가 페터 함에게 발저가 "형편없는 국수주의적 논문"을 썼다고 단호하게 말했다. 발저의 일기를 보자. "과거에 하버마스는 제법 큰 모임에서 짜증스러운 어조로 내가 연대기적으로 보면 그의 마지막 친구, 가장 끝까지 갈 친구이지만 어쩌면 이제 절교할지 숙고해야겠다고 큰 소리로 말했었다." 여기서 하버마스의 저 유명한 분노, 즉 —그때나 지금이나— 그를 단호한 정치적 입장표명으로 몰아가는 분노가 끓어넘쳤던 것일까? 어쨌든 발저 자신은 그의 야유를 통해서 이미 마음에 상처를 입었다. 그는 자정도 되기 전에, 굴욕을 당했다는 쓰라린 감정을 안고 집으로 향했다.[10]

　　물론 그것은 단지 하버마스 때문만은 아니었다. 손님 중에는 지그프리트 운젤트도 있었는데, 발저는 그의 미세하게 거리를 두는 태도가 바로 자신의 문학적 평판이 하락했음을 보여 준다고 생각했다. 그러나 그의 일기를 보면, 그날 저녁에 그의 기분을 망쳤던 것은 무엇보다도 게르숌 숄렘이었다. 당시 규칙적으로 독일에 오고, 그때마다 자주 슈타른베르크를 방문했던 숄렘은 그날의 생일 파티에서 중심에 섰다. "게르숌 숄렘은 팔을 풍차처럼 휘저으면서 계속 누군가와 얘기했다. 지그프리트나 하버마스가 그에게 손님들을 소개하거나 인사를 시키려고 데려오면, 그는 손님들이 그저께 또는 한 달 전에 이미 그를 만났다고 말해도 그들을 알아보지 못했다. 또한 그는 즉시 하던 얘기를 계속했다." 자신이 대화의 중심에 서는 데 익숙했던 발저는 사교적 측면에서도 자신이 주변적 인물로 전락했다고 느꼈다. 모처럼 대화에 끼어들려는 그의 시도는 빈축만 사고 말았다. 그가 1920년대 베를린에서 청-백색은 시온주의 운동을 상징하는 색이었다는 사실을 몰랐기 때문이었다. 숄렘은 이런 의외의 무지를 "비非유대인의 연막전술"이라는 말로 넘어가려 했지만, 그것도 발저의 기분을 더 나아지게 하지 않았다. "마르쿠제는 계속해서 숄렘의 기억력과 지식에 대해서 놀라워한다. 그리고 블로흐와 로젠스톡-휘시에 대해서도…. 이때 나는 대화에 끼어들려고 그[로젠스톡-휘시]는 브로츠와프 출신이라고 말한다. 게르숌 숄렘 왈 '물론이죠!' 그러자 또 사람들이 깔깔대며 웃는다!" 이때 숄렘은 저녁 내내 오렌지 주스만 마셨다. 반면 발저는 여러 잔의 포도주를 마신 뒤라 사람들이 왜 웃는지 알아챌 수 없었다. 갑자기 그는 오늘 모임을 위해서 아내에게 빌렸던 금목걸이를 걸치고 있기에는 자신이 너무 늙었다는 생각이 들었다. "나는 셔츠의 단추를 잠갔다. 그렇지 않아도 우리는 이미 귀가 채비를 하고 있었다."[11]

그러니까 40여 년 전에, 오늘 하버마스가 운동화를 신은 발을 나를 향해 뻗치고 앉아 있는 이 안락의자 옆에서 소위 과거사 문제 처리를 둘러싼 깊은 골들이 생겨났던 것이다. 후에 파울교회 Paulskirche에서 연설하게 될 이 사람, 이미 1970년대에 그의 동포들이 "자연적인" 정체성을 되찾아야 한다는 신념에 도달했던 이 사람 발저는 독일 기억문화의 주창자 숄렘으로부터 모욕당했다고 느꼈다. 숄렘은 1966년에, 앞에서 이미 언급한 브뤼셀 세계 유대인 회의에서의 연설에서 이렇게 말했었다. "오직 과거를 기억하는 속에서만, 우리가 아무리 살펴도 충분할 수 없는 과거를 기억하는 속에서만 독일인과 유대인 사이의 언어 회복에 대한 새로운 희망, 그리고 갈라선 자들의 화해에 대한 희망이 싹틀 수 있다." 이것은 하버마스가 나중에 역사가 논쟁에서 옹호했던 노선이었다. 이에 반해 발저는 아우슈비츠의 "영구 전시"를 "우리의 치욕을 도구화"하는 것으로 인식했다.[12]

하버마스는 자신의 반대의견에도 불구하고 1998년의 파울교회 연설의 중요한 내용이 이미 응축되어 있었던 발저의 에세이를 그의 주어캄프-문화 요록Suhrkamp-Kultur Kompendium에 수록했을 뿐만 아니라, 그것을 잘 보이도록 첫 번째 자리에 배치했다. 이 역시 그 후에 전선이 어떻게 변화되었는지를 보여 준다. 20년 뒤[1998년경]에 완전한 파국으로 끝나는 그들의 우정은 처음에는 단지 아주 작은 균열만 지니고 있었다. 하버마스가 볼 때, 만약 1982년에 정권교체[**]가 일어나지 않았다면, 서독 지식인들 사이에서 감지되던 독일의 민족 정서는 신보수주의적 역사 수정주의의 연결고리로 발전되지 않았을 것이다. 새로운 수상은 취임하자마자 "정신적-도덕적 전환"의 일부로서 두 개의 새로운 독일 역사박물관 개관 계획을 발표했다. 역사학 박사이기도 했던 콜 수상은 갖가지 중요한 기념일을 자신의 집권 기간에 맞이했다. 1983년에는 히틀러 "집권" 50주년 기념일이 있었고, 1984년은 7월 20일 봉기[***] 40주년, 1985년은 종전 40주년이었다. 2차 세계대전의 총사령관들인 리지웨이와 슈타인호프가 비트부르크에서 콜과 레이건의 참석 아래 악수하는 것, 즉 랄프 다렌도르프에 따르면, 이 시대에서 "가장 강한 상징성을 지닐 수 있는 공적 사건"은 공식적인 화해의 제스처가 될 예정이었다. 그러나 묘지에 나치 친위대도 독일 및 미국의 군인들

[**]   1982년, 서독의 정권은 13년 만에 좌파에서 우파로 교체되었고, 헬무트 콜이 연방 수상으로 취임했다.
[***]   1944년 7월 20일에 있었던 마지막 히틀러 암살 미수 사건을 가리킨다.

과 나란히 누워 있다는 사실이 밝혀지면서 이 계획은 물거품이 되었다. 콜에게는 다행스럽게도, 3일 뒤 리하르트 폰 바이츠제커는 그의 유명한 연설을 통해서 서구의 동맹국들 사이에서 연방공화국의 좋은 평판을 재건할 수 있었다. 그 연설에서 바이츠제커는 전쟁 종결을 "해방"이라고 선언했고, 더불어 "우리 자신의 내면에 사고와 감정의 기념비"를 건립하자고 외쳤다.[13]

하버마스는 레이건의 독일 방문을 앞두고 미국계 유대인들이 일으킨 논쟁 —예를 들면 엘리 비젤은 "나치 친위대의 명예회복 시도"에 대해서 비판했다— 에서 처음으로 새로운 [콜의] 역사 정치에 대해서 발언했다. 그는 시의적절한 비유를 사용하여 이렇게 썼다. 콜은 독일의 과거에 대해서 "마치 방사능 폐기물의 최종 저장소를 아직 찾지 못한 원자력 발전소를 대하는 듯한" 태도를 보인다. 독일서적상협회가 1985년 11월, 하버마스의 논문집 『새로운 불투명성』에 수여한 숄 남매 기념상은 '백장미Weisse Rosen'의 유산에 대해 숙고할 기회를 주었다. 하버마스는 수상 연설에서 당시 1980년대 중반의 연방공화국에서 모든 정치적 진영의 관찰자들이 주목했던 전도轉倒된 시간 경험에 관해서 이야기했다. 즉 역사적 거리의 증대와 더불어 "악몽처럼 반복되는 과거"의 부담은 감소하지 않고 오히려 증가하는 것처럼 보였다. "점점 더 멀어지는 관점으로 인해서 수축하기는커녕, 저 나치 치하 12년은 언제나 새로운 쇄신의 압력 아래서 연장되었던 것 같습니다."[14]

◆

역사와 기억

1986년 2월, 하버마스는 독일 그루네발트에서 열린 획기적인 학술회의 "나치 시대와 관련하여 본 집단적 기억 과정"에 초대되었다. 이 야심적인 회의에는 독일 사회의 집단적 기억과 관련한 국내외의 일류급 학자들이 대거 참여했다. 이 회의의 특이한 점은 참가자들이 학문적으로 보다는, 서로 마음을 열고 정서적, 인격적으로 허심탄회하게 대화했다는 것이다. 여기서 나치의 역사에 대한 독일인들의 '심리적 억압' 문제를 위시한 다양한 문제들이 논의되었다. 이 회의에서 하버마스는 여전히 보편주의적 원리에 기초한 공화주의를 역설했다. 그러나 지은이는 과거와 달리 하버마스의 논조에 미세하게 역사적인 음조가 깔리기 시작했음을 간파한다. 하버마스는 여전히 유적이나 유물과 같은 상징에 기초한 기억을 거부했지만, 적어도 "상징 없는 기억"은 필요하다는 점을 인정했다. 지은이는 적어도 이때부터 하버마스의 철저히 이성적이고, 보편주의적이며, 포스트 민족적인 정체성 실험(즉 헌법애국주의)이 스스로의 입장을 약간 누그러뜨리면서, 부분적으로 **"역사와 기억"**에 곁을 내주기 시작했다고 판단한다. 이후 하버마스는 공적 기억이 민주주의의 토대라는 점을 분명히 인정했다.

실제로 독일 역사의 가장 어두운 시기에서 벗어나는 일은 돌연 어려워졌다. 숄 남매 기념상 수상 연설이 있은 지 일주일 뒤에 하버마스는 몇 년 전에 창립된 연구소인 '서베를린 고등연구소Westberliner Wissenschaftskolleg'*의 펠로였던 자울 프리트랜더가 1986년 2월에 그루네발트에서 개최했던 회의 "나치 시대와 관련하여 본 집단적 기억 과정"에 초대되었다. 그에게 이런 명예를 가져다준 것은 그의 최근의 의견 때문이었을까? 또는 프랑크푸르트학파의 수장이라는 역할 때문이었을까? 또는 게르솜 숄렘과의 우정 때문이었을까? 하버마스와 그의 아내 이외에도, 프리트랜더는 매우 놀라운 인물들을 베를린으로 초빙하는 데 성공했다. 예를 들면, 한스 몸젠, 하인리히

---

*   1981년, 서베를린(그루네발트)에 설립된 다학제적 연구소로서, 매년 40명의 자연과학, 정신과학, 사회과학계, 그리고 문학, 예술계의 탁월한 인물들을 '펠로(Fellow)'로 선발하여 공동 연구를 수행하도록 전폭적으로 지원하는 고급 연구소이다. 현재 명칭은 베를린 고등연구소(Wissenschaftskolleg zu Berlin)이며, 영어 명칭은 Berlin Institute for Advanced Study이다.

아우구스트 빙클러, 루츠 니트하머 같은 지도적인 독일 현대사가,
단 디너, 미샤 브룸릭, 마리안 아베르부흐 같은 독일계 유대 지성인,
그리고 여러 분야의 전문가, 예를 들면 괴팅겐의 정신과 의사 요아
힘에른스트 마이어, 이스라엘의 이념사가 에이모스 푼켄슈타인, 미
국의 사회학자 노먼 번바움이 거기에 참여했다. 서베를린 지성계
의 대표자로서는 —유명한 몇 사람만 언급하면— 철학자 마르게리
타 폰 브렌타노, 야콥 타우베스, 니콜라우스 좀바르트가 참여했다.
하필 그때 라인하르트 코젤렉이 뉴욕에 체류하고, 크리스타 볼프가
동독 당국의 여행 허가를 받지 못한 것은 아쉬운 일이었다. 코젤렉
이 자유주의적 보수주의자로서, 그리고 볼프가 동독인으로서 초청
에 응할 수 있었다면, 논쟁이 어떻게 전개되었을지 자못 궁금하다.
프리트랜더는 그가 주최한 대회로 인해서 지대한 관심을 끌었다.
나중에 그가 회상했듯이, '고등연구소'의 강의실은 입추의 여지도
없었다.[1]

이런 주제를 다룬 대회는 독일에서 전례가 없었다. 1984년
에 연방공화국에서 개최된 최초의 학문적인 홀로코스트 회합은 나
치 지배기구 내에서의 인종학살의 "결정 과정과 그 실행"을 다루었
다. 이에 반해 슈투트가르트에서 열린 이 회의에 몸젠과 함께 참석
했었던 프리트랜더는 초점을 행위 자체로부터 그 행위의 사회적인
여파 —미국, 이스라엘, 그리고 특히 연방공화국에서의 여파— 로 옮
겼다. 오늘날 활발히 토론되고 있는 집단적 기억과 트라우마적 사

건의 잠복은 그 당시에 겨우 연구의 지평 위로 솟아올랐다. 학술적인 문제 설정을 차치하면, 프리트랜더는 독일-유대의 대화를 진전시키는 일에 관심이 많았다. 그리고 그것도 오래전부터 그런 대화의 탁월한 비평가였던 게르숌 숄렘이 사망하기 직전인 1981/82년 겨울학기에 펠로로 일했던 바로 그 연구소에서 그리하려 했다.[2]

고등연구소의 도서관에 보관된 대회 녹취록은 매우 특이한 문서이다. 그것은 이런 학술회의의 전형적 특징인 객관적 거리 두기의 어조를 띠지 않는다. 독일인 학자도 유대인 학자도 그 주제를 순수하게 학문적으로 다룰 수 없었고, 그 대신 계속해서 시대적 증인의 역할로 되돌아갔다. 고등연구소의 소장 페터 바프네프스키는 이틀에 걸친 대회 기간에 "이 회의의 자극과 또 그것의 무게는 당연히 거기에 참여한 모든 사람의 인격적인 관여에 기인한다. 그것은 우리가 자신과 무관한 어떤 역사적 주제를 말할 때와 달랐다"라고 논평했다. 심지어 프리트랜더는 폐회사에서 "정서적-개인적 무절제"가 없었다면, 대회는 목적을 달성하지 못했을 것이라고 결론 내렸다.[3]

토론의 논쟁적 특성은 당혹감의 정도를 반영하고 있었다. 참가자들 사이에서 합의는 "시민동맹Buergerblock"**에서 나온 신보

**　　독일에서, 반사회주의적이고 부르주아적인 정당들의 연합체 또는 그들의 선거를 위한 연합을 가리킨다.

수주의적 역사 수정주의자들을 공동으로 적으로 간주하는 데서만 두드러지게 형성되었다. 그러나 회의록에서 볼 수 있듯이, 이틀 동안 토론된 홀로코스트와 그 여파에 관한 다른 모든 질문은 해명되지 못했다. 역사와 기억의 관계는 무엇인가? 유대인 생존자만이 아니라 독일인 가해자도 트라우마를 겪지 않는가? 아우슈비츠는 유일무이한[즉 역사에서 단 한 번만 일어나는] 특수성을 갖는 사건인가? 이 사건은 어떤 초역사적 차원을 갖는가? 그것은 오래전부터 사실상 나치 지배의 "핵심 상징"으로 자리 잡았는가? 기억은 일반적으로 상징과 기념물에 의존했는가, 아니면 그런 상징화는 이스라엘과 연방공화국에서 필연적으로 민족주의로 전환되었는가? 많은 서독인의 이스라엘을 향한 열광, 그리고 미국 소수자들을 핑계로 한 "홀로코스트의 다수화"를 어떻게 이해할 것인가? 역사의 무게로 인해 독일인들은 중동 정책에 대해서 건설적인 태도를 가질 수 없는가? 지금까지 그들의 과거사 문제 처리를 향한 발걸음은 성공으로 보아야 하는가, 실패로 보아야 하는가?

그러나 무엇보다도 참가자 중 한 사람이 표현했듯이 다음의 "그레첸 물음"***과 관련해서는 전혀 합의가 없었다. 심리적 강박은 "제3제국"의 종식 이후에 비로소 시작되었는가, 아니면 그 당

***　상대방의 의중이나 양심에 대해서 묻는 단도직입적인 물음. 원래 괴테의 『파우스트』에서 그레첸이 파우스트 박사에게 종교관을 물었던 데서 유래한다. 일반적으로 상대의 속마음을 묻는 질문을 의미한다.

시에 이미 시작되었는가? 독일인들은 1945년 이전에 유대인 학살에 대해서 알았는가? 1930년생인 한스 몸젠이 이와 관련한 연구 상황을 제시한 것도 도움이 되지 못했다. 특히 노장 학자들 사이에서는 개인적인 증언을 하려는 충동이 더 강했다. 1922년생인 마르게리타 폰 브렌타노는 대회 이틀째 되는 날, "그때 국내에서 15세 이상 되는 모든 사람은 적어도 그것을 알 수 있었고 사실상 알았다"고 주장했다. 이에 대해서 그때까지 단지 듣기만 했던 동갑내기 바프네프스키는 더 이상 가만히 있지 않았다. 즉 그는 동부전선에서 기갑부대 병장으로서 "동유럽에서 유대인이 겪은 참혹한 운명이라고 묘사된 것에 대해 전혀, 심지어 비슷한 얘기조차 듣지 못했다"고 발언했다. 게다가 그는 [자신이] 나치 정권의 범죄적 본성에 대해서 자신의 주변 환경을 통해서 "최고도의 감수성"을 갖고 있었다고 말했다. 이 글을 읽을 때 독자가 느낄 불신감은, 21세기로의 전환기 직후에 바프네프스키가 1930년대 말에 나치 당원으로 가입했었다는 사실이 폭로된 만큼 더욱 커진다. 이때도 그는 이 사실을 알지 못했다고 주장했다.[4] 이런 기억의 공백이 과연 진심일 수 있을까? 이것은 회의 참석자들이 가졌던 질문 중 하나였다. 당시 『슈피겔』에 클로드 란츠만의 영화 《쇼아Schoah》에 대한 평을 실었던 1947년생 미샤 브룸릭은 제국 도로 책임감찰관 발터 슈티어의 사례를 들었다. 슈티어는 크라쿠프와 바르샤바에서 소비보르와 트레블링카로 가는, 이른바 특별수송의 책임을 맡았었는데, 그는 끝까지 란츠만에게 유대인의 운명에 대해 전혀 몰랐다고 주장했다. 브룸릭에 따르면, 우리는 슈티어 같은 가해자에게도 "어떤 주관적인 정직함"을 가정해야 하는데, 왜냐하면, "너무도 심층적인 내적 억압, 책임과 수치가 존재해서, '나는 모른다'는 주관적으로 정직한 대답이 나올 수 있기" 때문이다.

하버마스는 이 논쟁을 점점 더 많은 흥미를 느끼며 추적했던 듯하다. 비록 ―그가 언제나 강조하듯이― 역사가 집단 속에서 단지 비전공자에 불과했지만, 그는 여러 발언을 통해서 결정적인 키워드 형성에 기여했다. 예를 들면, 그는 독일연방 기억문화의 "단계 모델"을 거친 붓터치로 그려 냈다. 그 모델에 따르면, 그것은 1950년대의 "잠복기"에서, 1960년대의 "주제화의 물결"을 거쳐, 1970년대의 "신보수주의적 전환"으로 이어진다. [비교적] 나이가 적은 사람으로서 그는 '누가 무엇을 알았는가'라는 물음에 대한 해명을 말없이 경청했다. 역사가들이 유적과 기념물에 대한 찬반 토론을 할 때에서야 비로소 그는 연방공화국 내에서 민족적 상징의 제거를 열렬히 요구하는 발언을 했다. 나치에 의한 집단적 기억의 조작이 도를 넘어 자행된 이후에, 이제 독일인들에게는 1950년대에 아도르노가 말한 "지도적 이미지 없이 ohne Leitbild'라는 구호에 따라서, 다시 말해 19세기부터 민족 정체성을 형성하는 데 이용되어 온 "기념물, 예식, 깃발, 신, 갖가지 헛소리" 없이 살아갈 기회가 왔다는 것이다. "그것은 19세기의 민족주의와 영원히 단절하고",

하버마스가 이미 1970년대 초 슈투트가르트 헤겔상 수상 연설에서 말했던 저 "이성적 정체성"을 형성하는, "실험적 선구자 역할을 맡을 독일 특유의 가능성이었다."

그러나 하버마스는 이제 그런 정체성이 추상적으로, 즉 ―지배로부터 자유로운 논의에 기초하는 의사소통 공동체에 속한다는― 단순한 귀속감에서 생긴다는 입장을 택하지 않는다. 자신의 이전 사상과는 다르게, 파국적 재난[아우슈비츠]에 대한 집단적 기억Eingedenkendl이 전면에 등장했고, 보편주의적 원리에 기초하는 공화주의는 역사적인 음조를 띠었다. 그의 마음에 떠오른 것은 기억 상실 사회가 아니라, 민족적 전통 연관의 "가치 상실"을 정당하게 고려하는 "상징 없는 기억"이었다. "이제 아우슈비츠는 다행스럽게도, 전체 사태를 생산한 하드웨어 이외에는 아무런 기념물도 필요로 하지 않는 상징이다." 그리고 그는 이 "하드웨어"는 아직도 독일 전역에서 만날 수 있기 때문에, 우리는 "다행스럽게도 기념물을 세우려고 누군가에게 부탁할" 필요가 없다고 말했다.

즉각 역사가들의 항변이 뒤따랐다. 하인리히 아우구스트 빙클러는 하버마스의 상징 금지령에도 불구하고 "공화주의적 상징의 최소한", 예를 들면 흑-적-황의 "48년 국기"****는 확보하고자

**** 1848년 독일혁명에서 처음 사용된 국기로서, 1919년 바이마르공화국 국기가 된 이후 지금까지 독일 국기로 사용되고 있다.

했다. 에이모스 푼켄슈타인은 상징 없이 사는 데 "원칙적으로" 찬성한다고 인정하면서도 이렇게 덧붙였다. "다만 나는 상징이 불가피하다고 추측한다. 어쩌면 어떤 이상사회에서는 상징 없이 사는 것이 가능할지도 모르겠지만." 그런데 하버마스 역시 연방공화국을 이상사회로만 간주하려 하지 않았다. 그러므로 그는 새로운 독일 국가에 대한 그의 기대가 처음으로 깨진 후 약 40년 뒤인 1986년에 베를린 고등연구소에서, 상실된 기회라는 주제로 복귀했다. 여기서 그는 과거처럼 "형식적인" 민주주의와 "질료적인 민주주의"의 구별, 즉 정치적 체계의 문제가 아니라, 상징적 차원을 다루었다. 하버마스가 보기에, 포스트 민족주의적 정체성 실험은 수정주의자들의 집중적 활동 —현대사 서술에서의 새로운 경향들, 콜의 도발들 등— 때문에 위험에 빠진 듯했다. 그는 빈정대듯이 논평했다. "감히 말하는데, 우리는 어쩌면 20년 뒤에는 긍정적인 과거와 관계하는 매우 동질화된 해석 방식을 얻어서, 다시 기념물도 세울 수 있게 될 법한 길로 가고 있다." 그는 자신의 이 예견이 얼마나 정확한 것인지 당시에는 전혀 알 수 없었다. 그리고 20년 뒤에 다름 아닌 그 자신이 독일인의 과거에 대한 태도에서 새로운 '지도적 이미지 Leitbild'를 제공한 저 기념물*****의 옹호자가 되리라는 것은 더더욱 알 수 없었다.

*****   베를린의 홀로코스트 추모비(Holocaust-Mahnmal)를 가리킨다.

프리트랜더가 주최한 학술회의의 회의록은 그 직후에 일어날 역사가 논쟁의 최종 리허설을 보는 듯한 인상을 준다는 점에서 매우 매력적이다. 회의가 끝날 즈음에, 하버마스는 자신의 불만을 노골적으로 터트렸다. 토론된 문제들이 모두 하나같이 논쟁거리였음에도, 그는 "독일 역사가들 전체"로부터 하나의 성향을 관찰했다고 포문을 열었다. 이 성향은 "극적 요소의 배제"와 더불어 "전문 분과적인 합의 형성"을 추구하려는 성향, 그리고 자신들이 이미 달성한 것에 대해 만족하는 성향 ─이것이 그를 "머리끝까지 화나게" 만들었다─ 이다. 여기서 이미 역사학 자체에 도전장을 내밀려는 결단이 싹트고 있었을까? 어떤 경우든 하버마스는 그의 장황한 비난을 통해서 전체 회의를 관통하고 있던 긴장을 드러냈다. 그러나 정치적으로 다소간에 동질적인 사람들 사이에서도 감정선이 그렇게 심하게 움직였다면, 5개월 뒤 하버마스가 촉발한 거대한 진영 포괄적 논쟁에서는 과연 얼마나 강력한 격앙된 반응이 나타났을까?

슈타른베르크로 돌아온 하버마스는 ─몇 주간의 침묵기를 거친 이후인─ 4월에 프리트랜더에게 편지를 썼다. 대회는 "아마도 우리들 각자에게 많은 것을 휘저어 올려놓았습니다." 그 전날 저녁에 그는 마침내 바이에른 방송국에서 다른 독일의 주보다 2달 정도 늦게서야 방영된 란츠만의 영화 《쇼아》를 보았다. 5월에는 『차이트』에 프리트랜더의 인물기사가 나왔다. 거기서 프리트랜더는 에른스트 놀테와 가졌던 만찬에 관해 이야기했다. 만찬 중에 놀테는 그의 히틀러 독일에 대한 세계 유대인 회의의 전쟁 선포 관련 테제를 가지고 프리트랜더에게 반론했었다. 또한 이 기사에서 프리트랜더는 베를린 고등연구소의 인사들과 함께한 다른 만찬에 대해서도 언급한다. 만찬에서는 "엄선된" 1943년산 모젤와인이 나왔으며, "상당히 취흥이 올랐을 때" 독일 교수들은 《테오여, 로츠로 가자》******를 합창했다고 한다. 베를린의 유대인들은 집단학살 수용소로 끌려갈 때, 그루네발트역에서 출발해서 가장 먼저 폴란드 로츠로 이송됐었다. 동료 교수들이 나쁜 의도로 그런 노래를 했다고 생각하지는 않았지만, 프리트랜더는 연방공화국의 지성인들 내에 여전히 널리 남아 있는 심리적 강박Verdraengung의 규모에 놀랐다. 그러나 당시의 사건들 —예를 들면, 그가 베를린에 있는 동안 상연된 파스빈더의 연극 《쓰레기, 도시 그리고 죽음》을 둘러싼 스캔들과 시의 재정을 개선하려면 "부유한 유대인 몇 명을 조져야" 한다는 기민당 출신 시장의 망언이 터져 나왔다— 에 기초해서 그는 독일인과 그들의 억압된 과거 간의 관계에 대한 "새로운 전면적 토론"을 예고했다. 그리고 3주 뒤에 저 유명한 놀테의 기고문이 『FAZ』에 실렸다. 그 뒤는 잘 알려진 이야기이다.[5]

<hr>

****** 독일의 대중적 여가수 비키 레안드로스(Vicky Leandros)가 1974년에 불러 공전의 히트곡이 된 대중 가요이다.

포스트 민족적 자각Empfindung의 시간

1990년 초에 베를린장벽이 갑작스럽게 붕괴했다. 통일 문제가 발등에 떨어진 불이 되면서, 아직 학문적 논쟁거리였던 독일의 과거사 문제와 민족 정체성 문제는 정치적 폭발성을 얻게 되었다. 여기서 지은이는 하버마스와 보수주의자인 카를 하인츠 보러의 오랜 우정이 깨지는 과정을 통해서 이 정치적 폭발성의 단면을 생생하게 보여 준다. 하버마스는 분단의 시기에 동독에 대해서 거의 무관심으로 일관했고, 통일에 대해서는 단호히 반대했다. 그러나 갑자기 닥쳐온 동서독 통일의 국면에서 하버마스는 역사가 논쟁 이후 일시 소강상태에 들어갔던 민족주의가 다시 득세할 위험을 감지했다. 헬무트 콜 정부는 닥쳐온 통일을 민족주의적 관점에서 당연시하면서 그것을 단지 행정적, 법적 절차로만 이해했다. 이에 반해서, 하버마스는 통일은 민주적이고 공공적인 숙고의 과정 또는 동독인을 포함한 독일 전체 차원의 제헌 회의를 거쳐서 이루어져야 한다고 주장했다. 이는 그가 1980년대 중반부터 주장했던 민주적 법치국가 이론의 연장선 위에 있는 것이다. 이때 비로소 하버마스는 자신이 진정한 포스트 민족적 사상가임을 입증했다. 이런 측면에서 독일 통일은 하버마스에게 **"포스트 민족적 자각의 시간"**이었다.

1990년 초에 하버마스는 베를린장벽의 붕괴로 서독인들이 "망연자실"했다고 썼다. 이 말은 본인의 느낌을 말한 것으로 이해할 수 있다. 우리의 슈타른베르크에서의 대화에서 그가 11월 9일 밤 —그날 밤을 그는 아내, 그리고 몇몇 친구와 함께 프랑크푸르트 주어캄프출판사 주변에서 텔레비전을 보면서 보냈다— 에 대해 이야기할 때, 그의 목소리에는 아직도 당시의 당혹감이 배어 있었다. 이 다혈질의 사상가가 시대적 사건에 대한 첫 반응을 몇 주가 지난 뒤에서야 단지 지인들에게만 비공식적으로 발표했다는 것은 특기할 만하다. 두 독일 국가의 재통일은 말할 것도 없고, 동독의 종말도 그의 정치적 기대지평에 속하지 않았다. 1986년에 사민당 당원 하인리히 아우구스트 빙클러는 베를린 고등연구소에서 통일된 독일 민족국가의 재건에 대해서 "우리는 이제 이것을 원해서는 안 된다고 결론 내려야만" 한다고 말했다. 이것은 하버마스도 이미 오래전에 어떠한 가정법적인 유보조건 없이 내린 결론이었다. 2차 대전 직후에 통일이 아직 좌파의 프로젝트였을 때에도, 그는 이미 독일 통일에 반대했었다. 그리고 이런 입장은 통일을 둘러싼 정치적인 변화 이후에도 견고했다.[1]

따라서 그는 이제 베를린장벽의 붕괴 이후 동독에 대한 관계를 냉정하게, 거의 야멸차게 정리했다. 그는 대학생 시절이던 1950년대 초에 브레히트 작품의 공연을 보기 위해서 몇 차례 [동베를린의] 시프바우어담에 있는 극장에 갔었고, 얼마 후에는 본Bonn 대학의 영화클럽과 함께, 동베를린에 있는 자유독일청년단(FDJ) 사무소에서 독일 영화 주식회사(DEFA)가 제작한 영화들을 대출했다고 한다. 그후 그는 1988년 여름에서야 비로소 다시 동독을 방문했다. 한 동독 교수의 초청으로 할레에 있는 마르틴루터대학의 청중으로 가득한 대강당에서 강연하기 위해서였다. "나의 아내와 나는 그 여행에서 많은 것을 배웠다. 그러나 그 당시 동독은 이미 정신적으로 무너져 있었다. 우리는 다소 침울한 마음으로 귀로에 올랐고, 바이마르도 그냥 지나쳐 버렸다." 그사이에 35년의 "무관계성"이 있었다. 공식적인 접촉도, 친척 방문도, 반정부 집단과의 교류도 없었다. 다만 1976년 11월, [동독의 저항가수] 볼프 비어만이 시민권 박탈 이후 며칠간 슈타른베르크를 방문했던 적이 있었을 뿐이다. 이 만남을 회고하면서 비어만은 "그는 나에 대해서 전혀 몰랐고 나도 그에 대해 전혀 몰랐다"라고 말했다. [그럼에도] "우리는 우호적으로 서로 담소를 나누었다." 그 밖에는 하버마스의 생전 유고에 동독 출신 심리학 전공 대학생이 1986년에 보낸 6장짜리 편지가 포함되어 있다. 편지는 하버마스에게 지적 도움을 요청하는 것이었다. 하버마스는 그의 모든 질문에 대해 답해 주려고 성실하게 노력했다. [그리고] 그가 나중에 따로 소포로 발송했던 『의사소통 행위 이론』은 동독 국경수비대의 검열에 걸려 몰수되었다.[2]

스스로 솔직하게 인정했듯이, 하버마스는 사민당의 프랑크푸르트 문화담당관 린다 라이슈 ―'나는 아마 라이프치히보다 밀라노와 더 잘 일할 수 있을 것'이라는 그녀의 발언이 1990년에 널리 보도되었다― 가 생각한 것과 같은 생각이었다. 하버마스는 이렇게 말했다. "우리는 감상주의에 빠지지 말고 그녀의 말을 인정할 수 있어야 한다." 사실, 하버마스와 그의 부인은 그 2년 전에 이미 괴테의 활동무대[바이마르]에 존경심을 표하기를 거부했었다. 1991년에 하버마스는 보수적 정치인과 지식인들 사이에 널리 퍼져 있던, 바이마르와 예나의 합병을 통해서 독일 정신사의 중단된 연속성을 회복하려는 생각을 "소유욕에 기반한 영토 물신주의"라고 평가했다. 하버마스가 보기에, 1980년대 중반부터 놀라운 대중적 인기를 얻은 프랑스 역사가 피에르 노라의 개념, 즉 민족적 기억장소에 대한 강한 애정은 시대착오적인 정신 상태를 드러내고 있다.[3]

다가온 통일의 전망을 통해서, 1980년대의 지적인 진지전 ―과거사 처리를 둘러싼 대립과 집단적 기억 및 독일인의 정체성을 둘러싼 논쟁― 은 갑자기 정치적 긴박함을 갖게 되었다. 그것은

1990년의 지각변동을 견뎌 내지 못한 두 친구의 운명에서 전형적으로 드러난다. 돌아보면 그것은 놀라운 일이 아니다. 오히려 그들이 그렇게 오랫동안 친구로 지냈다는 것이 놀랍다. 아마도 하버마스와 카를 하인츠 보러 사이의 우정은 구 연방공화국의 안전공간에서만 유지될 수 있는 것이었다. 그들이 공적 및 사적으로 진행한 다툼은 당시 독일 지식인들 사이에 등장했던 균열을 대표한다. 1960년대 후반부터 그들은 때로는 정기적으로, 때로는 간헐적으로 만나서 그들의 지적인 온도 차이를 조정했다. 그들은 기본적으로 근대와 "정서적인 방향으로서의 서구"에 대한 입장을 공유하고 있었다. 보러가 죽을 때까지 지치지 않고 반복해서 말했듯이, 그는 상대자로서 하버마스를 높이 평가했다. 보러에 따르면, 하버마스는 자신이 야생적인 미적 주관성에 기초해서 끈질기게 반박했던, 이성의 사실 die Sache der Vernuft을 생동적이면서도 지적으로 섬세하게 옹호한 사람이다.[4]

포도주를 곁들인 그들의 활발한 토론은 정신적 귀족주의자 보러에게 연속적인 지적 결투의 자극을 주었고, 승부욕이 강한 하버마스에게는 스포츠 경기 같은 자극을 주었을 것이다. 하버마스는 아직 근대의 변절자에 대한 그의 철저한 추적이 시작되기 전인 1979년에, 보러에 대해서 "오늘날 정치적으로 공평무사하고 능숙하게 청년 보수주의자의 급진성과 신낭만주의적 지성을 보존하고 있는" 유일한 사람이라고 썼다. 그것은 그를 인정한다는 뜻이었다!

보러가 같은 해에 『FAZ』에 발표한 "정신적 가능성"으로서의 독일에 대한 변호, 평화운동에 대한 그의 조롱, 포스트 모던적 프랑스인들에 대한 그의 관심, 또는 『메르쿠어』 발행자로서 그의 첫 —본공화국의 편협성과 추함을 주제로 다룬— 시리즈물은 하버마스의 취향이 아니었다. 그러나 하버마스는 발저의 경우와 마찬가지로 오랫동안 그런 차이를 도외시했다. 헬무트 콜과 그의 우둔한 역사주의에 대한 그들의 혐오감을 통해서, 심지어 두 사람은 역사가 논쟁에서 다시 한번 정치적으로 가까워지기까지 했다. 보러는 하버마스가 놀테를 반박했을 때, "나는 당신의 글에 전적으로 동의합니다"라고 말했다. 하지만 그는 "근본주의적-역사주의적 '의미 부여'뿐 아니라, 보편주의적-이성적 '의미 부여'도" 있으며, 자신은 낭만주의자로서 양자 모두를 불신한다는 말을 빼놓지 않았다.[5]

하버마스는 1989년 6월의 60번째 생일날까지도 그의 친구를 바이에른의 음식점으로 초대했다. 그로부터 여섯 달 후, 그들의 위태롭던 관계는 마침내 균형을 상실하게 되었다. 장벽 붕괴 이후에, 보러는 성급하게 서독과의 통일은 무너지고 있던 동독에 바람직하며 또 불가피하다는 결론에 도달했다. 그러나 그의 스파링 상대[하버마스]와 똑같이, 그도 너무 성급한 판단으로 명성을 잃을지 모른다는 두려움을 가졌다. 그렇다 해도 그가 『FAZ』에 발표할 에세이의 초고를 하필 하버마스에게 읽어 달라고 부탁했다는 것은 의외이다. 도대체 그는 어떻게 이 철학자가 조금이라도 거기에 동조하리라는 생각을 하게 되었을까? 통일을 바라지 않는 독일인들 —보러는 이들의 지평을 편협한 것으로 간주했다— 의 "교사 감성 과 교육자 감성, 그리고 목회자 감성"이 정확히 하버마스의 태도와 일치한다는 사실을 보러는 분명히 알고 있었을 텐데.[6]

보러는 "식민화된 의식"을 털어 버리고 "민족으로서 독일 인의 고도로 신경증화된 자기 파괴"를 치유하라는 요청과 함께 소 시민적-지방적인 독일과 세계적-도시적인 독일 사이의 양자택일을 요구했다. 그리고 그는 1년 반 뒤에 단호하게 새로운 수도 베를린에 찬성표를 던지는 쪽을 택했다. 동독을 "사회, 경제적 공상에 빠졌던 과거를 보존한 일종의 생태공원"으로서, 그리고 연방공화국을 무無 정치적인 복지의 오아시스로서 보존하려는 것은, 그가 보기에, 고 루함과 정신적인 편협성, 그리고 노예근성을 지닌 독일적 분리주의 전통 —즉 그가 이미 1980년대에 주제로 다루었던 저 지역주의— 을 지속시키는 것이었다. 보러가 하버마스와 처음으로 알게 되었던 프랑크푸르트를 떠나 [거대 도시인] 런던과 파리로 이사하고, 반대 로 당시 이미 한적한 녹지의 작은 집에서 살던 하버마스가 슈타른 베르크의 방갈로로 이사했던 것은 물론 그들의 직업적 경력의 우연 성과 관련된다. 그러나 지금에 와서 보면, 이런 삶의 결정들에는 정 치적-문화적 선호도 함께 표현되고 있는 것처럼 보인다.[7]

보러가 그의 회고록에서 기억하듯이, 하버마스는 제발 그 글을 발표하지 말라고 간청했다. "민족의 터부화의 가장 숭고한 변종”으로서, 어쩌면 포스트 민족적 신화를 탄생시킬 수도 있는, 헌법 애국주의가 하버마스의 사고 속에서 많이 약화된 것도 소용이 없었다. 하버마스는 독일인들이 동프로이센과 슐레지엔의 상실을 통해서 나치즘의 범죄를 속죄했다는 생각은 “완전히 잘못된” 것이라고 보았다. 그러나 그는 무엇보다도 연방공화국에 대해 보러와 정면으로 대립하는 평가를 했다. 베이지와 녹색 계통의 폴리에스테르 제복을 입은 서독 경찰관들이 마치 “무장한 화장실 관리인”처럼 보였다는 것, 본^{Bonn}공화국이 변변한 수도도 갖지 못했다는 것, 본공화국이, 언젠가 구스타프 자이프트가 썼듯이, 1980년대 후반에 “역사상 가장 초라한 국가 중 하나”가 되었다는 것, ― 보러가 결점으로 생각한 이런 것들을 하버마스는 많은 좌파가 그랬듯이 오히려 역사적인 성취로서 바라보았다. 1980년대 후반의 서독은 그가 보기에 거의 구현된 유토피아 같은 것으로 보였다. 하버마스는 초기의 콜 정부에서 최악의 상황이 도래할까 봐 우려했고, 역사가 논쟁에서 보수적인 동년배들과 광범위한 난타전을 벌였다. 그 후 1987년의 큰 이변 없이 치러진 연방의회 선거 동안에 바람의 방향이 다시 바뀌었다.[8]

리타 쥐스무트의 상승세는 기민당 역시 “근본적 자유주의화”의 소용돌이에 휩쓸렸음을 시사했고, 또 좌파 정당 디 링케^{die Linke}가 “사민당의 왼쪽에서” 자신을 합헌적인 제도들과 동일시하는 경향을 보였을 때, 사회과학자들의 연구 결과는 포스트 민족적인 정서가 이제 광범위한 대중에게 파고들기 시작했다는 점을 보여주었다. 물론 동시에 "정치 혐오"라는 개념이 등장했다. 콜 정부의 포스트 역사Posthistoire*가 수정처럼 단단했다면, 하버마스는 어쩌면 민간요법 치료사 양성 과정을 시작하지 않았을까? 9.11 테러는 그에게 청천벽력과 같았다. 얀 필리프 렘츠마가 서독의 역사를 표현하려고 사용했던 말인 "행동 치료"가 바야흐로 결실을 맺기 시작했을 때, 이 나라가 40년 만에 마침내 적어도 표면적으로는 "서유럽의 떳떳한 동료"가 되고 서독의 좌파 지식인들이 좀 더 고요한 시대에 맞춰 행동할 수 있게 되었을 때, 바로 그때에 극복된 줄 알았던 민족국가적인 과거가 다시 소환될 위험이 등장했다.[9]

보러는 놀랍게도 그들의 입장이 "더 멀어지려야 멀어질 수"가 없는 상태라는 사실을 확인해야 했다. 보러의 표현에 따르면, 하버마스에게 통일은 바로 "정치적 파국"을 의미했기 때문에, 1990년에 보러가 하버마스의 반대에도 불구하고 『FAZ』에 기고했던 "우리가 민족이 아닌 이유. 우리가 하나가 되어야 하는 이유"는 친구의 마음에 상처를 주었다. 처음에 보러는 "우리의 개인적인 관계가 정치적 대화보다는 이론적 대화에서 더 잘 보존되기"를 바란다는 희망을 피력했다. 나중에 그는 "최종적인 절교를 피할 수 있다

---

* 　　　전통적인 역사적 갈등이나 이데올로기 대립이 사라지고 경제적·정치적 협력이 강
화되는 새로운 세계질서가 도래했음을 표현하는 용어이다.

면 무엇이든 하겠다"고 선언했고, 하버마스에게 당신도 갈등 완화를 위해 노력해 달라고 요구했다. "나뿐만 아니라 당신도 때로는 극단적으로 충동적이다." 그러나 그들의 정치적 차이는 무마될 수 없었다. 이것은 하버마스가 통일이 불가피함을 납득한 이후에도 변하지 않았다. 그가 보러에게 보낸 마지막 편지는 주사위가 이미 던져진 이후인 1990년 10월이었다. 이 편지와 함께 20년간의 지적인 우정도, 『메르쿠어』의 출판을 둘러싼 인연 —하버마스는 1950년 이래 40편 이상의 글을 이 잡지에 발표했다— 도 종말을 고했다. 나는 독자에게 보러가 하버마스를 설득하려고 시도했던 "역사성"이라는 기고문을 한번 읽어 보길 권한다. 그러나 하버마스는 『메르쿠어』의 전 편집장 한스 페슈케의 80번째 생일 기념호에도 기고하지 않았고, 그 후에도 결코 이 잡지에 글을 주지 않았다.[10]

나는 당시에 동서독 통일에 대한 논쟁을 멀리서 지켜보았다. 1990년 1월, 나는 교환학생으로 미국에 갔다. 이 시기의 사진에서 볼 수 있듯이, 나도 잠시 한 사람의 미국인으로 변모했었다. 그해 여름 미국에서 귀국한 뒤에, 그리고 18번째 생일을 6개월 앞두고, 비로소 나는 부모님이 보시던 『차이트』와 『프랑크푸르트 룬트샤우』를 규칙적으로 읽기 시작했다. 당시 하버마스는 이 신문들에서 시사적 사건들을 논평했었다. 1990년대 초로 분류된 빛바랜 자료들에는 독일 통일, 걸프전, 그리고 망명자 수용 논쟁 등에 관한 그의 기사들이 포함되어 있다. 이것들이 내가 처음으로 읽은 하버마스의 글들이었다.

이 글들을 다시 읽을 때 분명히 드러나듯, 그는 동서독 통일 문제를 자신이 1980년대 중반부터 주장했던 민주적 법치국가 이론에 대한 시금석으로 간주했다. 한편으로 그는 통일을 기본법 제23조에 따라서 "가입", 즉 단순한 "행정적 절차"로서 간주했던 독일연방 수상의 "속전속결의 정치"를 비판했다. 하버마스는 통일된 독일 국가의 정당성을 위해서는 공적인 숙고의 행위, 즉 구체적으로 말해서 전술 독일적인 제헌 회의 개최가 필수적이라고 생각했다. 그러나 다른 한편으로, 제헌 회의의 결과와 관련해서, 그는 동독인들에게 단지 협소한 선택의 여지가 있었을 뿐임을 인정했다. 시장경제와 국가사회주의 사이의 "제3의 길" —장벽 붕괴 직후에는 이것도 아직 하나의 가능한 선택지인 듯이 보였다— 이라는 사고 게임은 기민당이 1990년 3월의 인민의회 선거Volkskammerwahl에서 승리한 이후로 하버마스에게 전혀 고려 대상이 아니었다. 그가 이 사태에 대응해서 만든 "만회하는 혁명nachholende Revolution"의 개념은 그가 사태의 향방을 이미 정해진 것으로 간주했음을 드러낸다. "혁신적이고 미래 지향적인 이념"이 없는 혁명은 기껏해야 서구의 현 상태를 향해서 흘러갈 수 있을 뿐이었다.[11]

하버마스는 1991년에 잠시 편지를 주고받았던 크리스타 볼프에게 이렇게 썼다. "만약 어떤 전통을 발전시키려 하는가에 관해서 우리 사이에 이견이 있다면, 나는 매우 의아해할 것입니다.”
그에 따르면, 재교육도 68혁명도 없었던 동독에는 “30년대와 40년
대의 사고방식”은 아니더라도, “아데나워 시대로부터 우리가 알고
있는 그런 사고방식”이 온존하고 있었다. 이런 상황에서 헌법애국
주의는 전력을 다해 그런 사고방식의 비자유주의적 영향으로부터
연방공화국을 보호하라고 명령했던 것일까? 내가 당시의 신문에서
오려 놓은 한 기사에서 하버마스는 다음과 같은 우려를 표명하고
있다. 현실 사회주의에서 진보적 이념의 오용은 독일에서 “반계몽
적, 반유대적, 거짓 낭만주의적, 독일 숭배적 몽매주의자들의 5, 6세
대 동안 축적된 증오심”보다, 다시 말하면, 나치의 정신적인 유산
보다도 더 “독일의 정신적 건강함”에 파괴적 영향을 미칠 것이라고
말이다. 그가 말했던 “이성의 두 번째 파괴”는 구 연방공화국의 파
괴도 염두에 두었던 것일까? 1990년대 초의 하버마스는 자신이 진
정한 포스트 민족적 사상가임을 입증한다. 지금 그의 관점에서 동
서독 통일을 되돌아보면, 우리는 서독이 먼 아시아 전제국가의 주
민들을 자신의 정치적 문화로 통합해야만 했다는 인상을 받을 수
있다.[12]

　　동독 지식인들의 당혹감은 충분히 이해할 수 있다. 크리
스타 볼프가 볼 때, 계몽되지 않은 동독 주민들에 대한 하버마스의
공포 속에는 놀라운 무지가 표현되어 있다. 동베를린의 작가인 프
리드리히 디크만은 서독 좌파의 “라인Rhein적인 분리주의”**를 단

지 환상적일 뿐만 아니라 뻔뻔하게 냉소적이라고 간주했다. "마치 독일 국민의 4분의 1이 경제적으로 붕괴하는, 개발도상국의 수준으로 하락하는 국가에서 살아야 하며, 그래야만 국민의 나머지 4분의 3이 독일 민족사의 해악에서 보호된다는 느낌이 가능하다는 듯이…." 디크만은 포스트 민족적 연방공화국의 자족감이 동독을 반파시즘적 저항의 국가로 선언했던 동독의 사회주의통일당(SED) 정치국의 빛바랜 주장에 대응된다는 것을 간파했다. 두 경우는 모두 서독 지식인 및 동독 지배 계층의 안락한 현 상태를 유지하기 위하여 나치즘에 대해 동일한 경고성 비난을 한다.[13]

그러나 지금에 와서 우리는 하버마스의 우려들이 옳았다는 것을 안다. 서독의 자유주의적 보수주의자 중에서 "습관적 공화주의자들"은 민족적 보수주의자로 전향할 것이라는 1989년 말의 하버마스의 예언은 3년 뒤 새로운 우파 지식인들이 보토 슈트라우스가 『슈피겔』에 쓴 "번져 가는 속죄양의 노래"를 바로 자신의 강령으로 선택함으로써 현실로 나타났다. 그때부터 독일에는 새로운, 다양한 영역과 계층을 포괄하는 민족주의가 확립되어, 이제는 정당 정치 영역에까지 영향을 미치고 있다. 이제 이미 그리 새롭다고 할

**   1920년대에는 독일 라인란트 지역에 독립된 국가, 즉 라인공화국을 수립하려는 시도가 있었다. 이런 시도의 정치적 입장을 라인적 분리주의라고 한다. 여기서는 동서독 통일 문제에 대해서 통일에 대해 회의적인 입장을 가진 좌파 진영의 입장을 가리키는 용어로 사용되고 있다.

수 없는, 연방주들에서 현존하는 형태의 대의민주주의가 거의 지지를 얻지 못한다는 사실은 2023년 11월 현재 다가오는 튀링겐과 작센의 주의회 선거 예측에서 알 수 있다. 이러한 정당성 상실이 국제적인 추세와 일치한다고 해도, 그것은 서독 엘리트들의 오만함을 통해서 한층 강화되었다. 하버마스와 더불어 우리는 그 자신이 나름대로의 방식으로 기여한 정당성 상실화Delegitimisierung의 변증법에 대해서 말할 수 있을 것이다. 우리는 1989년이라는 역사적 기호를 1945년의 그림자로부터 결코 떼어 내지 않으려 했던 하버마스가, 베를린공화국이 본에 있었던 선구자와의 연속성을 드러내는 한에서만, 베를린공화국의 철학적 대변자라고 주장할 수 있을 것이다.[14]

◆

세계 내부 정치Weltinnenpolitik의 우선성

하버마스는 통일을 계기로 독일 사회 내에서 민족주의적 경향이 강화되는 것에 대항해서, 2000년 초부터 독일의 문제를 유럽연합과의 관계 속에서 바라보기 시작했다. 즉 문제의 지평이 독일 국내 정치에서 세계 내부 정치로 확대되었다. '세계 내부 정치'는 1960년대에 바이츠제커가 지구가 이미 하나의 정치 단위로 되었음을 표현하기 위해 사용한 용어로, '세계 내정'이라고도 번역할 수 있다. 다시 말하면, 이제 하버마스는 독일 내의 민족주의를 제어하기 위해서 **"세계 내부 정치의 우선성"**에 주목한다. 여기서 필리프 펠슈는 주로 유럽연합의 형성과 관련한 하버마스의 이론과 실천을 소개하고 있다. 한마디로 말해서 하버마스는 유럽연합 또는 초국가적 국가연합이 독일 민족주의의 위험에 대한 생명보험이 될 수 있다는 입장을 보였다. 하버마스는 유럽 통일의 매 단계에서 유럽연합의 민주화와 올바른 목표 설정을 위해 적극적으로 발언했고, 유럽이 똘똘 뭉쳐 미국이 주도하는 세계 자본주의의 폭거에 대항하고 그 속에서 독자적 외교, 안보정책을 펴 나가야 한다고 주장했다. 굴곡진 유럽 통일 과정에 대한 하버마스의 개입과 방향 제시는 80년대 중반의 헌법애국주의나 숙의민주주의의 개념을 국제적 차원으로 일관되게 확대 적용한 것이다. 하버마스는 현실의 수많은 역풍과 정면으로 대결하면서도 유럽 통일에 대한 희망을 고수했다. 이로 인해서 하버마스는 '우파 헤겔주의자' 또는 "국가철학자"라는 비난을 받기도 했다.

소위 국내 정치의 우선성, 즉 역사의 주요 사건이나 국가 활동은 오직 국내 사회구조의 반영으로 파악되어야 한다는 신념은 사회사적 연구에서 공리에 속한다. 앞에서 드러났듯이, 지식인으로서의 하버마스도 오랫동안 연방공화국의 지평 내에서 움직였다. 동포^{同胞}들의 민주화는 —그리고 서방과의 유대 관계도— 그에게는 독일 내부의 문제였다. 이것은 예를 들면 1979년의 『시대의 정신적 상황에 관한 키워드』에서 잘 드러난다. 오늘날이라면 독일 국경 외부의 세계가 거의 아무런 역할도 하지 않는 방식으로 시대진단을 한다는 것은 생각하기 힘들 것이다. 같은 해에 하버마스는 "나는 유럽 추종자가 아니다"라고 선언했고, "그것이 유행이었을 때조차도"라는 말을 덧붙였다. 이 마르크스주의자는 과거에 유럽 경제공동체, 즉 아데나워 프로젝트를 국제적 자본주의의 대리인이라고 거부했었다.[1]

　　연방공화국 실험의 역사적인 실패 이후에서야 비로소 그에게 유럽은 표준적인 크기가 되었다. 그리고 2006년, 브루노 크라이스키상 수상식에서 고백했듯이, '유럽'은 2000년대의 첫 10년 동안에는 그를 "가장 고무시켰던" 주제였다. 그는 1990년대를 거치면서 현재의 모습을 취하게 된 독일의 새로운 기억정치의 진보와 더불어, 초국가적인 국가연합의 등장은 새로운 독일 민족주의의 위험에 대한 생명보험이라고 보았다. 마스트리히트 조약이 체결된 이듬해인 1993년에 하버마스는 "우리 독일인은 우리를 우리 자신으로부터 보호하기 위해서라도 정치적인 연합이 필요하다"라고 선언했다. 그의 정치학적 계산에 따르면, 여러 가지 면에서 유럽연합(EU)은 다른 수단들[초국가적 협력]을 통한 서구적 가치 지향의 진전을 보여 준다.[2]

유로화의 도입으로부터 유럽연합의 동유럽으로의 확장과 프랑스 및 네덜란드 국민투표에서의 좌절을 거쳐 리스본 조약, 그리고 2008년의 금융위기가 초래한 유로화 위기에 이르기까지, 유럽 통일 과정의 우여곡절은 하버마스의 개입을 기준으로 해서 재구성될 수 있다. 하버마스는 모든 단계에서, 모든 전환점에서 반복해서 유럽연합을 "심화"하고, 그것의 민주주의 결핍을 극복하며, 그것의 정치적 목표를 정확히 설정해야 한다고 요구했다. 그가 보기에 "부시 행정부의 반국제법적 이라크 정책이 초래한 격동" 이후에, 유럽연합의 정치적 목표는 유럽이 공조하는 금융정책을 통해 고삐 풀린 세계 자본주의를 억제하고, 동시에 독자적인 외교 및 안보정책을 펼쳐서 "엉클 샘의 푸들" 역할에서 벗어나, 예측 불가능한 세계 권력인 미국의 자의에 휩쓸리지 않는 것이었다. 하버마스는 민족국가들이 이미 오래전부터 "난쟁이 제후국Duodezfuerstentum"의 형태를 취하고 있는 "포스트 민족적 상황"에서 이런 목표 설정은 유일무이한 대안이라고 보았다.[3]

유럽 정치에 관한 그의 생각은 놀라울 정도로 일관되게, 심지어 거의 필연적으로, 포스트 민족주의적 정체성, 헌법애국주의, 그리고 숙의민주주의 등의 개념에서 나왔다. 이 개념은 1980년대 중반 이후 그의 사고의 중심에 있었고, 1989/90년의 세계사적 단절과 그 결과를 통해서 마치 프리즘을 통과한 듯이 굴절되었다. 또 그런 한에서 하버마스는 구 연방공화국의 철학자, 더 정확히 말하면, 구 연방공화국의 종말 이후에 자신의 이론적 도구상자를 계속 수정하고 현실화했지만, 결코 근본적으로 변화시키지는 않은 철학자임이 드러난다. 가다머는 언젠가 자신의 경험에 기초해서 말했다. "60세가 되면 우리는 더 이상 배우지 않는다." 어쩌면 하버마스도 더 이상 본질적인 것은 배우지 않았음에 틀림없다. 이미 하버마스는 동서독이 통일되기 전에 코펜하겐에서 행한 어떤 수상 연설에서, 독일의 특수 사례에서 "보편적 측면들을 획득"하리라는 희망을 표했다. 이것은 "보편적 지역" 출신의 사상가인 그가 1990년대 이후 연구했던 것을 잘 보여 주는 말이었다.[4]

그의 개념들은 냉전이 끝난 이후에 광대한 적용처를 얻게 되었다. 즉 민주적인 국가의 시민권이 자연발생적인 민족적 정체성에 근거하지 않고, 오히려 숙의적인 상호이해의 과정에서 비로소 그 정체성을 형성했다면, 그와 유사한 발전이 초민족적인 수준에서 다시 반복되지 말란 법은 없었다. 그래서 하버마스는 유럽 헌법 프로젝트에 중요한 의미를 부여한다. 그는 그런 조약 체결에 선행해야 하는 논쟁으로부터 유럽적 공론장의 생성을 기대했다. 그리고 바로 이 공론장에서, 유럽대륙의 인종적-문화적 이질성으로 인해서 반드시 유럽적인 헌법애국주의로 귀결되어야 하는 유럽 정체성의 맹아를 찾았다. 그는 유럽 프로젝트가 하나의 유럽적 국민이라는 주체에 의지할 수 없으므로 실패하리라고 비난하는 사람들을 이렇게 반박했다. 당신들은 집단적 정체성 형성의 재귀再歸적 본성을 이해하지 못한 채, 단지 19세기의 본질주의적인 사고방식에 사로잡혀 있다고.[5]

유럽의 통합 과정이 세기의 전환기에 겪어야 했던 모든 역풍에도 불구하고, 항상 새로운 상황의 미래 지향적 잠재력을 찾아내려는 하버마스의 자세에서는 역사적 경험에서 축적된 그의 능력, 즉 놓쳐 버린 기회에 대해 담대하게 대응하는 능력이 다시 한번 명료하게 드러난다. 얀 필리프 렘츠마는 2001년 독일서적상협회 평화상을 하버마스에게 수여하는 근거를 밝히는 상찬 연설Laudatio에서 "접속 가능성Anschlussbarkeit"이 바로 그의 저작에서 핵심적 주제라고 말했다. 이 말은 단지 하버마스가 자신의 이론을 고전적 텍스트로 뒷받침할 때의 탁월한 몽타주 기술만을 염두에 둔 것은 아니다. 렘츠마에 따르면, 하버마스는 1세대 비판이론의 거부적 태도와 반대되는 "어떤 과정의 진전에 대한 책임"의 정신을 발전시켰다. 이 정신은 그 과정이 모든 역사철학적 필연에서 벗어나 있기에, "그것이 계속되도록" 염려하고 애쓰는 것 외에는 아무런 대안도 고려하지 않는다. 베를린의 도로텐슈타트 공동묘지에 있는 헤르베르트 마르쿠제의 묘비에는 "계속하라!"라는 글귀가 있다. 대립적인 정치적 기질에도 불구하고, 하버마스 역시 이 준칙을 가슴에 새겼던 것으로 보인다. 그는 통일 이후의 한 인터뷰에서 "이미 엎질러진 물인데, 울면 뭐합니까?"라고 말했다. 그리고 뭔가 해야 한다면, 자신에게는 단지 "몰락하는 문화의 지키지 못한 약속을 후세를 위해 기록했던 헬레니즘 시대의 작가처럼, 비망록"을 쓸 가능성만이 남아 있다고 말했다.[6]

그런데 하버마스의 낙관주의는 완강하게 유지되는 현 상태를 이념의 빛 속에서 견디게 만든다는 점에서 우파 헤겔주의자의 태도와 전혀 구분되지 않는 정당화적 사고로도 보인다. 2007년에 그는 유럽연합의 집행기구를 각국 정부들의 협의체로 만들려 했던 리스본 조약과 함께 초민족적인 통일의 원칙은 포기되고 유럽의 미래가 "신자유주의적 정통론의 의미에서" 결정될 것이라고 경고했다. 그러나 그는 새로운 규정집이 비준된 이후에는 이것을 "정치적으로 확립된 세계 사회로 가는 결정적인 발걸음"이라고 칭찬했다. 하버마스가 "다른 문화의 학습"에 대한 준비된 자세를 유럽의 공동 성장을 위한 전제로 제시했을 때, 그리고 덧붙여서 유럽인의 정치적 자기 이해는 "다른 대륙의 시민에 대한 비-멸시적인 구분 속에서"만 계속해서 발전할 수 있다고 논평했을 때, 그것은 무척이나 한가한 공자님 말씀처럼 들렸다. 이 대륙이 난민 유입의 증가에 대한 두려움 또는 나중에는 푸틴의 러시아에 대항하는 동원령을 통해서 서로 유착하리라는 것은 적어도 개연성이 있지 않았는가? 하버마스의 훈장으로 장식된 가슴에서 한 소련 장군의 가슴을 연상했던 좌파적 유럽 비판가 페리 앤더슨은 하버마스가 스스로 출세의 희생양이 되었다고 생각했다. 앤더슨은 2012년에 이렇게 썼다. "당대의 칸트 후계자로서 가장 높이 평가받음으로써 하버마스는 확고한 완곡어법으로 변신론을 주장한 현대의 라이프니츠가 될 위험을 자초했다. 이 변신론 속에서는 금융 규제 철폐의 부작용도 세계 시민적 각성에 기여하며, 서구는 민주주의와 인권이 보편적-인류적인 정당성을 얻는 궁극적 에덴으로 가는 길을 개척한다."[7]

헬무트 콜은 한때 하버마스가 구 연방공화국과 화해하는데 도움을 주었다. 1998년의 적-녹연정(사민당과 녹색당의 연정) 집권을 통해서 하버마스에게는 실질적으로 권력에 대한 접근이 허용되었다. 지금까지 좌파 사회민주주의자로 자처하는 하버마스는 대안 운동에서 생겨난 녹색당에 대해 언제나 의심의 태도를 보였지만, 그는 이 특권을 무엇보다도 한때 그의 청강생이었던 요슈카 피셔와의 친분 덕분에 획득했다. 그는 1980년대 중반부터 피셔와 느슨하게 연결된 대화 관계를 유지했다. 하버마스는 그의 공적인 영향력에도 불구하고 오랫동안 자신을 좌파의 언더독unerdog이라고 느꼈다. 그러나 1999년 힐데가르트 함브뤼허가 그에게 테오도어 호이스상을 수여했을 때, ㅡ이것은 어떤 비평가가 그의 논의-이론적 법철학을 "무정부주의적"이라고 표현한 지 10년 만이었다ㅡ 그는 자신이 "우리 사회의 중심"에 도달했음을 알았을 것이다. 그는 같은 해에 외무부 장관 피셔의 측근으로서 코소보에서의 나토 개입을 옹호했다. 2001년 여름, 그들은 공동으로 유럽 헌법을 위한 캠페인을 벌였다. 하버마스는 그로부터 4개월 뒤의 평화상 수상을 자신의 공적 경력의 정점이라고 생각했다. 그때『프랑크푸르트 알게마이네』는 그를 "팝스타"라고, 그리고『차이트』는 "연방공화국의 헤겔"이라고 불렀다. 그는 내게 자신을 "국가철학자"로 생각한 적이 없다고 힘주어 말했다. 하지만 당시에 전체 연방 내각이 그의 수상을 축하하기 위해서 파울교회에 참석했었다는 데에는 만족감을 숨기지 않았다.[8]

그후 그의 정치권과의 연결은 다시 느슨해졌지만, 하버마스를 읽었고 그의 이론에 따른다는 고백은 아직도 지도적인 사회민주주의자들에게 당연한 일에 속한다. 프랑크발터 슈타인마이어는 의사소통의 힘에 대한 그의 신념을 통해서, 가장 명확하게 논의 이론적인 전통 속에 서 있다. 지그마 가브리엘은 사민당 당수이자 외무장관으로서 규칙적으로 하버마스의 조언을 구했다. 그리고 2023년,

올라프 숄츠는 『쥐트도이체 차이퉁』과의 여름 인터뷰에서, 오늘날 자신은 유조Juso* 시절에 "탐독했던" 마르크스주의 이론에서 시작할 수 없다고 고백했다. 그러나 그도 이런 의미 전환을 하나의 결정적 지점에서는 유보했다. "그러나 그때나 지금이나 내가 많은 것을 얻을 수 있는 하버마스는 예외이다."[9]

◆

전쟁에 대하여

이제 아흔을 훌쩍 넘긴 하버마스는 2022년 2월에 발발해서 지금까지 계속되고 있는 우크라이나 **"전쟁에 대하여"** 두 번에 걸쳐 공적으로 발언했다. 거기서 그는 핵전쟁의 위험성을 경고했고, 러시아와의 협상을 강조했으며, 독일 사회에 전쟁 불사의 감정적 분위기가 고조되는 것에 우려를 표명했다. 이 소극적인 발언 직후 하버마스는 독일 공론장으로부터 엄청난 비판을 받았다. 그러나, 지은이에 따르면, 전쟁에 관한 하버마스의 입장은 칸트가 말한 "세계 시민적 상태" 또는 바이츠제커가 주장했던 '세계 내부 정치'의 개념에 기초하고 있다. 하버마스는 2003년에 미국이 국제법을 어기고 이라크에 대한 보복 전쟁을 벌인 것을 신랄하게 비판했다. 하버마스는 전후 독일의 민주화에서, 그리고 세계의 인권 정치에서 미국의 규범적 권위를 굳게 신뢰했던 철학자였다. 따라서 2003년의 미국의 배신은 하버마스에게 큰 충격을 주었다. 그는 이때부터 미국 일방주의를 견제할 수 있는 균형자로서의 새로운 유럽과 자립적인 외교정책을 부르짖기 시작했다. 그러나 그 후 20년이 지난 현재를 보면, 유럽인들은 여전히 나토라는 미국의 보호막 아래서 안전을 도모하고 있고, 유럽의 자립적 외교정책도 존재하지 않으며, 미국이 세계 인권의 전위대로 복귀하기를 바랐던 하버마스의 희망도 거의 실현되지 못하고 있다. 노년의 하버마스가 세계 내부 정치의 가능성에 대해 비관적으로 된 것 같다고 말하는 펠슈의 목소리에는 서글픔이 배어 있다.

하버마스는 이미 『쥐트도이체 차이퉁』에 우크라이나 전쟁에 대한 입장을 표명하여 독일연방 수상 올라프 숄츠의 입지를 강화했다.[*] 마지못한 무기 증여와 러시아 가스의 지속적인 공급 중단으로 인해서 2022년 봄, 독일의 미래 국제정치적 역할 —말하자면 정체성— 에 대한 논쟁이 불붙었다. 하버마스는 숄츠의 소극적 태도를 긴장 고조를 피하는 전략이라고 옹호했다. 그는 핵전쟁의 위험성을 경고했고, 푸틴이 어떤 시점에서부터 서구 동맹국들을 전쟁 상대로 간주할 것인가를 결정할 수 있는 "비대칭적 우위"를 가지고 있다고 지적했으며, 2023년 초의 두 번째 기고문에서는 우크라이나에 대해 군사 지원을 하는 동시에 러시아와의 협상을 강요하라고 요청했다. 그러나 그는 무엇보다도 "도덕적으로 분노한" 독일의 공론장을

[*] 이 문장은 앞 장의 마지막 부분에 나오는 올라프 숄츠 인터뷰와 연결해서 읽어야 의미가 통한다.

비판했다. 그것은 하버마스가 보기에 "역사적으로 비동시적인 여러 심리 상태의 혼란"에 기인한다. 2차 대전 이후 독일에서는 "국제적 갈등은 원칙적으로 오직 외교와 제재 조치를 통해서만 해결할 수 있다"는 "포스트 영웅주의적" 의식이 이미 형성되었다. 그러므로 "시대전환"이라는 수사법은, 특히 전쟁을 잊은 [독일의] 젊은 세대를 —러시아 침공의 압력 때문에 역사적으로 국가 형성의 초기 단계로 퇴보한— 우크라이나인들의 희생정신 및 승전 확신과 일치시키는 것은 하버마스가 보기에 힘겹게 달성한 문명적 표준을 곡해하고 위협하는 일과 같았다.[1]

하버마스는 그의 두 기고문을 통해서 분노의 폭풍을 불러일으켰다. "비굴한 태도", "긴장 고조 공포증", 그리고 "자제하라는 설교 조의 호소" 등의 표현이 등장했다. 미국의 역사가인 티모시 스나이더에 따르면, 하버마스는 "1970년대 서독의 감상적 관점에서" 논증했다. 전 우크라이나 대사이자 외무 차관이었던 안드리 멜니크는 "독일 철학의 수치"에 관해 트윗하면서, 칸트와 헤겔이 "수치심 때문에 무덤에서 돌아누울" 것이라고 말했다. 하버마스가 젤렌스키의 능수능란한 미디어 활용이 조작된 것은 아닌가를 의심했기 때문에, 스나이더는 심지어 그를 반유대주의라고까지 비난했다.** 좀

** 젤렌스키가 유대 혈통이라는 사실은 잘 알려져 있다. 그리고 매스미디어를 유대인이 장악하고 있다는 속설이 있다.

더 진중한 비평가들은 하버마스가 동유럽의 정치적인 시도들에 대해 언제나 비우호적이었음을 지적했고, 푸틴이 아무런 협상 태세도 보이지 않고 있기 때문에 하버마스의 제안은 비현실적이라고 비난했다. 『FAZ』의 문화 면에서 시작해 이민 시대를 겪은 좌파의 트위터 말풍선에 이르는 정치적 스펙트럼 전체에서, 하버마스가 새로운 세계 상황을 외면한 채, 구 연방공화국의 자기 관계적인 "국가 평화주의"에 사로잡혀 있다는 비난이 무성했다.[2]

사실 평화주의적인 의도는 하버마스의 사고와 행동에서 언제나 일정한 역할을 수행했다. 그는 1950년대에 독일군의 핵무장에 반대하는 시위에 참여했고, 1960년대에는 베트남 전쟁에 반대하여 연단에 섰으며, 1980년대에는 비록 인간 사슬에 들어가지는 않았지만, 시민불복종에 대한 민주주의 이론적 변호를 통해서 '나토의 이중결정'***에 대한 항의를 정당화하는 데 한몫을 하였다. 그는 1979년의 인터뷰에서 "전쟁 체험이 나를 평화주의자로 만들었다"라고 천명했다. 그는 원칙적으로 1989년의 대전환 이후에도 "세계사의 범주로서 전쟁의 무용성"에 대한 신념을 견지했지만, 새로운 지정학적 상황 속에서 좀 더 분화된 입장에 도달했다. 우크라이나 전쟁의 사례에서와 마찬가지로, 그는 1991년의 제2차 걸프전에서도 독일의 "자제自制의 정치"를 주장했다. 그 당시 사담 후세

***　　　두 부분으로 이루어진 1979년의 나토 결정이다.

인에 대항한 동맹을 독일 전투기의 걸프만 파견을 통해서가 아니라, 재정적 수단을 통해서 지원하려 했던 것은 헬무트 콜이었다. 하버마스는 사담을 히틀러에 비유한 한스 마그누스 엔첸스베르거의 견해를 정치 분석가로서 인정되기 어려운 지식인의 "말도 안 되는 주장"이라고 보았다. 그러나 그는 "무조건적인 평화주의의 입장"도 토론할 가치가 없다고 보았다. 그는 특히 사담이 스커드 미사일로 "화장터"로 변모시키겠다고 협박했던 이스라엘에 대한 무조건적인 지원을 요구했다. 하버마스는 한 달 뒤 '사막의 폭풍' 작전 —유엔UN의 위임을 득한 이라크 개입으로서 그 정당성 자체에 대해서는 어떤 의심도 할 수 없는 작전— 이 개시된 이후 『차이트』에 "전쟁보다 더 나쁜 악이 있을 수 있다"고 썼다. 하버마스가 우크라이나 전쟁에 연관해서 설정한 다음과 같은 제한은 바로 이 명제에서 나온다. 즉 전쟁이라는 폭력 수단에 대한 의심은 '독재에 의해 억압된 삶'의 대가를 징수해야 하는 곳에서 멈춘다.[3]

그후 독일에서 논쟁의 지형이 얼마나 변화했는가는 무엇보다 당시 그의 입장에 대한 가장 격한 비판이 평화운동에서 나왔다는 점에서 드러난다. 『차이트』에 투고된 많은 독자의 편지 중 하나는 "1968년에 하버마스는 아직 베트남에서 미 제국주의의 특성을 인식"했었지만, "지금, 즉 1991년에 그는 걸프에서의 이 전쟁이 단지 미국 자본주의의 전략적 이익을 옹호하는 데에만 기여한다는 사실을 보지 못한다"고 주장했다. 그러나 하버마스는 정치적 파워

게임을 간파하지 못할 만큼 순진하지 않았다. 즉 그는 1990년의 일방적인 국면에서 미국 외교정책의 특징인 "인도적인 헌신성과 제국주의적 권력 논리의 혼합"이 새로운 지구적 질서로의 도약을 촉발할 수 있다는 희망을 품었다. 그는 걸프전이 진행되는 동안에 이미 서구가 "오늘날 아직도 유엔이 갖지 못한 경찰력으로서 중립적인 역할"을 해야 한다고 보았다. 그가 보기에, 냉전이 끝난 이후에 비로소 칸트가 18세기에 말했던 저 "세계 시민적 상태"를 실현할 시간이 도래했다. 다시 말하면, 세계적 차원에서 고전적인 국제법을 뛰어넘는 인권의 정치를 제도화할 때가 되었다.[4]

1999년 초에 『차이트』에 실린 다른 기고문에서 하버마스는 러시아의 비토로 인해서 동맹국들이 유엔의 결정에 근거할 수 없었음에도 실행된 나토의 코소보 개입 —그와 함께 독일연방방위군의 첫 외국 파병— 에 대해 동의했다. 이 기고문에서 그는 질서 유지를 위해서, 세계 정부가 아니라, 단지 행동력 있는 안전보장이사회와 덴하흐의 새로운 국제사법재판소, 그리고 국제적인 경찰대의 협력만이 요구되는 "전적으로 법제화된 세계주의적 질서"의 시나리오를 제시했다. 전통적인 "신념적 평화주의"와 달리, 위와 같은 질서에 근거하는 "법적 평화주의"는 정치의 도덕화를 목표로 삼지 않는다. 왜냐하면, "인권에 대한 침해는 도덕적 관점에서 판정되고 거부되는 것이 아니라 범죄행위처럼 국가의 법적 질서 안에서 단죄되어야 하기 때문이다." 하버마스는 걸프전 동안에 이미 카를 프리드리히 바이츠제커가 1960년대에 만들어 낸 "세계 내부 정치 Weltinnenpolitik"의 개념으로 되돌아갔다. [세계] 내부 정치의 우위는 그가 보기에 새로운 지구적 시대에도 타당성을 지녔다.[5]

이때 하버마스를 비판한 것은 단지 평화주의 진영만이 아니었다. 하버마스는 국제기구의 전권 행사에 대한 그의 변호에서 나토가 코소보에서 유엔의 승인 없이 작전을 벌였다는 사실을 마치 대수롭지 않은 결함인 것처럼 의도적으로 눈 감아 준 듯 보였다. 그의 동료 라인하르트 메르켈은 『차이트』에서 베오그라드에 대한 폭격은 "도저히 정당화할 수 없는 일"이라고 반박했다. 법학자 디터 지몬은 "근본적 범죄인 전쟁의 참혹성"을 외면한 "계몽적 보편주의의 선교 열정"을 고발했다. 평화연구자 루츠 슈라더는 하버마스가 녹색당 출신 외무 장관과의 친분 때문에 판단력이 흐려졌다고 추정했다. 한편 세르비아 쪽을 지지했던 페터 한트케는 하버마스의 선택을 다름 아닌 "맹목적 분노의 폭력에 대한 옹호"라고 보았다.[6]

오늘날의 시점에서 우리는 적어도 한 가지는 분명히 말할 수 있다. 냉전 이후 독일이 국제적인 군사적 간섭에 참여할 것인가의 문제에서, 하버마스는 1999년 코소보 사례뿐 아니라, 모든 다른 경우에서도 당시 연방 정부의 노선을 지지했다. 이런 점에서 그는 진정 국가 중심의 사상가임이 드러난다. 그는 9.11 테러 이후 1년 반 뒤인 2003년 3월, 미국과 영국 지상군의 이라크 침입으로 시작된 제3차 걸프전에 대해서도 같은 태도를 보였다. 그 직전에 독일과 프랑스는 "의지의 연합"에서 탈퇴했다. 도널드 럼즈펠드는 이에 대해 "늙은 유럽"이라고 비난했다. 4월에 바그다드가 점령된 후에, 하버마스는 『FAZ』에 참담한 대차대조표를 제시했다. 그는 CIA의 고문 방법, 관타나모에서의 제네바 협정 위반, 그리고 부시 행정부가 사담 후세인과 오사마 빈라덴의 결탁을 만들어 내기 위해 사용했던 정보 조작 활동을 언급했다. 그러나 그가 보기에 가장 심각했던 것은 미국의 공격전이 보여 준 국제법 위반이었다. 하버마스는 9.11 테러보다 훨씬 이전에 전개된 "부시 독트린"에서, 초강대국의 냉소주의 이상의 것, 즉 "1년 반 전에는 생각할 수 없었던" 타당한 법률 원칙들과의 단절이라는 미국 외교정책의 혁명적 전환을 보았다. "속지 말자. 미국의 규범적 권위는 산산조각 났다."[7]

평생 미국을 규범적 권위로 생각했던 사상가가 자신의 입으로 이 문장을 말하는 것은 결코 쉽지 않았을 것이다. 하버마스는 쌍둥이 빌딩에 대한 공격이 있은 지 2개월째인 2001년 10월, 뉴욕 대학에 갔다. 그때 하버마스는 아직 악몽에서 벗어나지 못한 이 대도시에서 "어쩐지 과거의 체류 때보다 낯설다는 감정을 느꼈다." 세계 개방성, 즉 그가 1960년대에 처음 경험했던 "이방인에 대한 이 인상적인 관대함"은 이제 전반적인 불신에 자리를 내어 준 것처럼 보였다. "그곳에 함께 있지 않았던 우리가 지금 무조건적으로 그들 편에 설 것인가?"[8]

하버마스가 여기서 처음 기록했던 교호적인 소원함은 그

가 보기에 뒤이은 사건의 경과 속에서 서구의 분열을 초래했다. "테러에 대한 전쟁"과 함께 그의 정치적, 철학적 지리학은 혼란에 빠졌다. 하필이면 독일이 서구 문명에 접속하는 데 도움을 주었던 나라가 서구의 정신과 절연했다는 사실은 그의 삶에서 커다란 지적 파국으로 간주되어야 한다. 유럽의 통일은 이를 통해서 전적으로 정치적인 생존 문제의 차원을 획득했다. 2003년 2월, 미국의 이라크 침공 직전에 다수의 유럽 수도에서 발생한 ―"제2차 세계대전 이후 최대였던"― 시위에서, 하버마스는 여전히 희망적으로, 럼즈펠드가 이미 역사의 쓰레기 더미 속에서 보았던 저 "늙은 유럽"의 자기주장을 찾을 수 있다고 생각했다. 얼마 후, 그가 과거의 차이에도 불구하고 자크 데리다 및 다른 유럽 지식인들과 공동으로 발표했던 선언은 유럽인들에게 전적으로 자신들의 비미국적인 공통성을 숙고하라고 요청했다. 그리고 미국의 "헤게모니적 일방주의"에 대한 균형자로서, "상징성이 풍부하고 또 의식 형성적인" 유럽의 외교정책 정립을 위한 제도적 전제를 마련하라고 요청했다.[9]

그로부터 20년이 지난 오늘날, 자립적인 유럽 외교정책은 존재하지 않는다. 러시아의 공격에 대한 유럽인들의 반응은 바로 나토라는 미국의 보호막 아래서 자신의 안전을 꾀하는 것이었다. 그리고 욤키푸르 전쟁**** 이래 최대의 중동 위기에서도 유럽연합은 이렇다 할 정치적 역할을 할 수 없다는 것이 드러났다. 미국이 "다시 기관차로서 운동의 선두에" 서고, 또 인권정책의 전위대로서 활동할 수 있으리라는 —하버마스가 2003년에 표명했던— 희망도 거의 실현되지 못했다. 오바마의 변덕스러운 외교정책도 트럼프의 중구난방식 대통령 직무 수행도 내적 위기에 시달리는 초강대국의 이미지를 개선하기에는 적합하지 않았다. 2023년 11월, 내가 이 글을 쓰고 있는 동안 공화당 급진파가 지배하는 미국 하원은 우크라이나에 대한 임박한 무기 공급을 차단하는 한편, 이스라엘에 대한 군사 지원 승인을 과감한 국내 정치에서의 양보와 연계시키고 있다.[10]

하버마스는 2023년 초에 러시아와의 협상을 요구하면서 "바이든 행정부는 시간이 별로 없다"라고 썼다. 그에게 미국인들은 이미 믿음직한 파트너가 아니게 된 지 오래다. 우크라이나 전쟁에 관한 하버마스의 논평에서 주목해야 하는 부분은 —열띤 논쟁이 시사하는 바와 달리— 종종 오해되는 것처럼 평화주의나 패배주의가 아니라, [자신이] 세계 내부 정치의 가능성에 대한 신념을 완전히 상실했다는 그의 암묵적인 고백이다. 과거에 그가 그런 우려를 전혀 하지 않았던 것은 아니다. 그는 이미 1999년에 이렇게 썼다. "만약 앞으로 다른 지역 —예를 들면 아시아— 의 군사동맹이, 지금까지와 전혀 다른 제 나름의 국제법이나 유엔 헌장 해석에 기초하는

***

무장된 인권정책을 수행한다면, 과연 어떻게 될까?” 이런 상황은
적어도 러시아의 관점에서는 이미 등장했다. 하버마스도 이제 분명
히 “전체”를 대변할 수 있는 세력을 인정하지 않는다. 그는 2023년
에 영국 잡지 『그란타Granta』와의 인터뷰에서 이렇게 말했다. “포스
트 식민적으로 계몽된 관점에서, 서구는 이제 더 이상 큰 목소리로
—스스로 위반한— 인권 질서에 규범적으로 호소하여, 인도, 브라
질, 남아프리카 같은 중립 세력이 단호하게 서구의 우크라이나 지
원에 동참하도록 만들 수 없다.” 전쟁범죄자 푸틴을 덴하흐로 보내
라는 요구는 하버마스가 보기에 이제는 소박한 감정 윤리학의 표현
에 불과해 보인다. “지금 우리의 아이와 손자들의 삶을 뒷받침하고
있는 문화적 자기 이해의 토대가 얼마나 망가졌는지 모른다. 심지
어 보수적 언론조차, 러시아와 중국, 그리고 미국도 인정하지 않는
국제사법재판소의 검사들을 거론하고 있으니 말이다.”[11]

　　　　다른 사람도 아닌 하버마스, 즉 아날레나 배어보크[*****]
세대가 현재 자신의 토대로 삼고 있는 규범적인 지침을 만드는 데
기여한 하버마스가 이런 비판을 한다는 사실은 1990년 이후 좌표계
가 얼마나 변화되었는가를 명백하게 보여 준다. 오늘날 그는 자신이
평생 깊은 적대감으로 대했던 저 “철저한 현실주의자”처럼 말하고
있다. 그는 과거에 사람들이 자신의 말을 진지하게 받아들인 것을

거의 놀라워하고 있는 듯하다. 레오 스트라우스는 1964년, 하버마스에게 이렇게 썼다. "보편적인 사회민주주의가 오늘날 인류가 존속할 수 있는 유일한 길이라고 인정한다 해도, 우리는 이 민주주의의 적들, 즉 러시아와 중국의 힘을 간과하지 말아야 합니다." 60년 뒤인 오늘날, 하버마스는 이 경고를 후세에게 전달하는 데서 자신의 역할을 찾는 것일까?[12]

◆

보편적인 지역의 사상가

이 마지막 장에서 지은이는 첫 번째 하버마스 방문 이후 약 1년 반 뒤인 2023년 9월에 이루어진 두 번째 방문을 소개하면서 책을 끝맺는다. 두 사람이 재회했을 때, 첫 번째 화제는 역시 우크라이나 전쟁이었다. 하버마스는 독일 공론장에서 활개를 치는 "전쟁 정서"에 대해 우려하면서, 미국 정치 제도의 쇠퇴 그리고 그와 연관된 서방의 몰락이라는 우울한 시나리오를 제시했다. 이날, 하버마스는 우크라이나 전쟁에서 미국과 우크라이나 지원 동맹의 후퇴를 예측했고, 동시에 유럽이 지구적 영향력을 가진 주체가 되리라는 기대도 버린 것처럼 보였다. 그는 체념 섞인 어조로 "그 모든 것은 과거"라고 말했다. 그러고는 자신이 겪었던 생애를 되짚어 보는 데 열중했다. 그리고 마지막으로 하버마스는 자신의 일생일대의 행운은 "중요한 유대 지성인들을 많이 만난 것"이라고 말했다. 지은이는 집으로 돌아가는 버스에서 하버마스가 이 말로써 자신의 모든 것을 요약했음을 깨닫는다. 그렇다! 하버마스의 일관된 보편주의적 사회이론은 곧 나치즘과 인종학살이라는 독일 사회의 극단적 특수성과 동전의 양면을 이루고 있다! 철학자 하버마스 전체를 관통하는 한 가닥의 붉은 실은 결국 독일의 특수적인 상황 속에서 민주주의의 보편적 가치를 보존하는 새로운 민주공화국을 실현하려는 끊임없는 모색이었다. 그런 의미에서 철학자 하버마스는 카를 야스퍼스처럼 보편과 특수의 극단적 긴장 속에서 사유했던 **보편적인 지역의 사상가**였던 것이다.

2023년 9월, 나는 —첫 방문 후 약 1년 반 만에— 슈타른베르크를 다시 찾았다. 이번에는 철도 선로 작업 때문에 가우팅 Gauting에서 버스로 갈아 탔다. 국도로 가는 길은 훨씬 더 오래 걸렸다. 우리는 숲과 무성한 목초지를 가로지르며 달렸고, 기능성 복장을 갖춰 입은 산악자전거 동호인들을 추월했으며, 최초의 부유한 뮌헨 시민들이 19세기 말부터 정착했던 오래된 고급 저택 지역을 거쳐 [숲이 우거진] 슈타른베르크로 향했다. 매혹적인 '유겐트슈틸'*의 저택들 사이로 노출 콘크리트와 낙엽송 목재로 만든 근사한 현대적 방갈로들이 보인다. 독일 어딘가에 축복받은 세계가 있다면, 그곳은 바로 여기일 것이다.

차를 준비하면서 주방에서 가벼운 담소를 나누고, 이어서

---

* 19세기 말에서 20세기 초에 걸쳐 유럽 예술계를 풍미한 '아르누보' 양식에 대한 독일식 명칭이다. 1896년 뮌헨에서 창간된 미술 잡지 『유겐트』에서 유래했다.

사교社交가 논의로 전환되는 소파를 향해 이동하며 대화하는 일련의 의례를 나는 이미 알고 있다. 집중적인 하버마스 책 읽기는 여러 의문을 갖게 했다. 그러나 무엇보다 나는 지난번의 대화가 뇌리를 떠나지 않았다. 그때 대화의 끝무렵에서 철학자는 독일의 전쟁 논쟁에 대해 당혹감을 표시했었다. 당시에 우리가 거론했었던 그의 동년배 엔첸스베르거와 발저는 그사이에 세상을 떠났다. 그동안 독일인의 정신세계의 변화는 계속 진행된 것 같다. 마치 하버마스의 최악의 두려움을 예증이라도 하듯, 작가인 라이날트 괴츠는 "1914년 8월의 역사적 순간을 현실적으로 다시 감지"할 수 있다고 썼다. 그리고 "집단적인 전쟁 준비 태세, 당시 사람들은 그 순간을 이렇게 체험했고, 그렇게 그들은 ―지금 암시적으로 재등장한 것과 같은 분위기를 타고― 전 유럽에서 대전쟁[1차 대전]으로 치달았다"라고 덧붙였다. 한편 사민당의 국방부 장관은 "유럽에서의 전쟁"이라는 끔찍한 유령을 언급했는데, 거기서 그는 어쩌면 심지어 독일 영토에서의 전쟁까지 생각했다. 그는 독일연방군뿐만 아니라 독일 사회도 "전투력"을 유지해야 한다고 말했다.[1]

이에 반해 하버마스는 증가하는 절망감과 더불어, 러시아와의 분쟁에서 정전 협정을 위한 노력과 협상을 통한 해결의 시도가 필수적이라는 신념을 견지하고 있다. 그는 독일 공론장의 "전쟁 정서"를 거대한 범위의 지정학적 균열을 초래할 수 있는 치명적인 전략적 착오의 배경음악으로 인식한다. 내가 그에게 지금, 즉 2023년 가을에 독일연방 수상에게 어떤 조언을 하겠느냐고 묻자, 그는 서방의 몰락이라는, 그가 보기에는 미국의 정치 제도의 쇠퇴와 분리되지 않는 침울한 시나리오를 제시했다. 그는 미국 사회의 분열과 "미국 정당 제도의 해체"에 대해서 이야기했다. 그리고 이런 상황은 트럼프 이후에 결코 무시할 수 없게 되었지만, 사실 1990년대 후반의 증대하는 양극화 속에서 이미 예고되었던 것이라고 말했다. 그는 미국 정치 제도의 동요를 매우 엄중하게 바라보고, 그래서 그 정당성이 거시적으로 보면 이미 손상되었다고 생각한다. 그리고 그는 자신의 아내 ―이번에도 그녀는 중간에 우리의 대화에 참여했다― 가 이미 오래전부터 그에게 미국을 "이상화"한다는 비판을 했다고 말한다. 하지만 그는 고통스러운 과정을 거쳐서 이런 태도를 극복했음이 분명하다. [우리의 첫 만남으로부터] 1년이 지난 오늘, 그의 리복 운동화가 이미 그리 멋져 보이지 않는다는 사실은 내게 하나의 상징적인 의미로 다가왔다.[2]

우크라이나에 관해서, 그는 전쟁이 미 대선에서 바이든에게 국내 정치적으로 부담이 되는 즉시, 미국은 슬슬 후퇴할 것으로 예측했다. 그리고 그로 인해 초래된 우크라이나 지원 동맹의 붕괴는 결과적으로 서방의 마지막 남은 ―겨우 유지하고 있는― 정치적 신뢰와 권위를 무너뜨릴 것이라고 우려했다. 하버마스는 유럽이 앞으로 "전 지구적으로 영향력 있는 행위자"로 변모할 것이라는 생각에 대해서도, 적어도 이와 연관된 에마뉘엘 마크롱의 제안이 무산

된 이후에는, 신뢰하지 않는다. 이것은 그의 세계 시민적 관계에 대한 한때의 희망에도 적용된다. "그 모든 것은 과거입니다." 그러고 나서 그는 우리의 대화를 잠시 중단시킨 한 문장을 말했다. 즉 자신의 삶을 이루고 있는 모든 것이 지금 "조금씩 조금씩" 사라져 가고 있다고 말했다. 그는 자신이 지금과 같은 투사가 된 것은 그때마다 뭔가 더 잘 알고 있다고 생각하는 사람들의 오만에 대항해 싸웠기 때문이라고 말했다. "그런 이상주의를 회고하면서 조롱하는 것은 너무 천박합니다. 모름지기 훌륭한 현대사 학자라면 역사를 단지 냉소적으로 실망스러운 결과로부터만 서술하지는 않습니다." 마지막 이상주의자인 하버마스를 이렇게 숙명론자로서 체험하는 것은 당혹감을 자아낸다. 결국 그에게는 후세에게 "자신의 몰락하는 문화의 지키지 못한 약속"에 대한 기억을 전달해 주는 "헬레니즘 시대 작가"의 역할만이 남겨져 있는 것일까?[3]

그는 다시 [자기] 생애의 일화들을 되짚어 보는 데 열중한다. 마치 모든 것이 1990년대 말의 지정학적 환상보다 훨씬 더 가까이 놓여 있다는 듯이, 그는 민주주의가 도대체 어떻게 작동하는지 알기 위해 "책을 읽어야" 했던 전후 시기, 에른스트 블로흐조차 초라하게 만든 게르숍 숄렘의 압도적 존재감, 에른스트 놀테를 반박하는 기고문이 발표된 후의 두려운 기다림, 그리고 노스웨스턴 대학에서의 자크 데리다와의 대화 —이때 두 사람의 우호적 분위기는 이전의 논쟁에 조금도 영향을 받지 않았다고 한다— 에 대해서 이야기했다. 그리고 그는 "미국에서, 이스라엘에서, 그리고 물론 독일에서 중요한 유대 지성인들을 많이 만났던 것"을 자신의 인생의 "행운"으로 간주했다.

　　　　방문을 마치고 다시 가우팅행 버스에 앉았을 때, 나는 하버마스가 위 문장 하나로 모든 것을 요약했다는 것을 깨달았다. 그가 1950년대에 사회연구소에 들어간 이래로, 그는 유대인 생존자들의 관점이 독일 철학의 미완성 프로젝트를 계승하기 위해서 필수 불가결한 기준점이라고 생각했다. 그가 독일 사상가로서 발전시킨 의사소통과 현대 사회에 대한 이론은 물론 무장소성과 무시간성을 특징으로 한다. 즉 그가 재구성한 상호이해의 규범들은 보편적 성격을 갖는다. 그것은 ―모든 근대적 사회에서 보이듯이― 의사소통적 행위를 제도적 외피 속에서 박제화시키려 했던 합리화의 과정에 대해서도 타당하다. 하지만 하버마스는 다른 한편으로 그의 언론·출판을 통한 개입을 통해서, 독일 사회가 하나의 특수 사례를 드러내며, 도덕적 파국을 통해서 비로소 근대의 길로 들어섰고, 그것을 위협하는 최대 위험은 근대화의 부수 효과에 의해서가 아니라, ―가장 최근에 아우슈비츠로 귀결되었던― 저주받은 전통의 부활에 의해서 시작된다는 것을 계속 상기시키지 않았던가? 그는 공공적 지식인으로서 끊임없이 이 나라에서 보편주의가 실현될 수 있는 특수한 상황을 연구하지 않았던가? 바로 거기서 그의 세계 시민적 이성의 독일적 버전, 이론과 실천 간의 모순, 마지막으로 자신의 입장을 유대인과의 대면을 통해서 확인할 필요가 나왔다. 아마도 하버마스를 그의 시대와 가장 강하게 연결했던 바로 그것이 시대를 초월한 하버마스의 유산을 제시하고 있다.

감사의 말

나는 주어캄프 문화의 "근위대Musketiere"에 대해 알려 준 아르노 비트만, 영리한 작전 계획을 세워 준 크리스틴 로터, 나의 글에 대한 열정을 보여 준 크리스티안 제거, 친절한 도움을 준 프랑크푸르트 암마인대학 도서관 문서보관소의 올리버 클레펠과 슈테펜 뢰퍼, 비판적으로 읽고 귀중한 제언과 격려를 해 준 마르틴 바우어, 안드레아스 베르나르트, 다비트 횐, 야엘 뢰베니, 틸만 슈펭글러, 그리고 의심스러워하면서도 이 책을 내는 과정에서 아무런 이의도 제기하지 않았던 하버마스에게 고마움을 느낀다.

옮긴이의 말

여기에 소개하는 필리프 펠슈Philipp Felsch의 책 *Der Philosoph: Habermas und Wir*는 한마디로 표현하면 독일 현대사와 긴밀히 교차하면서 전개되어 온 위르겐 하버마스의 삶과 사상을 22개의 영롱한 에세이로 다채롭게 풀어낸 문화사적 초상화다. 이 초상화에 제목을 붙인다면 아마도 '보편을 열망한 지역의 사상가'일 것이다.

　　지은이는 2022년 봄에 독일 뮌헨 슈타른베르크에 있는 하버마스의 자택을 방문했다. 지은이는 이 첫 인터뷰에서 받은 강렬한 인상 때문에, 하버마스에 관한 책을 쓰려고 결심했다. 문화사가인 지은이는 하버마스라는 '위대한 철학자Der Philosoph'의 삶과 사상이 전후 독일공화국의 역사적 발전 과정에 결정적인 영향을 미쳤고, 하버마스의 존재와 전후 독일의 역사는 불가분의 관계에 있음을 간파한다. 그래서 '하버마스와 우리Habermas und Wir'라는 부제목에는 하버마스에게 바치는 지은이의 깊은 존경과 애정이 배어 있다. 철학도 문학도 역사도 아니면서 동시에 그 모든 요소를 포함하는 이 책의 서술 방식은 독보적이다. 책을 읽으면서 독자는 전후의 신생 독일연방공화국을 나라다운 나라, 인간적인 공동체로 만들려고 분투했던 한 철학자의 삶과 사상에 빠져든다.

지은이인 필리프 펠슈는 하버마스라는 철학자의 초상을 그가 살았던 지역, 즉 독일 및 유럽의 역사적 특수성 속에서, 동시에 하버마스의 학자적 삶에서 벌어졌던 무수한 내적, 외적 사건들을 통해서 그린다. 이 초상 속에는 여러 세대를 풍미했던 하버마스의 삶과 철학 그리고 시대적 발언들이 이곳저곳에 아로새겨져 있다. 거기서 독자는 한 사람의 고고한 학술적인 철학자가 아니라, 시대의 문제를 고민했던 이웃집 철학자와 만나는 듯한 착각마저 느끼게 된다. 필리프 펠슈가 그려 내는 이 철학자의 초상화는 세밀하면서도 선명하다. 하버마스는 아우슈비츠 이후의 독일이 '정신적 재건'을 이루기 위한 필수적 조건으로서 '의사소통적 이성'을 연구한 철학자이고, 더 나아가 그 토대 위에서 신생 독일연방공화국을 자유롭고 민주적인 공동체로 만들기 위해 고군분투했던 공적 지식인이다. 그의 메시지는 '의사소통 행위'로 귀착된다. 그러나 의사소통과 합의에 근거한 자유로운 공동체라는 하버마스의 이상은 지금 상당히 빛이 바랜 것은 아닐까?

필리프 펠슈(1972년생이니 올해로 53세)는 전문 철학자가 아니라, 문화사 연구자이다. 그는 소위 '이론의 시대'가 저물던 1990년대에 대학을 다녔고, 하버마스보다는 데리다, 푸코, 루만 같은 철학자들로부터 학문적 세례를 받았다. 그래서인지, 하버마스에 대한 지은이의 태도는 양가적이다. 한편으로, 지은이는 곳곳에서 하버마스라는 위대한 철학자이자 공적 지식인에 대한 존경심을 감추지 않는다. 그는 자신이 과거에 하버마스의 '이상적 담화상황' 개념을 오해했음을 인정하며, 공적인 논쟁에서 보인 하버마스의 탁월한 내공에 감탄하고, 하버마스를 구 독일연방공화국의 화신이라고 평가한다.

그러나 다른 한편으로, 지은이는 하버마스가 '국가철학자', '이성의 관료'라는 상찬과 비난을 받은 것이 전혀 터무니없는 것은 아니라고 생각한다. 또 소통과 합의의 이론가인 하버마스가 일상생활에서 보여 주는 다른 모습들을 폭로한다. 예를 들어, 막스플랑크연구소에서 근무할 때, 하버마스는 연구원들이 보기에 그렇게 소통과 합의의 가능성을 활짝 열어 두는 관리자가 아니었다. 마지막에 가서 지은이는 이제 하버마스의 시대가 저물어 가는 것 같다는 '비장함에 가까운 감정'을 토로한다. 2024년의 세계에서 돌아보니, 하버마스 이성적 기획은 모두 그리 성공적이지 못해 보인다. 마지막 인터뷰에서 하버마스는 의기소침해 보인다. 지은이는 묻는다. 하버마스의 시대 또는 '논의에 기초한 의사소통과 합의의 시대'는 정녕 저물어 가고 있는 것인가?

이제 이 책을 번역한 옮긴이의 간략한 소감으로 마무리해야겠다. 20세기 초, 미국 민주주의가 위기에 봉착했을 때, 존 듀이는 민주주의의 위기에 대한 해결책은 더 많은 민주주의라고 말했다. 나치즘의 죄책을 짊어진 독일의 철학자 하버마스는 민주주의의 기획을 실현하기 위해서 듀이보다 한 걸음 더 나아가서 '이상적 담화'라는 강력하지만 반-사실적인 장치를 마련해야 했다. 그런데, 21세기의 세계는 하버마스의 '이상적 담화'와 '논의' 및 '합의'에서 희망을 찾기에는 너무 엄혹하지 않은가? 소통을 근본적으로 차단하는 가짜뉴스와 알고리즘의 세계에서, 민주주의가 근본적으로 위협받는 현실에서, 우리는 과연 '자유로운 소통'에 의지할 수 있는가? 노년의 하버마스가 합리적 이상주의를 포기하고, 현실주의자(심지어는 숙명론자)가 된 듯하다는 지은이의 말에는 비애가 서려 있다. 물론 하버마스는 해결책을 제시하지 못했다. 그러나 옮긴이가 자신 있게 말할 수 있는 것은 하버마스가 발굴하고 구성한 '논의Diskurs의 자유로운 강제력'은 폭력 없이 인간과 세상을 바꿀 수 있는 유일무이한 힘이라는 것이다. 밤이 새벽을 이길 수 없듯, 어떤 왜곡도 우리의 소통을 끝까지 차단할 수는 없다는 믿음은 바로 지금 같은 시대에 절실히 필요하다.

　　　이 책을 구성하는 22개의 작은 에세이는 아무런 숫자 표시도 없는 대신, 본문의 내용을 암시하는 제목을 달고 있다. 하지만 제목만 보아서는 그 글에서 무슨 얘기를 하려는지가 잘 드러나지 않는다. 또 제목들은 본문의 내용과 연결되어 있지만, 작은 일화들로 가득 찬 본문을 읽다 보면 왜 그런 제목이 붙었는지 미처 알아채지 못하는 경우가 많다. 그래서 각 에세이 앞에 간략한 옮긴이 주를 추가해 이해를 돕고자 했다.

이 책의 번역을 내게 추천하고 어려운 시기에 물심양면으로 도와주신 이웃 엄태숙·한승완 부부 그리고 어려움을 무릅쓰고 인문학 출판에 매진하는 세창출판사와 난삽한 초고를 읽고, 세심한 교열과 적극적 조언을 아끼지 않은 정조연 편집자에게 진심으로 깊은 감사를 올린다. 물론 이 번역본에 아직 남아 있을 모든 흠결은 모두 옮긴이의 책임이다.

2025년 6월의 어느 여름날
옮긴이 정창호

◆ 슈타른베르크에서의 어느 오후

1   주석의 수를 가급적 줄이기 위해서, 여러 개의 인용 문헌을 하나의 주에서 병기
     한다. 본문에서의 순서에 따라서 먼저 원문 인용과 직접 참고한 문헌이 나오고,
     이어서 다른 참고문헌들이 순서대로 나온다. Niklas Maak, Die absolute Form
     und die Geschichte. Betrachtungen zum Haus Habermas, in: *Zeitschrift für
     Ideengeschichte*, 15 (2021) 3, 102. 프루트룽크의 그림에 대해서는 Peter Iden,
     Alles Linke auf seine Kappe. Ein Gespräch mit Jürgen Habermas — aus Anlaß
     seiner Auszeichnung mit dem Adorno-Preis, in: *Frankfurter Rundschau*, 11. 9.
     1980 참조.

2   Jürgen Habermas, Zur Veröffentlichung von Vorlesungen aus dem Jahre
     1935, in: ders., *Philosophisch-politische Profile*, Frankfurt a. M. 1987, 69. 비
     판이론 신봉자들이 선호한 주거 방식에 대해서는 Karl Heinz Bohrer, Sechs
     Szenen Achtundsechzig, in: *Merkur*, Nr. 708 (2008), 412 참조. 한 시대의 종말
     에 대해서는 Stefan Müller-Doohm, *Jürgen Habermas. Eine Biografie*, Frankfurt
     a. M. 2014, 226 참조. "단독주택 철학(Einfamilienhausphilosophie)"에 대해서
     는 Andreas Koch, Einfamilienhaussoziologie, https://www.waahr.de/texte/
     einfamilienhaussoziologie 참조.

3   Jürgen Habermas, *Vergangenheit als Zukunft*, Zürich 1991, 96.

4   Jürgen Habermas, Die Moderne — ein unvollendetes Projekt, in: ders., *Kleine*

Politische Schriften (I-IV), Frankfurt a. M. 1981, 463; Ulrich Raulff, Akute Zeichen fiebriger Dekonstruktion. Die Frankfurter Schule und ihre Gegenspieler in Paris: Eine Verkennungsgeschichte aus gegebenem Anlass, in: *Süddeutsche Zeitung*, 21. 9. 2001; Gilles Deleuze, Nomaden-Denken, in: *Die einsame Insel. Texte und Gespräche von 1953 bis 1974*, Frankfurt a. M. 2003, 377; Niklas Luhmann, *Soziale Systeme. Grundriß einer allgemeinen Theorie*, Frankfurt a. M. 1994, 164, 162; Norbert Bolz, Niklas Luhmann und Jürgen Habermas. Eine Phantomdebatte, in: *Luhmann Lektüren*, hg. v. Wolfram Burckhardt, Berlin 2010, 34. 하버마스의 조롱에 대한 프랑스 철학자들의 반응에 대해서는 Danilo Scholz, Innerdeutsches Frankreich, in: *Zeitschrift für Ideengeschichte*, 15 (2021) 3, 66 참조. 디디어 에리봉 집에서 푸코와 함께했던 만찬에 관해서는 *Foucault und seine Zeitgenossen*, Grafrath 2015, 289.

5   Jacob Taubes an Habermas am 15. 1. 1972. Vorlass Jürgen Habermas, Archivzentrum der Universitätsbibliothek, Goethe Universität Frankfurt am Main (in der Folge: UBA Ffm) Na 60, 18; Karl Heinz Bohrer, 1968: Die Phantasie an die Macht? Studentenbewegung — Walter Benjamin — Surrealismus, in: *Merkur*, Nr. 585 (1997) 1073; ders. Müller-Doohm, *Habermas*, 647에서 재인용; Vier Jungkonservative beim Projektleiter der Moderne, in: *die tageszeitung*, 3. und 21. 10. 1980.

6   Karl Markus Michel über Jürgen Habermas' »Theorie des kommunikativen Handelns«, in: *Der Spiegel*, 21. 3. 1982; Jürgen Habermas, Die Philosophie als Platzhalter und Interpret, in: ders., *Moralbewußtsein und kommunikatives Handeln*, Frankfurt a. M. 1983, 27. 피셔와 함께한 대화모임에 관해서는 Habermas an Joschka Fischer am 12. 2. 1986. UBA Ffm Na 60, 104를 보라.

7   Rachel Cusk, *Outline*, London 2014, 223f. Übersetzung von P. F.

8   Axel Matthes an Habermas am 8. 3. 1979. UBA Ffm Na 60, 52; 드워킨의 말은 Müller-Doohm, *Habermas*, 표지 글 참조. 비평가 페터 이덴은 1980년에 이미 하버마스가 학술계 외부에서 가장 잘 알려진 생존하는 철학자라고 추정했다. ders., Alles Linke auf seine Kappe. 하버마스의 세계적인 수용에 관해서는 Lucia Corchia u. a. (Hg.), *Habermas global. Wirkungsgeschichte eines Werks*,

Frankfurt a. M. 2019 참조.

9 지적인 감각의 필요성에 대해서는 Jürgen Habermas, Ein avantgardistischer Spürsinn für Relevanzen. Die Rolle der Intellektuellen und die Sache Europas, in: ders., *Ach, Europa. Kleine Politische Schriften XI*, Frankfurt a. M. 2008, 84 참조. 출처를 밝히지 않은 직접, 간접적인 하버마스 인용들은 두 번(2022년 6월 10일과 2023년 9월 1일)에 걸친 우리의 대화에서 나온 것이다.

10 나는 이 책이 또 하나의 하버마스 전기라고 주장하지 않는다. 주석에서 나타나듯이, 이 책은 여러 곳에서 명백한 표준적 저작인 Stefan Müller-Doohm, *Jürgen Habermas. Eine Biografie*, Frankfurt a. M. 2014에 의존하고 있다. 하버마스 사상의 정치적, 헌법이론적 맥락에 대해서는 Matthew Specter, Habermas. *An Intellectual Biography*, Cambridge 2011에 잘 서술되어 있다. 하버마스의 초기 저작에 대해서는 Jozef Keulartz, *Die verkehrte Welt des Jürgen Habermas*, Hamburg 1995. 그리고 Roman Yos, *Der junge Habermas. Eine ideengeschichtliche Untersuchung seines Denkens 1952-1962*, Frankfurt a. M. 2019 참조.

◇ 전도된 세계에서

1 스펙터는 앞의 후주에서 인용한 하버마스 전기에서 "58세대"에 대해서 말하는데, 이는 하버마스의 세대를 더 분명하게 68세대와 구분하기 위해서이다. 발저에게 보내는 하버마스의 편지는 Müller-Doohm, *Habermas*, 637에서 재인용. 헬무트 콜에 의해서 유명해진 가우스의 말에 대해서는 익명의 저자가 쓴 Verschwiegene Enteignung. Wer erfand die Wendung von der »Gnade der späten Geburt«?, in: *Der Spiegel*, 14. 9. 1986 참조. 1929년이라는 해에 관해서는 특히 Jürgen Habermas, Die Liebe zur Freiheit, in: *Frankfurter Allgemeine Zeitung*, 18. 6. 2009 참조.

2 Florian Illies, Jahrgang 1929, in: *Die Zeit*, 12. 3. 2009; Lea Ypi, *Frei. Erwachsenwerden am Ende der Geschichte*, Frankfurt a. M. 2021, 328.

3 Jürgen Habermas, Interview mit Gad Freudenthal, in: ders., *Kleine Politische*

Schriften, 467; ders., Interview mit Detlef Horster und Willem van Reijen, in: *ebd.*, 513.

4 Habermas, *Vergangenheit als Zukunft*, 64; Ralf Dahrendorf, Zeitgenosse Habermas. Jürgen Habermas zum sechzigsten Geburtstag, in: *Merkur*, Nr. 484 (1989), 480. 기회를 놓친 이유에 대해서는 Jürgen Habermas, Öffentlicher Raum und politische Öffentlichkeit, in: *Neue Zürcher Zeitung*, 11. 12. 2004 참조.

5 Habermas, Im Lichte Heideggers, in: *FAZ*, 12. 7. 1952; ders., Chemische Ferien vom Ich. Huxleys Umgang mit Meskalin, in: *FAZ*, 11. 12. 1954; ders., Philosophie ist Risiko, in: *FAZ*, 19. 6. 1954; ders., Die Dialektik der Rationalisierung. Vom Pauperismus in Produktion und Konsum, in: *Merkur*, Nr. 78 (1954), 718.

6 Habermas, *Das Absolute und die Geschichte. Von der Zwiespältigkeit in Schellings Denken*, unveröffentlichte Inauguraldissertation, Bonn 1954 참조. Keulartz, *Verkehrte Welt*, 12, 49 참조.

7 Jürgen Habermas, Dialektik der Rationalisierung, in: ders., *Die Neue Unübersichtlichkeit. Kleine Politische Schriften V*, Frankfurt a. M. 1985, 202f. 이어지는 개념 쌍들에 대해서는 Keulartz, *Verkehrte Welt*, insb. 12, 24 참조. 카를 하인츠 보러는 하버마스의 헌법애국주의 이념에서도 "일종의 소극적 천년왕국설"을 간파한다. Bohrer, Warum wir keine Nation sind. Warum wir eine werden sollten, in: *FAZ*, 13. 1. 1990.

8 Jürgen Habermas, Zur Veröffentlichung von Vorlesungen, 66, 72.

9 Jacob Taubes an Habermas am 28. 1. 1964, UBA Ffm Na 60, 5. 하이데거에 대한 하버마스의 태도에 대해서는 ders., *Der philosophische Diskurs der Moderne. Zwölf Vorlesungen*, Frankfurt a. M. 1996, 164, 176ff. 그 밖에, »Martin Heidegger? Nazi, sicher ein Nazi!« Ein Gespräch mit Jürgen Habermas, in: *Die Heidegger-Kontroverse*, hg. v. Jürg Altwegg, Frankfurt a. M. 1988, 174. 그리고 Dieter Henrich, Was ist Metaphysik, was Moderne? Thesen gegen Habermas, in: *Merkur*, Nr. 448 (1986), 504 참조.

10 Lutz Hachmeister, *Heideggers Testament. Der Philosoph, der SPIEGEL und die SS*, Berlin 2015, 59에서 재인용.

◆ 가해자와 피해자

1 하버마스의 말은 Müller-Doohm, *Habermas*, 106에서 재인용; Vier Jungkonservative beim Projektleiter; Dahrendorf, Zeitgenosse Habermas, 478; 하버마스의 말은 Müller-Doohm, *Habermas*, 106에서 재인용. 아도르노의 화자 (話者) 위치에 대해서는 Ulrike Jureit und Christian Schneider, *Gefühlte Opfer. Illusionen der Vergangenheitsbewältigung*, Stuttgart 2010, 107ff. 참조. 야콥 타우베스는 1969년 9월 17일, 하버마스에게 쓴 편지에서, 사회연구소의 분위기를 언급하고 있다. "당신 자신도 프랑크푸르트연구소 서클에서 꽤 오래 살아서, 거기서 의존적 지위를 가진 사람들에게 삶이 쉽지 않았다는 것을 잘 아실 것입니다. 물론 당신 자신의 최저 생존이 위협받던 시기는 아니었지만 말입니다."(UBA Ffm Na 60, 12) 하버마스의 연구소 초년생 시절에 대한 자세한 서술은 Müller-Doohm, *Habermas*, 105-113 참조. 하버마스에 대한 숄렘의 인상에 대해서는 Jörg Später, Der Verlorene. George Lichtheim findet ein offenes Ohr, in: *Zeitschrift für Ideengeschichte*, 15 (2021) 3, 34 참조. 숄렘과 아도르노가 본 벤야민의 관상에 대해서는 Lorenz Jäger, *Walter Benjamin. Das Leben eines Unvollendeten*, Berlin 2017, 66f., 29 참조.

2 Jürgen Habermas, Der deutsche Idealismus der jüdischen Philosophen, in: ders., *Philosophisch-politische Profile*, 62ff. 참조. Ders., Geschichtsbewußtsein und posttraditionale Identität. Die Westorientierung der Bundesrepublik, in: ders., *Eine Art Schadensabwicklung*, 164.

3 Habermas, Die verkleidete Tora, in: ders., *Philosophisch-politische Profile*, 377f. Gershom Scholem, Juden und Deutsche, in: ders., *Judaica II*, Frankfurt a. M. 1970, 47-54 참조. 크리스토프 슈미트(*Israel und die Geister von '68. Eine Phänomenologie*, Göttingen 2018, 74)에 따르면, 숄렘의 연설은 독일인의 유대인에 대한 관계의 "소교리문답"이 되었다.

4 Habermas, Die verkleidete Tora, 379.

5 Habermas, Der deutsche Idealismus, 62; Isaac Deutscher, *Der nichtjüdische Jude*, Berlin 2013; Dirk Moses, *German Intellectuals and the Nazi Past*, Cambridge 2007, Kap. 5. 동독으로 귀환한 유대인들에 관해서는 *Ein anderes*

Land. Jüdisch in der DDR. Katalog zur gleichnamigen Ausstellung im Jüdischen Museum Berlin, Berlin 2023. 참조. 프랑크푸르트학파의 화자 위치에 대해서는 Jureit und Schneider, *Gefühlte Opfer*, 107ff. 참조.

◇ 심오함과의 작별

1 모든 인용은 다음 책의 서문에서 인용한 것이다. Jürgen Habermas, *Kunst, Religion. Essays über zeitgenössische Philosophen*, Stuttgart 1978, 3-10.

2 Habermas, Dialektik der Rationalisierung, 170, 204; 168ff. 참조; ders., *Strukturwandel der Öffentlichkeit. Untersuchungen zu einer Kategorie der bürgerlichen Gesellschaft*, Frankfurt a. M. 1996, 11; ders., *Auch eine Geschichte der Philosophie, Bd. 1: Die okzidentale Konstellation von Glauben und Wissen*, Berlin 2019, 9. 『공론장의 구조변동』의 출판 성과에 대해서는 Habermas, *Ein neuer Strukturwandel der Öffentlichkeit und die deliberative Politik*, Berlin 2022, 9 참조.

3 Ders., Dialektik der Rationalisierung, 207; Axel Honneth, Adorno und Habermas. Zur kommunikationstheoretischen Wende kritischer Sozialphilosophie, in: *Merkur*, Nr. 374 (1979), 658.

4 Habermas, Dialektik der Rationalisierung, 206; Hans-Ulrich Wehler an Habermas am 24. 1. 1964, UBA Ffm Na 60, 4. "돌연사 세대"에 대해서는 레기나 실링의 다큐 영화 *Kulenkampffs Schuhe*, Deutschland 2018 참조. 벨러의 육상선수로서의 야망에 대해서는 Till van Rahden, Die Gummersbacher Schule. Hans-Ulrich Wehler inszeniert eine Debatte, in: *Zeitschrift für Ideengeschichte*, 15 (2021) 3, 8 참조.

5 마르틴 바우어의 전언. Jürgen Habermas, Ich bin alt, aber nicht fromm geworden, in: *Über Habermas. Gespräche mit Zeitgenossen*, hg. v. Michael Funken, Darmstadt 2008, 181 참조: "내 세대는 고상한 목소리와 독일-그리스적 심오함의 가상과 거의 확실하게 결별했다." Martin Walser, *Leben und Schreiben. Tagebücher 1974-1978*, Reinbek 2012, 365. 하버마스와 문학가들의 관계에 대

해서는 Alexander Cammann, Augenblicke der Liebe. Der Philosoph und die Literaten, in: *Zeitschrift für Ideengeschichte*, 15 (2021) 3, 86-91.

6 슬로터다이크 인용은 https://www.youtube.com/watch?v=zt9-3Qt2s1A 참조; Habermas, Zur Veröffentlichung von Vorlesungen, 65; ders., Dialektik der Rationalisierung, 207; ders., *Kleine Politische Schriften*, 9; ders., Dialektik der Rationalisierung, 207. 책임감 있는 사상가와 책임감 없는 사상가의 구별에 대해서는 ebd., 205. 그리고 ders., Wozu noch Philosophie?, in: *Philosophisch-politische Profile*, 19 참조. 엔첸스베르거에 대해서는 Habermas, *Vergangenheit als Zukunft*, 24f. 참조.

7 Heinz Bude, Die Soziologen der Bundesrepublik, in: *Merkur*, 520 (1992), 572; Habermas, Wozu noch Philosophie?, 17; Urs Jaeggi, Versöhnung als Puzzlearbeit. Nachdenken über Jürgen Habermas: »Theorie des kommunikativen Handelns«, in: *Die Zeit*, 2. 4. 1982. 이론과 문학을 구분할 필요성에 대해서는 Jürgen Habermas, Philosophie und Wissenschaft als Literatur?, in: ders., *Nachmetaphysisches Denken. Philosophische Aufsätze*, Frankfurt a. M. 1992, 242-63 참조.

◆ 현재 의식

1 Siegfried Kracauer an Karl Markus Michel am 15. 8. 1966. Siegfried Unseld Archiv, Reihe Theorie, Deutsches Literaturarchiv Marbach; Habermas, Dialektik der Rationalisierung, 172.

2 타우베스의 말은 Philipp Felsch, *Der lange Sommer der Theorie. Geschichte einer Revolte, 1960-1990*, München 2015, 58에서 재인용; Jacob Taubes an Habermas am 21. 4. 1964. UBA Ffm Na 60, 5; Habermas, Wozu noch Philosophie?, 21.

3 Ders., Die klassische Lehre von der Politik in ihrem Verhältnis zur Sozialphilosophie, in: ders., *Theorie und Praxis. Sozialphilosophische Studien*, Frankfurt a. M. 1978, 84; ders., Erkenntnis und Interesse, in: *Merkur*, Nr. 213

(1965), 1139; ders., Vorwort, 7. 프랑크푸르트대학 취임 강연에서의 하버마스의 긴장에 대해서는 Jacob Taubes in einem Brief an Habermas am 25. 1. 1972. UBA FfM Na 60, 18. 참조. 후설의 스토아주의적 태도에 관해서는 Habermas, Der deutsche Idealismus, 51f. 참조.

4   미헬의 말은 Felsch, *Der lange Sommer*, 62에서 재인용; Hans Magnus Enzensberger an Habermas am 30. 7. 1965. UBA Ffm Na 60, 6.

5   Jürgen Habermas, Über Titel, Texte und Termine oder wie man den Zeitgeist reflektiert, in: ders., *Die nachholende Revolution. Kleine Politische Schriften VII*, Frankfurt a. M. 1990, 48; ders., *Strukturwandel der Öffentlichkeit*, 256. Hans Magnus Enzensberger, Bildung als Konsumgut. Analyse der Taschenbuch-Produktion, in: ders., *Einzelheiten*, Frankfurt a. M. 1962, 110-36 참조.

6   호프만의 말은 Müller-Doohm, *Habermas*, 138에서 재인용; Theodor W. Adorno, *Minima Moralia. Reflexionen aus dem beschädigten Leben*, Frankfurt a. M. 1962, 254.

7   Hans Paeschke an Habermas am 30. 5. 1968. UBA Ffm Na 60, 10. 프리슈의 말은 Jan Bürger, Grüße vom Zaungast. Max Frisch nähert sich im Schatten der Revolte, in: *Zeitschrift für Ideengeschichte*, 15 (2021) 3, 42에서 재인용.

8   Jacob Taubes an Habermas am 29. 6. 1965. UBA Ffm Na 60, 6; Habermas an Georg Ramseger am 22. 1. 1964. UBA Ffm Na 60, 4.

◇ 중심이 무너진다

1   Habermas an Rolf Meyersohn am 29. 1. 1965. UBA Ffm Na 60, 6; Rolf Meyersohn an Habermas am 18. 6. 1965, ebd. 프랑스 컬로퀴엄 참가 건은 뤼시앵 골드만이 1965년 10월 18일 하버마스에게 보낸 편지(UBA Ffm Na 60, 6 참조)에 나온다. 하버마스의 미국 여행 행선지에 대해서는 Müller-Doohm, *Habermas*, 178 참조. 하버마스는 *Strukturwandel der Öffentlichkeit*, 29에서 미국의 TV 방송에 대해서 언급하고 있다.

2   Müller-Doohm, *Habermas*, 194ff. 참조. 엔첸스베르거의 미국 체류에 관해서는

Enzenberger, *Tumult*, 2014, 134ff. 참조.

3   하버마스의 말은 Müller-Doohm, *Habermas*, 도판(Abbildungsteil)에서 재인용.

4   Joan Didion, Slouching Towards Bethlehem, in: dies., *Slouching Towards Bethlehem. Essays*, New York 2008, 84; Habermas an Peter L. Berger am 10. 5. 1967. UBA Ffm Na 60, 8; ders., Bedingungen für eine Revolutionierung spätkapitalistischer Gesellschaftssysteme, in: Ernst Bloch u. a., *Marx und die Revolution*, Frankfurt a. M. 1970, 33f. 흑인 서비스 인력에 대한 태세 전환에 관해서는 Tom Wolfe, Radical Chic. That Party at Lenny's, in: *New York Magazine*, 8. 6. 1970 참조.

5   Andy Warhol und Pat Hackett, *POPism. The Warhol Sixties*, New York 1980, 16. 1967년의 상황에 관해서는 ebd., 253f. 참조. 한트케와의 일화에 대해서는 Müller-Doohm, *Habermas*, 249 참조.

6   Arno Widmann, Wahrheit und Gesellschaft, in: *FR*, 26. 1. 2019. 프랑크푸르트로 돌아온 후의 상황에 대해서는 Müller-Doohm, *Habermas*, 197 참조. 미국의 지위에 대해서는 ebd., 277 참조; Iden, Alles Linke auf seine Kappe.

◆ 프랑크푸르트에서의 뭇매 맞기

1   Dieter Henrich, Ins Denken ziehen. *Eine philosophische Autobiographie*, München 2021, 145; Joschka Fischer, Gründungsfigur des demokratischen Deutschland, in: *Über Habermas*, 46; Jürgen Habermas, Ein Brief, in: *Kritische Theorie und Kultur*, hg. v. Rainer Erd u. a., Frankfurt a. M. 1989, 393. 개혁가들에 대한 하버마스의 동조에 대해서는 Karl Heinz Bohrer, *Jetzt. Geschichte meines Abenteuers mit der Phantasie*, Frankfurt a. M. 2017, 12f. 참조.

2   Jacob Taubes an Robert Jauß am 26. 5. 1967. Nachlass Jacob Taubes, Leibniz-Zentrum für Literatur- und Kulturforschung. 하노버에서의 에피소드와 그것이 낳은 효과에 대해서는 Bohrer, Die Phantasie an die Macht?, 1073; Müller-Doohm, *Habermas*, 193. 그리고 Susann Witt-Stahl, Linksfaschismus 참조. Erich Fried versucht einen Bundesgenossen gegen sich selbst zu gewinnen, in:

Zeitschrift für Ideengeschichte, 15 (2021) 3, 43-45. 프리트의 말은 ebd., 45에서 재인용.

3 이 단락의 모든 인용문은 Jürgen Habermas, Die Scheinrevolution und ihre Kinder, in: ders., *Kleine Politische Schriften*, 249-60 참조.

4 Ders., Erkenntnis und Interesse, 51; Gerhard Stamer an Habermas am 28. 10. 1968. UBA Ffm Na 60, 10; Fischer, Gründungsfigur des demokratischen Deutschland, 47.

5 넥트의 말은 Müller-Doohm, *Habermas*, 139에서 재인용; Jaeggi, Puzzlearbeit.

6 겔렌의 말은 Jürgen Habermas, Nachgeahmte Substantialität, in: ders., *Philosophisch-politische Profile*, 108에서 재인용; Odo Marquard, *Schwierigkeiten mit der Geschichtsphilosophie*, Frankfurt a. M. 1973, 80; Habermas, Nachgeahmte Substantialität, 108; Bude, Soziologen der Bundesrepublik, 577; Moralischer Universalismus in Zeiten politischer Regression. Jürgen Habermas im Gespräch über die Gegenwart und sein Lebenswerk, in: *Leviathan*, 48 (2020) 1, 15. 겔렌의 퇴장에 대해서는 Müller-Doohm, *Habermas*, 219.

7 Jacob Taubes, Memorandum für Siegfried Unseld, o. D. UBA Ffm Na 60, 10; Siegfried Unseld, *Chronik 1970*, Frankfurt a. M. 2010, 29. 갈등의 전개 과정에 대해서는 ebd., 22-96.

8 페터 우르반의 말은 Müller-Doohm, *Habermas*, 207에서 재인용. "의사소통적" 행위와 "전략적" 행위의 구별에 관해서는 Jürgen Habermas, Arbeit und Interaktion. Bemerkungen zu Hegels Jenenser »Philosophie des Geistes«, in: ders., *Technik und Wissenschaft als »Ideologie«*, Frankfurt a. M. 1968, 22 참조; 운젤트의 재서술(Paraphrase)에 대해서는 ders., *Chronik*, 34.

9 하버마스의 말은 Morten Paul, *Suhrkamp Theorie. Eine Buchreihe im philosophischen Nachkrieg*, Leipzig 2022, 11에서 재인용. 하버마스의 유감 표명에 대해서는 Unseld, *Chronik*, 70 참조. 하버마스와 운젤트의 관계에 관해서는 Müller-Doohm, *Habermas*, 208.

◇ 더 나은 사회를 위한 로켓과학

1 스트라우스의 말은 Jan Eike Dunkhase, Rückzug vom entzauberten Bewußtsein. Karl Löwith fragte nach der Natur der Dinge, in: *Zeitschrift für Ideengeschichte*, 15 (2021) 3, 34에서 재인용. 마르크스에서 초기 헤겔로 가는 과정은 예를 들어 Habermas, Arbeit und Interaktion.

2 "가장 중요한 생산력"은 Habermas, Wozu noch Philosophie?, 33; 나머지 인용문은 모두 ders, Erkenntnis und Interesse 참조.

3 Hans Magnus Enzensberger an Habermas am 30. 7. 1965. UBA Ffm Na 60, 6; Habermas an Hans Magnus Enzensberger am 6. 3. 1967. UBA Ffm Na 60, 8; Hans Magnus Enzensberger an Habermas am 13. 3. 67, ebd. 하버마스가 정신분석 치료를 받은 적이 없다는 것에 대해서는 ders, *Erkenntnis und Interesse*, Frankfurt a. M. 1968, 10 참조. 프로이트 탄생 100주년 기념 학술대회에 관해서는 ders., Psychischer Thermidor und die Wiedergeburt einer rebellischen Subjektivität, in: ders., *Philosophisch-politische Profile*, 321.

4 Habermas an Hans Magnus Enzensberger am 17. 3. 1967. UBA Ffm Na 60, 8; Habermas, Scheinrevolution, 258. 하버마스의 엔첸스베르거 비판에 대해서는 Tobias Amslinger, *Verlagsautorschaft. Enzensberger und Suhrkamp*, Göttingen, 2018, 390f. 참조.

5 Habermas, *Erkenntnis und Interesse*, 282; ders., Dialektik der Rationalisierung, 231.

6 알렉산더 미처리히에 대한 존경에 대해서는 ders, *Erkenntnis und Interesse*, 10. 『애도 능력의 부재』에 대해서는, 그리고 이 책과 『인식과 관심』의 관계에 대해서는 Jureit und Schneider, *Gefühlte Opfer*, 124ff. 참조.

7 『슈피겔』과 마르쿠제 인용문은 Müller-Doohm, *Habermas*, 225f. 참조. 학생들의 비판에 대해서는 Winfried Heidemann, Die Verfolgung und Ermordung der Theorie durch die Praxis, dargestellt von Jürgen Habermas, in: *Frankfurter Schule und Studentenbewegung. Von der Flaschenpost zum Molotowcocktail, 1946-1995, Bd. 2: Dokumente*, Hamburg 1998, 733-35 참조. 하버마스의 "이력"과 연방공화국 역사의 조화에 대해서는 Max Pensky, Universalism and the situated critic, in: *The Cambridge Companion to Habermas*, hg. v. Stephen K. White, Cambridge 1995, 69에서도 언급된다.

8 하버마스의 말["흐름의 변화"]은 Rolf Wiggershaus, *Jürgen Habermas*, Reinbek 2004, 102에서 재인용. Heinz Bude, Starnberg, in: *Zeitschrift für Ideengeschichte*, 15 (2021) 3, 95 참조.

9 Habermas, Wozu noch Philosophie?, 18. 슈타른베르크 막스플랑크연구소에 대해서는 Ariane Leendertz, Ungunst des Augenblicks. Das »MPI zur Erforschung der Lebensbedingungen der technischindustriellen Welt« in Starnberg, in: *Indes. Zeitschrift für Politik und Gesellschaft*, 3 (2014) 1, 105-16 참조.

10 Jürgen Habermas, Geschichte und Evolution, in: ders., *Zur Rekonstruktion des historischen Materialismus*, Frankfurt a. M. 1976, 207; 미하엘 레데페닝(『플레이보이』)의 말은 Philipp Felsch, Das Bunny schaut nach links, in: *Zeitschrift für Ideengeschichte*, 15 (2021) 3, 63에서 재인용. 바이츠제커와 미래 연구에 대해서는 Elke Seefried, *Zukünfte. Aufstieg und Krise der Zukunftsforschung, 1945-1980*, Oldenburg 2015, 특히 75ff. 그리고 324ff. 참조.

11 Michael G. Horowitz, Portrait of the Marxist as an Old Trouper, in: *Playboy*, September 1970.

12 Jürgen Habermas, Die Krise des Wohlfahrtsstaates und die Erschöpfung utopischer Energien, in: *Die Neue Unübersichtlichkeit*, 143; Horowitz, Portrait of the Marxist. 미래 연구의 쇠퇴에 관해서는 Leendertz, Ungunst des Augenblicks. 참조.

13 Ralf Dahrendorf an Habermas am 3. 11. 1966. UBA Ffm Na 60, 7. 이 편지에서 다렌도르프는 하버마스 스스로가 자신에 관해 서술한 것을 언급하고 있다. 바이츠제커의 말은 Müller-Doohm, *Habermas*, 275에서 재인용; 하버마스의 말은 Wiggershaus, *Habermas*, 98에서 재인용. 연구소장으로서의 하버마스에 대해서는 Müller-Doohm, *Habermas*, 238f., 268 참조.

◆ 우리가 가정해야만 하는 것

1   "우호적 공생"에 관해서 하버마스는 Dialektik der Rationalisierung, 203에서 말하고 있다. 나머지 인용은 ders., Vorbereitende Bemerkungen zu einer Theorie der kommunikativen Kompetenz, in: ders. und Niklas Luhmann, *Theorie der Gesellschaft oder Sozialtechnologie — Was leistet die Systemforschung?*, Frankfurt a. M. 1971, 122, 137f. 참조.

2   Habermas, Neuer Strukturwandel, 69; ders., Erkenntnis und Interesse, 1151; ders., Vorbereitende Bemerkungen, 140.

3   Robert Spaemann, Die Utopie der Herrschaftsfreiheit, in: *Merkur*, Nr. 292 (1972), 735, 750.

4   Dahrendorf, Zeitgenosse Habermas, 482; Henrich, Thesen gegen Habermas, 505; Niklas Luhmann, Systemtheoretische Argumentationen, in: Habermas und Luhmann, *Theorie der Gesellschaft oder Sozialtechnologie*, 332, 335. Michel Foucault, Die Ethik der Sorge um sich als Praxis der Freiheit, in: ders., *Schriften in vier Bänden. Dits et Ecrits, Bd. 4*, Frankfurt a. M. 2005, 898f. 그리고 루만을 지지하는 Norbert Bolz, Niklas Luhmann und Jürgen Habermas, 40도 참조. "일반적으로 우리는 하버마스가 말하는 '논의'를 할 시간이 없다."

5   하버마스의 말은 Andreas Koller, Kontrafaktische Voraussetzungen, in: *Habermas-Handbuch*, hg. v. Hauke Brunkhorst u. a., Stuttgart 2009, 338에서 재인용; Habermas, Vorbereitende Bemerkungen, 141.

6   Ders., Krise des Wohlfahrtsstaates, 161; ders., Ein Gespräch über Fragen der politischen Theorie, in: ders., *Die Normalität einer Berliner Republik. Kleine Politische Schriften VIII*, Frankfurt a. M. 1995, 153; 하버마스의 말은 Koller, Kontrafaktische Voraussetzungen, 338에서 재인용; Habermas, *Vergangenheit als Zukunft*, 134; Dahrendorf, Zeitgenosse Habermas, 484. 하버마스는 2020년 한 인터뷰에서 이렇게 말했다. "나는 **의사소통 행위 이론**에 관해 특히 이 지점[즉 우리의 상호작용에 본래 내재하는 이성, P. F.]에서 학계를 설득하지 못했다는 것을 잘 알고 있다."(Moralischer Universalismus in Zeiten politischer Regression, 25) 의사소통 이론적 가정의 "탈구체화"에 대해서는 Specter, *Habermas*, Kap. 5

참조.

7   Jürgen Habermas, Der Horizont der Moderne verschiebt sich. Einige Motive des Philosophierens im 20. Jahrhundert, in: *Wo wir stehen. 30 Beiträge zur Kultur der Moderne*, hg. v. Martin Meyer, Zürich 1987, 47. 예를 들어, Habermas, Dialektik der Rationalisierung, 193을 보라. Bude, Soziologen der Bundesrepublik, 577도 참조: "그[하버마스]의 사회학적 고찰의 고유한 대상 영역은 주간지, 사상 관련 저널 그리고 토론포럼들이다. 거기서 그는 어떤 사유 동기가 떠다니고 있는지를 추적한다."

8   서독의 토론 문화에 대해서는 Nina Verheyen, Diskussionslust. *Eine Kulturgeschichte des »besseren Arguments« in Westdeutschland*, Göttingen 2010. 참조. Norbert Elias, *Studien über die Deutschen*, Frankfurt a. M. 1989도 참조하라. 코곤의 말은 https://www.youtube.com/watch?v-=89o2VYn7MJc&t=85s에서 재인용. 이에 대해 조언을 한 루카스 라트옌에게 감사한다.

9   Vier Jungkonservative beim Projektleiter; Theodor W. Adorno, *Nachgelassene Schriften, Bd. IV, 16: Vorlesung über negative Dialektik*, Frankfurt a. M. 2003, 89; Habermas, Dialektik der Rationalisierung, 172; ders., Wozu noch Philosophie?, 24; ders., Apologetische Tendenzen, in: ders., *Eine Art Schadensabwicklung. Kleine Politische Schriften VI*, Frankfurt a. M. 1987, 135.

◇ 말하기의 결함

1   Ders., Karl Jaspers über Schelling, in: ders., *Philosophischpolitische Profile*, 84. Hannah Arendt, Wahrheit und Politik, in: dies., *Wahrheit und Lüge in der Politik. Zwei Essays*, München 2017, 70ff. 참조.

2   Habermas, Nachgeahmte Substantialität, 119.

3   Ders., Dialektik der Rationalisierung, 203; ders., Öffentlicher Raum und politische Öffentlichkeit. 하버마스는 *Strukturwandel der Öffentlichkeit*, 262에서 이미 "인간에 대한 지나친 감상(感傷)"은 필연적으로 "제도에 대한 냉소주의"와 함께 나타난다고 말했다. 한나 아렌트와 달리, 하버마스는 카리스마적 태도에

대해 회의적이어서, 그의 이론에서 부르주아 공론장의 사적인 측면을 강조했다. ebd., 17 참조.

4　Ders., Öffentlicher Raum und politische Öffentlichkeit. 마르틴 발저는 2002년에 그의 실화소설(Scluesselroman)[등장인물이 실제로 누구인가를 알 수 있는 소설] 『어느 비평가의 죽음』에서 베젠동크 교수라는 인물을 통해서 하버마스를 약간 악의적인 모습으로 그려 냈다. 그 교수는 반파시즘 진영의 군기반장인데, 그의 무결점의 양심은 "기본적으로 우울했던 아동기"에서 나온 것이었다. 이 소설이 나온 후 하버마스는 마르틴 발저에게, 자신의 직업적 야망에 대해서 그의 장애는 "결코 우호적인 조건이 아니었다"고 말했다. Müller-Doohm, *Habermas*, 636f.에서 재인용.

5　Ders., Öffentlicher Raum und politische Öffentlichkeit. Das »leere Papier«, in: ders., Dialektik der Rationalisierung, 207. Habermas an Udi Eichler am 16. 4. 1973. UBA Ffm Na 60, 19. 하버마스의 학업 성취에 대해서는 Müller-Doohm, *Habermas*, 62 참조. "대중매체 지성인들"과 하버마스의 초기 언론 관련 경력에 대해서는 Axel Schildt, *Medien-Intellektuelle in der Bundesrepublik*, Göttingen 2020 참조.

6　Habermas, Öffentlicher Raum und politische Öffentlichkeit. Die Unterscheidung von Interaktion und Diskurs, in: ders., Vorbereitende Bemerkungen.

7　Ders., *Strukturwandel der Öffentlichkeit*, 251. 그리고 260f. 참조. 지금까지도 하버마스는 현대 사회의 통합을 위한 "독자들의" 민주주의적 의지 형성을 강조한다. Ders., Moralischer Universalismus in Zeiten politischer Regression, 27.

◆ 섬뜩한 [분위기의] 독일

1　Habermas an Fritz Raddatz am 7. 2. 1977. UBA Ffm Na 60, 40 참조.

2　서독의 "[역사] 반복 공포증"에 관해서는 Jureit und Schneider, *Gefühlte Opfer*, 124 참조.

3　Habermas an Alexander Kluge am 21. 3. 1978. Vorlass Alexander Kluge, Akademie der Künste, Berlin.

4   드레거와 존트하이머의 말은 Jürgen Habermas, Briefwechsel mit Kurt Sontheimer, in: ders., *Kleine Politische Schriften*, 369f.에서 재인용; ders., Dialektik der Rationalisierung, 180; ders., Volksjustiz, in: ders., *Kleine Politische Schriften*, 367; ders., Briefwechsel mit Kurt Sontheimer, 368, 400, 384, 379, 400.

5   Habermas, Alt, aber nicht fromm, 184f.; Ernst Nolte an Habermas am 17. 3. 1977. UBA Ffm Na 60, 40. "58세대의 내전"에 대해서는 Specter, *Habermas*, 8 참조.

6   Habermas, Briefwechsel mit Kurt Sontheimer, 381f.; ders., Einleitung, in: *Stichworte zur »Geistigen Situation der Zeit«, Bd. 1: Nation und Republik*, hg. v. dems., Frankfurt a. M. 1979, 25; ders., Interview mit Detlef Horster, 517.

7   Marie-Luise Scherer, *Ungeheurer Alltag. Geschichten und Reportagen*, Reinbek 1990 참조.

8   Alexander Kluge, »Unheimlichkeit der Zeit«. Neue Geschichten, Hefte 1-18, in: ders., *Chronik der Gefühle, Bd. 2: Lebensläufe*, Frankfurt a. M. 2000, 11 참조.

◇ 의미상실의 이론

1   Habermas, Einleitung, 16; ders., Interview mit Detlef Horster, 525. 필요했던 긴급성에 대해서는 ders., Dialektik der Rationalisierung, 180 참조. 보수주의자들의 해석 주권을 박탈하려는 시도에 대해서는 ders., Die Moderne — ein unvollendetes Projekt, 450f. 참조.

2   하버마스의 말은 Amslinger, *Verlagsautorschaft*, 390ff.에서 재인용; Jürgen Habermas, *Theorie des kommunikativen Handelns, Bd. 1: Handlungsrationalität und gesellschaftliche Rationalisierung*, Frankfurt a. M. 1981, 10; ders., Dialektik der Rationalisierung, 184, 178f.

3   Ebd., 206.

4   Ders., *Theorie des kommunikativen Handelns*, passim. 그 기본 사상에 대한 간명한 서술은 ders., *Der philosophische Diskurs der Moderne*, 405ff. 참조.

5   Ders., Dialektik der Rationalisierung, 189. Die Kolonisierungsthese in ders., *Theorie des kommunikativen Handelns, Bd. 2: Zur Kritik der funktionalistischen Vernunft*, Frankfurt a. M. 1981, Teil VI.

주석

◆ 꼭 그렇게 써야 했나요?

1 Michael Rutschky, *Mitgeschrieben. Die Sensation des Gewöhnlichen*, Berlin 2015, 122; Michel über Jürgen Habermas. 출간에 관한 언급은 Müller-Doohm, *Habermas*, 286 참조. 신속한 재판과 제3판의 출간에 관해서는 Michel über Jürgen Habermas 참조.

2 Rüdiger Bubner, Rationalität als Lebensform. Zu Jürgen Habermas' »Theorie des kommunikativen Handelns«, in: *Merkur*, Nr. 406 (1982), 342; Jürgen Busche, Sein oder Nichtsein — das ist nicht die Frage. Jürgen Habermas und seine »Theorie des kommunikativen Handelns«, in: *FAZ*, 27. 2. 1982; Hauke Brunkhorst, Anteil der Moral an der Menschwerdung des Affen. Jürgen Habermas' Theorie des kommunikativen Handelns, in: *FR*, 13. 3. 1982.

3 Quentin Skinner, Habermas's Reformation, in: *New York Review of Books*, 7. 10. 1982; Stefan Breuer, Die Depotenzierung der Kritischen Theorie. Über Jürgen Habermas' »Theorie des kommunikativen Handelns«, in: *Leviathan*, 10 (1982) 1, 132-146. 마르크스주의자들의 관점에 대해서는 Habermas, Dialektik der Rationalisierung, 195ff. 참조.

4 Busche, Sein oder Nichtsein.

5 Skinner, Reformation; Michel über Jürgen Habermas.

6 Busche, Sein oder Nichtsein; Bubner, Rationalität als Lebensform, 343, 346; Widmann in Habermas, Dialektik der Rationalisierung, 206.

7 Rutschky, *Mitgeschrieben*, 136; Hanns-Josef Ortheil, »Königsweg der Individuation«. Philosophie — Literatur — Bildung, in: *Errungenschaften. Eine Kasuistik*, hg. v. Michael Rutschky, Frankfurt a. M. 1982, 241; Michel über Jürgen Habermas.

8 Jaeggi, Puzzlearbeit; Michel über Jürgen Habermas; Habermas, Die Moderne

— ein unvollendetes Projekt, 462; Jaeggi, Puzzlearbeit.

9 "빈약한 자원"은 Habermas, *Theorie des kommunikativen Handelns, Bd. 2*, 341 참조. 좌파의 대안적 문명비판에 관해서는 Michel über Jürgen Habermas 참조.

10 Botho Strauß, *Paare, Passanten*, München 1981, 115; Habermas, Einleitung, 30; Karl Markus Michel, Der Grundwortschatz des wissenschaftlichen Gesamtarbeiters seit der szientifischen Wende, in: *Stichworte zur »Geistigen Situation der Zeit«, Bd. 2: Politik und Kultur*, hg. v. Jürgen Habermas, Frankfurt a. M. 1979, 835.

11 Habermas an Cornelius Castoriadis am 7. 7. 1982. UBA Ffm Na 60, 73. 주어캄프 발행인 운젤트에게 보내는 편지는 Müller-Doohm, *Habermas*, 264에서 재인용. 하버마스의 사퇴에 관해서는 Paul, *Suhrkamp Theorie*, 256.

12 Habermas, Dialektik der Rationalisierung, 201; Jürgen Habermas, Interview mit Gad Freudenthal, 489. 바르트의 『텍스트의 즐거움』이 서독에 수용되는 과정에 관해서는 Ortheil, »Königsweg der Individuation«, 241 참조.

13 이 문단의 모든 인용은 Vier Jungkonservative beim Projektleiter 참조.

14 Michael Rutschky, *Gegen Ende. Tagebuchaufzeichnungen 1996-2009*, Berlin 2019, 258. "미적-표현적" 행위의 이론에 관해서는 ders., Der Zwischenraum. Stücke zu einer Theorie des Soziotops, in: *Errungenschaften*, hg. v. dems., 391 참조. 술과 담배의 역할에 관해서는 ders., *Wartezeit. Ein Sittenbild*, Köln 1983, 173ff. 참조.

◇ 반계몽의 분류학

1 Jürgen Habermas, Mit dem Pfeil ins Herz der Gegenwart. Zu Foucaults Vorlesung über Kants »Was ist Aufklärung«, in: ders., *Die Neue Unübersichtlichkeit*, 127f. "넓은 현재"에 관해서는 Hans Ulrich Gumbrecht, *Unsere breite Gegenwart*, Frankfurt a. M. 2016 참조; François Hartog, *Régimes d'historicité. Présentisme et expériences du temps*, Paris 2003.

2 충분하지는 않지만, Georg Diez und Christopher Roth, *80*81*, 11 Bde., Zürich

2011을 보라; Andreas Rödder, *21.0. Eine kurze Geschichte der Gegenwart*, Berlin 2015; Frank Bösch, *Zeitenwende 1979. Als die Welt von heute begann*, München 2019; Philipp Sarasin, *1977. Eine kurze Geschichte der Gegenwart*, Frankfurt a. M. 2021.

3 Habermas, Ein Brief, 394.

4 Ders., Dialektik der Rationalisierung, 203; Der Marsch durch die Institutionen hat auch die CDU erreicht. Der Frankfurter Philosoph und Soziologe Jürgen Habermas im Gespräch mit Rainer Erd, in: *FR*, 11. 3. 1988; Jürgen Habermas, Meine Jahre mit Helmut Kohl, in: *Die Zeit*, 11. 3. 1994.

5 Ders., Die Krise des Wohlfahrtsstaates, 143, 147; ders., Ein Interview mit der *New Left Review*, in: ders., *Die Neue Unübersichtlichkeit*, 257; ders., Der Marsch durch die Institutionen. ders., *Vergangenheit als Zukunft*, 128f. 참조.

6 Joan Didion, Goodbye to All That, in: dies., *Slouching towards Bethlehem*, 225; Hans-Georg Gadamer, Lob der Theorie, in: ders., *Lob der Theorie. Reden und Aufsätze*, Frankfurt a. M. 1983, 26.

7 Habermas, Der Horizont der Moderne, 52; ders., Die Moderne — ein unvollendetes Projekt, 453, 463.

8 Habermas, Briefwechsel mit Kurt Sontheimer, 381; Henrich, Thesen gegen Habermas, 499. "신-"과 "포스트-"의 대조에 관해서는 Habermas, Der Horizont der Moderne, 47 참조.

9 Ders., Die Moderne — ein unvollendetes Projekt, 463; Vier Jungkonservative beim Projektleiter.

10 Jóhann Árnason an Habermas am 27. 7. 1971. UBA Ffm Na 60, 15.

11 Lothar Baier, *Französische Zustände. Berichte und Essays*, Frankfurt a. M. 1982, 24. 몇 년 뒤 디드리히 디더리히젠이 독일의 "팝-이론"에 대해서 유사한 언급을 하였다: "독일에서는 어떤 노래와 밴드의 태도가 a) 원산지에서보다, 그리고 b) 그 노래와 밴드가 얻었던 것보다 10배 더 강도 높게, 그리고 20배나 더 철학적으로 받아들여진다."(Deutschland 88: Wort auf!, in: *Spex*, 1988, 9, 34) 마테스의 요청에 대한 거부는 Scholz, Innerdeutsches Frankreich, 66 참조. 이 절과 다음 절은 이 글의 독해 방식에 기초하고 있다. 프랑스 사상이 독일에 수입되는 과

정에 대해서는 Felsch, *Der lange Sommer* 참조. 푸코의 매력에 대해서는 Bude, Starnberg, 99 참조.

12 Gerd Bergfleth, Die zynische Aufklärung, in: ders. u. a., *Zur Kritik der palavernden Aufklärung*, München 1984, 181, 188ff. 『로볼트 문학 매거진』과 아메리에 관해서는 Felsch, *Der lange Sommer*, 114ff.

13 Habermas an Paul Veyne am 25. 6. 1981. UBA Ffm Na 60, 70; Eribon, *Michel Foucault und seine Zeitgenossen*, 289. 하버마스가 아이러니와 진지함을 대조한 것은 James Miller, *The Passion of Michel Foucault*, New York 1993, 339 참조. 이 책은 두 사람의 만남을 매우 우호적으로 서술하고 있다.

14 푸코의 말은 Eribon, *Foucault und seine Zeitgenossen*, 290에서 재인용; Habermas an Michel Foucault am 23. 8. 1983. UBA Ffm Na 60, 82. "보편적" 지식인과 "특수한" 지식인의 대조에 관해서는 Michel Foucault, Wahrheit und Macht, in: ders., *Dispositive der Macht. Über Sexualität, Wissen und Wahrheit*, Berlin 1978, 46f.

◆ 거리 두기와 용기

1 슬로터다이크의 말은 Müller-Doohm, *Habermas*, 419에서 재인용. 하버마스의 공적 참여에서의 배타적 목표 설정에 대해서는 Max Pensky, Jürgen Habermas and the Antinomies of the Intellectual, in: *Habermas. A Critical Reader*, hg. v. Peter Dews, Oxford 1999, 211-37 참조.

2 Jaeggi, Puzzlearbeit; Jürgen Habermas, Vorwort, in: ders., *Die Neue Unübersichtlichkeit*, 7. 크리스토프 묄러스는 하버마스의 저작들에서 수사학적 수단의 활용은 그의 이론적 숙고에 의해서 설명되지 않는다는 것을 관찰했다. ders., Ach, Ästhetik!, in: *Zeitschrift für Ideengeschichte*, 15 (2021) 3, 83ff. 하버마스의 "부업" 표현에 대해서는 Pensky, Antinomies of the Intellectual, 216. 참조. "역할 산문"의 개념과 관련해서는 크리스티안 마르흘레비츠로부터 도움을 받았다.

3 Habermas, Dialektik der Rationalisierung, 205. 하버마스는 1953년에 이미 다음

과 같은 말로 하이데거 비판을 시작했다. "우리는 여기서 철학자 마르틴 하이데거를 철학자로서가 아니라 그의 정치적 광휘에서, 그리고 지식인들의 내부 토론에 대한 영향에서가 아니라 민감하고 열정적인 대학생들의 의지 형성에 대한 영향에서 다룬다."(Ders., Zur Veröffentlichung von Vorlesungen, 65)

4   Ders., *Der philosophische Diskurs der Moderne*, 390.

5   Ders., Dialektik der Rationalisierung, 205. 하버마스의 결핍된 역할 일관성에 대해서는 Möllers, Ach, Ästhetik!, 83ff.도 참조.

6   Habermas, Interview mit Detlef Horster, 518; Jaeggi, Puzzlearbeit.

◇ 나는 고발한다

1   하버마스가 역사가 논쟁을 "돌발적으로 일으켰고, 또 승리"했다는 것은 페터 글로츠의 말이다. — 이에 관해서는 Jörg Lau, Öffentlichkeit und Beharrung, 65. 그리고 동시에 Ring: Jürgen Habermas, Kommunikationsphilosoph und Historikerstreiter, hat morgen Geburtstag, in: *taz*, 17. 6. 1994 참조; Jürgen Habermas, Heinrich Heine und die Rolle des Intellektuellen in Deutschland, in: ders., *Eine Art Schadensabwicklung*, 50.

2   Ernst Nolte, Vergangenheit, die nicht vergehen will, in: *FAZ*, 6. 6. 1986; 놀테의 글 인용은 Klaus Pokatzky, Saul Friedländer: Pavel, Paul, Shaul. Erfahrungen mit der deutschen Verdrängung: Ein Historiker aus Tel Aviv in Berlin, in: *Die Zeit*, 16. 5. 1986.

3   예를 들면, Guido Sprügel, Der Katechet des Unsinns, in: *Jungle World*, 10. 2. 2022; Habermas, Apologetische Tendenzen, 133. 여기서 하버마스가 언급한 "나토 철학"이라는 말에 기초해서 곧 "나토 역사가"에 대한 논의가 일었다. 이에 관해서는 Thomas Nipperdey, Wozu Geschichte gut ist, in: *Militärgeschichtliche Zeitschrift*, 41 (1987) 1, 7 참조. 연속성 단절에 대한 더 나중의 텍스트로부터의 인용. Jürgen Habermas, Nochmals: Zur Identität der Deutschen. Ein einig Volk von aufgebrachten Wirtschaftsbürgern?, in: ders., *Die nachholende Revolution. Kleine Politische Schriften VII*, Frankfurt a. M. 1990, 219f.; ders., Apologetische

Tendenzen, 135.

4 탁월한 개관으로서는 Ulrich Herbert, Der Historikerstreit. Politische, wissenschaftliche, biographische Aspekte, in: *Zeitgeschichte als Streitgeschichte. Große Kontroversen nach 1945*, hg. v. Martin Sabrow u. a., München 2003, 94-113 참조. 그리고 Raul Hilberg, *Die Vernichtung der europäischen Juden*, ergänzte Neuausgabe, Frankfurt a. M. 2023도 참조하되, 특히 르네 슐로트의 서문과 크리스티안 제거의 발문(跋文)에 주목할 것.

5 Herbert, Der Historikerstreit, 105f.; Habermas, Der Marsch durch die Institutionen; ders., Alt, aber nicht fromm, 188. 논쟁의 출발점에 관해서는 Susan Neiman, Wie die beiden Historikerstreite zusammenhängen, in: *Historiker streiten. Gewalt und Holocaust — Die Debatte*, hg. v. ders. und Michael Wildt, Berlin 2022, 7 참조. 놀테의 텔레비전 출연은 안드레아스 크리스토프 슈미트의 다큐멘터리 *Ernst Nolte — ein deutscher Streitfall*, Deutschland 2013.

6 Dirk Moses, Der Katechismus der Deutschen. https://geschichtedergegenwart. ch/der-katechismus-der-deutschen; Omri Boehm, Macht den Mund auf! Deutschland braucht eine mündigere öffentliche Diskussion über Israel — im Geiste der Aufklärung, in: *Die Zeit*, 21. 10. 2015. 그리고 Neiman und Wildt, *Historiker streiten*에 실린 글들도 참조.

7 Jürgen Habermas u. a., Grundsätze der Solidarität. Eine Stellungnahme. https://www.normativeorders.net/2023/grundsatze-der-solidaritat/. 이에 대한 비판은 https://www.theguardian.com/world/2023/nov/22/the-principle-of-humandignity-must-apply-to-all-people 참조. 독일의 기억정치와 다문화사회의 관계에 대한 문제 제기는 Pensky, Antinomies of the Intellectual, 230 참조. 또한 Per Leo, *Tränen ohne Trauer. Nach der Erinnerungskultur*, Stuttgart 2021도 참조.

8 Ernst Tugendhat an Habermas am 12. 7. 1986. UBA Ffm Na 60, 109.

9 Jürgen Habermas, Statt eines Vorworts, in: Saul Friedländer u. a., *Verbrechen ohne Namen. Anmerkungen zum neuen Streit über den Holocaust*, München 2022. HSoz-Kult, 13. 05. 2022에 실린 미하엘 빌트의 비판적 논평도 참조.

10 Wolfgang Mommsen an Habermas am 18. 11. 1986. UBA Ffm Na 60, 106; Hans-

Ulrich Wehler an Habermas am 1. 9. 1986. UBA Ffm Na 60, 109; Martin Broszat an Habermas am 8. 10. 1986. UBA Ffm Na 60, 102. 1980년대 초 독일 역사학의 상황에 관해서는 Charles S. Maier, *The Unmasterable Past. History, Holocaust, and German National Identity*, Cambridge, Mass. 1988, 38f. 참조.

11 Klaus Hildebrand, Das Zeitalter der Tyrannen. Eine Entgegnung auf Jürgen Habermas, in: *»Historikerstreit«. Die Dokumentation der Kontroverse um die Einzigartigkeit der nationalsozialistischen Judenvernichtung*, München 1988, 86; Thomas Nipperdey, Unter der Herrschaft des Verdachts. Wissenschaftliche Aussagen dürfen nicht an ihrer politischen Funktion gemessen werden, in: ebd., 218; Imanuel Geiss, *Die Habermas-Kontroverse. Ein deutscher Streit*, Berlin 1988, 176; Habermas, Apologetische Tendenzen, 145. 그리고 역사가 논쟁에서 하버마스의 태도가 소위 근대의 적대자들에 대한 투쟁의 연장선 위에 있다는 결론은 Maier, *The Unmasterable Past*, 40 참조.

12 Habermas, Die Krise des Wohlfahrtsstaates, 154.

13 Ders., Die neue Intimität zwischen Kultur und Politik, in: ders., *Die nachholende Revolution*, 10; Christoph Türcke, Darüber schweigen sie alle. Tabu und Antinomie in der neuen Debatte über das Dritte Reich, in: *Merkur*, Nr. 463/64 (1987), 770; Herbert, Historikerstreit, 97. 사회로부터 문화로의 패러다임 전환에 대해서는 Jürgen Kaube, Geschichtspatriotismus. Über einige Ähnlichkeiten der Gegner im Historikerstreit, in: *Singuläres Auschwitz? Ernst Nolte, Jürgen Habermas und 25 Jahre »Historikerstreit«*, hg. v. Mathias Brodkorb, Banzkow 2011, 120 참조.

14 Jürgen Habermas, Keine Normalisierung der Vergangenheit, in: ders., *Eine Art Schadensabwicklung*, 13.

◆ 미래로부터의 귀환

1 Ders., Zur Veröffentlichung von Vorlesungen, 72; ders., Über den moralischen Notstand in der Bundesrepublik, in: ders., *Philosophisch-politische Profile*,

96, 98; Norbert Frei, Deutsche Vergangenheit und postkoloniale Katechese, in: Friedländer u. a., *Verbrechen ohne Namen*, 42. 하버마스가 1960년대 프랑크푸르트대학 교수 시절에도 "'파시즘'이라는 복합적 문제"를 한 번도 강의에서 다루지 않았다는 사실에 관해서는 Müller-Doohm, *Habermas*, 177 참조.

2   "순수한 미래 프로젝트"로서의 독일연방공화국에 관해서는 Christian Geulen, Bundesrepublikanismus. Überlegungen zur Vorgeschichte der Gegenwart, in: *Merkur*, Nr. 893 (2023), 22 참조; Hermann Lübbe, Der Nationalsozialismus im deutschen Nachkriegsbewusstsein, in: *Historische Zeitschrift*, 236 (1983), 579-99; "구체화의 회피"는 Herbert, Historikerstreit, 101 참조. 하버마스에 관해서는 Widmann, Wahrheit und Gesellschaft 참조; 68세대에 관해서는 Schmidt, *Israel und die Geister von '68*.

3   Reinhart Koselleck, Wozu noch Historie?, in: *Historische Zeitschrift*, 212 (1971), 1, 14; Wolfgang Mommsen, *Die Geschichtswissenschaft jenseits des Historismus*, Düsseldorf 1971, 41, 27. 피셔 논쟁의 의미와 서독 역사 서술에서의 패러다임 전환에 관해서는 Richard J. Evans, *In Hitler's Shadow. West German Historians and the Attempt to Escape from the Nazi Past*, New York 1989, 113f. 참조.

4   Habermas, Geschichte und Evolution, 204, 249f. 빌레펠트 사회사학파의 제한된 지평에 관해서는 ders., *Theorie des kommunikativen Handelns, Bd. 2*, 551 참조.

5   Ders., Können komplexe Gesellschaften eine vernünftige Identität ausbilden?, in: ders., *Zur Rekonstruktion des historischen Materialismus*, 106, 117, 119ff.

6   Gustav Seibt, Die Formen der Historie. Zu einer »Theorie der modernen Geschichtsschreibung«, in: *Merkur*, Nr. 463/64 (1987), 903; Mommsen, Jenseits des Historismus, 30. 이와 관련한 일목요연한 정리는 Fernando Esposito (Hg.), *Zeitenwandel. Transformationen geschichtlicher Zeitlichkeit nach dem Boom*, Göttingen 2017.

7   Golo Mann, Die alte und die neue Historie, in: *Tendenzwende. Zur geistigen Situation in der Bundesrepublik*, hg. v. Clemens Podewils, Stuttgart 1975, 58. 하버마스의 평가에 대해서는 *Kollektive Erinnerungsprozesse in Beziehung zur NS-Zeit*, unveröffentlichtes Transkript einer Tagung am 14. und 15. Februar

1986, Wissenschaftskolleg zu Berlin, Bibliothek.

8 슈미트의 인용은 Iring Fetscher, Die Suche nach der nationalen Identität, in: *Stichworte zur »Geistigen Situation der Zeit«, Bd. 1*, hg. v. Jürgen Habermas, 121. Karl Heinz Bohrer, Deutschland — noch eine geistige Möglichkeit. Bemerkungen zu einem nationalen Tabu, in: *FAZ*, 28. 4. 1979.

9 Walser, *Tagebücher 1974-1978*, 423; ders., *Schreiben und Leben. Tagebücher 1979-1981*, Reinbek 2015, 51; ders., Händedruck mit Gespenstern, in: *Stichworte zur »Geistigen Situation der Zeit«, Bd. 1*, hg. v. Jürgen Habermas, 44, 48, 50.

10 Ders., *Tagebücher 1979-1981*, 229f.

11 Ebd., 226-30. 하버마스의 시각에서 본 이날 저녁의 상황은 Jürgen Habermas, Begegnungen mit Gershom Scholem, in: *Münchner Beiträge zur jüdischen Geschichte und Kultur*, 1 (2007) 2, 9.

12 Walser, Händedruck mit Gespenstern, 44; Scholem, Juden und Deutsche, 46; Martin Walser, Erfahrungen beim Verfassen einer Sonntagsrede. https://hdms. bsz-bw.de/frontdoor/deliver/index/docId/440/file/walserRede.pdf

13 Ralf Dahrendorf, Zur politischen Kultur der Bundesrepublik, in: *Merkur*, Nr. 455 (1987), 71; Richard von Weizsäcker, Rede zum 40. Jahrestag des Kriegsendes am 8. Mai 1985. https://www.bundespraesident.de/SharedDocs/Reden/DE/ Richardvon-Weizsaecker/Reden/1985/05/19850508_Rede.html. 바이츠제커의 유명한 연설에 대한 이러한 해석은 Dirk Moses, Deutschlands Erinnerungskultur und der »Terror der Geschichte«, in: *Historiker streiten*, hg. v. Neiman und Wildt, 226.

14 비젤의 말은 Herbert, Historikerstreit, 97에서 재인용; Habermas, Keine Normalisierung der Vergangenheit, 11f.

◇ 역사와 기억

1 Saul Friedländer an Habermas am 26. 11. 1985. UBA Ffm Na 60, 104. '고

등연구소'에서의 회의에 관해서는 ders., *Wohin die Erinnerung führt. Mein Leben*, München 2016, 238ff. 그리고 이미 인용했던 대회 녹취록(*Kollektive Erinnerungsprozesse in Beziehung zur NS-Zeit*) 참조.

2 슈투트가르트 회의에 관해서는 Magnus Brechtken, Raul Hilberg, der Begriff Holocaust und die Konferenzen von San José bis Stuttgart, in: *Raul Hilberg und die Holocaust-Historiographie*, hg. v. René Schlott, Göttingen 2019, 63ff. 참조.

3 모두 *Kollektive Erinnerungsprozesse in Beziehung zur NS-Zeit*에서 인용.

4 바프네프스키에 관해서는 https://www.deutschlandfunk.de/die-geister-die-man-rief-100.html 참조.

5 Habermas an Saul Friedländer am 7. 4. 1986. UBA Ffm Na 60, 104. 베를린에서의 에피소드는 Pokatzky, Friedländer: Pavel, Paul, Shaul 참조; Friedländer, *Wohin die Erinnerung führt*, 240ff.

◆ 포스트 민족적 자각의 시간

1 Jürgen Habermas, Zur Identität der Deutschen, 206; 빙클러의 말은 *Kollektive Erinnerungsprozesse in Beziehung zur NS-Zeit*에서 재인용. 하버마스의 소극적 태도에 관해서는 ders., *Die nachholende Revolution*, 177; 독일 통일에 대한 하버마스의 초기 입장에 관해서는 ders., *Vergangenheit als Zukunft*, 64.

2 Ders., Hans-Christoph Rauh, *Philosophie aus einer abgeschlossenen Welt. Zur Geschichte der DDR-Philosophie und ihrer Institutionen*, Berlin 2017, 53에서 재인용. 동독에 대한 그의 태도 요약은 Habermas, *Vergangenheit als Zukunft*, 47 참조. 비어만의 말은 2023년 11월 9일의 한 이메일에서 재인용. 입추의 여지가 없었다는 마르틴루터대학 강당 묘사에 도움을 준 나움부르크의 랄프 다이히베르크에게 감사한다. Andreas Maercker an Habermas am 15. 1. 1986. UBA Ffm Na 60, 106; Habermas an Andreas Maercker am 16. 4. 1986, ebd. 하버마스의 도서 발송에 관해서는 메르커가 자신의 홈페이지에서 언급하고 있다. http://www.maercker-website.ch/images/data/Polit_phil_Exzerpte_jungen_

Mannes_150508.pdf

3   Habermas, *Vergangenheit als Zukunft*, 48f.

4   Bohrer, *Jetzt*, 287. "철학자"로서의 하버마스가 중요한 역할을 하는 보러의 자서
전에서도 이 둘의 우정에 대한 묘사가 나온다.

5   Habermas, *Einleitung*, 34; Karl Heinz Bohrer an Habermas am 12. 7. 1986.
UBA Ffm Na 60, 102. 보러의 본공화국 시리즈는 'Die Unschuld an die Macht!
Eine politische Typologie'라는 제목 아래 여러 기사를 포함한다. 1. Folge: Die
Schaden vom Volke wenden, in: *Merkur*, Nr. 425 (1984), 342-46; 2. Folge: Die
Zombies, in: ebd., Nr. 427 (1984), 587-91; 3. Folge: Die guten Hirten, in: ebd.,
Nr. 431 (1985), 74-78. 그리고 그 이전에 나온 ders., Die Ästhetik des Staates, in:
ebd., Nr. 423 (1984), 1-15도 참조.

6   Bohrer, Warum wir keine Nation sind. 하버마스의 60번째 생일과 보러의 의외
의 선택에 대한 묘사는 *Jetzt*, 301f., 315f.

7   Bohrer, Warum wir keine Nation sind. 하버마스의 프랑크푸르트 연설에 관해서
는 ders., *Jetzt*, 12 참조.

8   Bohrer, Warum wir keine Nation sind; Habermas, Zur Identität der Deutschen,
219; Karl Heinz Bohrer, Die Ästhetik des Staates revisited, in: *Merkur*, Nr.
689/90 (2006), 750; Gustav Seibt, Zyklus von Erniedrigung und Überhebung.
Norbert Elias' »Studien über die Deutschen«, *Merkur*, Nr. 494 (1990), 334.

9   Jürgen Habermas, Die Stunde der nationalen Empfindung. Republikanische
Gesinnung oder Nationalbewußtsein?, in: ders., *Die nachholende Revolution*,
163; Jan Philipp Reemtsma, Erinnerung vergemeinschaften. Ein kurzes
Gespräch über Nachteile der Geschichtsschreibung, in: *Mittelweg*, 36, 15 (2006)
3, 30; Habermas, Wozu noch Philosophie?, 24. 후기의 연방공화국에 대한 하버
마스의 옹호는 ders., *Vergangenheit als Zukunft*, 77. 포스트 민족적 정서의 확산
에 대해서는 ders., Zur Identität der Deutschen, 209f. "정치 혐오"의 증가에 대해
서는 Ulrich Herbert, *Geschichte Deutschlands im 20. Jahrhundert*, München
2014, 989 참조.

10   Bohrer, *Jetzt*, 316; ders. an Habermas am 30. 12. 1989, 1. 2. und 29. 5. 1990.
UBA Ffm Na 60, 143; Habermas an Karl Heinz Bohrer am 15. 10. 1990, ebd.

---

11 Ders., Zur Identität der Deutschen, 217; ders., *Vergangenheit als Zukunft*, 56; ders., Nachholende Revolution und linker Revisionsbedarf. Was heißt Sozialismus heute?, in: ders., *Die nachholende Revolution*, 181. 독일 통일이 하버마스의 이론에 대해 갖는 의미는 Specter, *Habermas*, Kap. 5 참조. 그리고 Jens Hacke, Wir-Gefühle. Repräsentationsformen kollektiver Identität bei Jürgen Habermas, in: *Mittelweg 36*, 17 (2008) 6, 12-32도 살펴보라.

12 하버마스의 말은 Christa Wolf, *Auf dem Weg nach Tabou. Texte 1990-1994*, Köln 1994, 141, 145에서 재인용; Habermas, *Vergangenheit als Zukunft*, 78.

13 Wolf, *Auf dem Weg nach Tabou*, 145; Friedrich Dieckmann, Weder Wunsch- noch Schreckvorstellung. Zur Frage der deutschen Staatseinheit, in: *Merkur*, Nr. 494 (1990), 337f. ders., Die Deutschen und die Nation, in: ebd., Nr. 509 (1991), 656 참조.

14 Habermas, Die Stunde der nationalen Empfindung, 163. ders., 1989 im Schatten von 1945 참조. Zur Normalität einer künftigen Berliner Republik, in: ders., *Die Normalität einer Berliner Republik*, 167-88. 동유럽인들의 집단적 상처(Kraenkung) 테제에 대해서는 Ivan Krastev und Stephen Holmes, *The Light that Failed. A Reckoning*, London 2019.

◇ 세계 내부 정치의 우선성

1 Habermas, Interview mit Detlef Horster, 523. 젊은 하버마스의 유럽에 대한 입장은 Müller-Doohm, *Habermas*, 472f. 참조. 하버마스의 시대진단의 제한성에 대해서는 Jürgen Kaube, Die geistige Situation der Zeit. Über einige Merkmale von Gegenwartsdiagnosen, in: *»Wahrheit ist, was uns verbindet«. Karl Jaspers' Kunst zu philosophieren*, hg. v. Reinhard Schulz u. a., Göttingen 2008, 379-90 참조.

2 Habermas, Ein avantgardistischer Spürsinn für Relevanzen, 85; ders., Ein Gespräch über Fragen der politischen Theorie, 163.

3 Ders., Ist die Herausbildung einer europäischen Identität nötig, und ist sie

möglich?, in: ders., *Der gespaltene Westen. Kleine Politische Schriften X*, Frankfurt a. M. 2004, 81; ders., *Zur Verfassung Europas. Ein Essay*, Frankfurt a. M. 2011, 109f.

4 Hans-Georg Gadamer an Habermas am 14. 8. 1972. UBA Ffm Na 60, 16; Habermas, Geschichtsbewußtsein und posttraditionale Identität, 161.

5 정체성 형성의 재귀적 본성에 대해서는 Jürgen Habermas, Braucht Europa eine Verfassung?, in: *Die Zeit*, 28. 6. 2001.

6 Jan Philipp Reemtsma, Auf den Friedenspreisträger 2001. Eine Laudatio. https://www.friedenspreis-des-deutschen-buchhandels.de/alle-preistraeger-seit-1950/2000-2009/juergen-habermas; Habermas, *Vergangenheit als Zukunft*, 62; ders., *Faktizität und Geltung. Beiträge zur Diskurstheorie des Rechts und des demokratischen Rechtsstaats*, Frankfurt a. M. 1994, 13.

7 Ders., Ein avantgardistischer Spürsinn für Relevanzen, 85; ders., *Zur Verfassung Europas*, 40; ders., Staatsbürgerschaft und nationale Identität, in: ders., *Faktizität und Geltung*, 651; ders., Ist die Herausbildung einer europäischen Identität nötig?, 81; Perry Anderson, After the Event, in: *New Left Review*, 73 (2012), 52. 우크라이나 전쟁에 있어서 서방의 "단결"에 대해서는 Peter Neumann, Seine Sorge. Warum Jürgen Habermas noch immer in den Kategorien der Welt vor 1989 denkt, in: *Die Zeit*, 23. 2. 2023 참조.

8 오트프리트 회페의 말은 Habermas, *Faktizität und Geltung*, 10에서 재인용; Jürgen Habermas, Schlusswort, in: *50 Jahre Grundgesetz — 35 Jahre Theodor-Heuss-Stiftung. Auf dem Wege zu einer demokratischen Bürgergesellschaft*, Stuttgart 1999, 37; N. N., Habermas als Popstar, in: *FAZ*, 14. 10. 2001; Jan Ross, Hegel der Bundesrepublik, in: *Die Zeit*, 11. 10. 2001. 피셔에 대한 하버마스의 태도에 대해서는 Habermas an Joschka Fischer am 12. 2. 1986. UBA Ffm Na 60, 104. 그리고 Fischer, Gründungsfigur des demokratischen Deutschland, 49. 녹색당 일반에 대해서는 Habermas, *Vergangenheit als Zukunft*, 121을 보라.

9 »Ab und an lese ich auch Comics.« Olaf Scholz im Interview, in: *SZ*, 28. 7. 2023.

1 Habermas, Krieg und Empörung, in: *SZ*, 28. 4. 2022. ders., Ein Plädoyer für Verhandlungen, in: ebd., 15. 2. 2023.

2 Timothy Snyder, Gegen Habermas' Ukraine-Thesen. Deutsche Verantwortung, in: *FAZ*, 24. 6. 2022; Joachim Krause, Eskalationsphobie — eine deutsche Krankheit, in: ebd., 7. 2. 2023; Simon Strauss, Hart verteidigte Illusionen. Der Chef-Kritiker der bundesrepublikanischen Öffentlichkeit sieht seine Felle davonschwimmen, in: ebd., 30. 4. 2022; 멜니크의 인용은 N. N., Habermas plädiert für schnelle Verhandlungen, in: *SZ*, 15. 2. 2023; Christian Geyer, Habermas, in: *FAZ*, 16. 2. 2023. 나는 아직 인쇄물에서 "국가 평화주의"라는 신조어를 보지는 못했지만, 하버마스의 첫 번째 기고문을 둘러싼 논쟁 과정에서 처음으로 들었다.

3 Habermas, Interview mit Detlef Horster, 513; ders., Wider die Logik des Krieges. Ein Plädoyer für Zurückhaltung, aber nicht gegenüber Israel, in: *Die Zeit*, 15. 2. 1991; 엔첸스베르거에 대한 논평은 ders., *Vergangenheit als Zukunft*, 25; ders., *Krieg und Empörung*. 하버마스의 시민 불복종에 대한 옹호는 ders., Ziviler Ungehorsam — Testfall für den demokratischen Rechtsstaat, in: ders., *Die Neue Unübersichtlichkeit*, 79-99. 군사적 개입 사례들에 대한 하버마스의 태도를 개관한 글로는 Müller-Doohm, *Habermas*, 373-85.

4 독자의 편지 인용은 ebd., 376. Jürgen Habermas, Bestialität und Humanität. Ein Krieg an der Grenze zwischen Recht und Moral, in: *Die Zeit*, 29. 4. 1999. "갖지 못한 경찰력"은 ders., *Vergangenheit als Zukunft*, 19.

5 Ders., Bestialität und Humanität; "세계 내부 정치" 개념에 대해서는 ders., *Vergangenheit als Zukunft*, 32.

6 메르켈과 지몬의 말은 Müller-Doohm, *Habermas*, 379에서 재인용; 한트케의 말은 Thomas Blanke, Recht und Moral im Kosovo-Krieg. Eine Auseinandersetzung mit Jürgen Habermas, in: *Kritische Justiz*, 32 (1999) 3, 412에서 재인용.

7 Jürgen Habermas, Was bedeutet der Denkmalsturz?, in: ders., *Der gespaltene*

Westen, 34, 36.

8   Ders., Fundamentalismus und Terror, in: ebd., 11.

9   Ders., Der 15. Februar — oder: Was die Europäer verbindet, in: ebd., 44; ders., Was bedeutet der Denkmalsturz?, 35; ders., Kernmacht Europa? Nachfragen, in: ebd., 54.

10   Ders., Ein Interview über Krieg und Frieden, in: ebd., 108.

11   Ders., Ein Plädoyer für Verhandlungen; ders., Bestialität und Humanität; Europe's Mistake. Interview with Jürgen Habermas, in: *Granta. The Magazine of New Writing*, Nr. 165: Deutschland (2023), 183(하버마스는 고맙게도 아직 간행되지 않은 이 기사의 독어 원문을 내게 제공해 주었다); Habermas, Krieg und Empörung.

12   Ders., Europe's Mistake, 182; 스트라우스의 말은 Harald Bluhm, Ein politischer Denkzettel aus Chicago. Leo Strauss liest die Leviten, in: *Zeitschrift für Ideengeschichte*, 15 (2021) 3, 29에서 재인용.

◇ 보편적인 지역의 사상가

1   Rainald Goetz, Absoluter Idealismus. Bericht, in: *Zeitschrift für Ideengeschichte*, 17 (2023) 1, 12; 보리스 피스토리우스의 인용은 https://www.zdf.de/nachrichten/politik/neitzel-zeitenwendepistorius-interview-berlin-direkt-100.html

2   "미국 정당 제도의 해체"라는 용어는 Europe's Mistake, 185 참조. 우리의 슈타른베르크 대담에서도 하버마스는 이와 유사한 방식으로 이야기했다. 서방의 몰락에 관해서는 최근의 Moritz Rudolph, Tocqueville global. Das Phantom des schrecklichen Westens, in: *Merkur*, Nr. 893 (2023), 84-91.

3   "전 지구적으로 영향력 있는 행위자"로서의 유럽, 증대하는 "과거", 그리고 "이상주의"에 대한 변호는 Europe's Mistake, 182, 185 참조.

<h1 style="text-align:center">참고문헌</h1>

Theodor W. Adorno, *Minima Moralia. Reflexionen aus dem beschädigten Leben*, Frankfurt a. M. 1962.

Theodor W. Adorno, *Nachgelassene Schriften, Bd. IV, 16: Vorlesung über negative Dialektik*, Frankfurt a. M. 2003.

Tobias Amslinger, *Verlagsautorschaft. Enzensberger und Suhrkamp*, Göttingen 2018.

Perry Anderson, After the Event, in: *New Left Review*, 73 (2012), 49-61.

Hannah Arendt, Wahrheit und Politik, in: dies., *Wahrheit und Lüge in der Politik. Zwei Essays*, München 2017, 44-92.

Lothar Baier, *Französische Zustände. Berichte und Essays*, Frankfurt a. M. 1982.

Gerd Bergfleth, Die zynische Aufklärung, in: ders. u. a., *Zur Kritik der palavernden Aufklärung*, München 1984, 180-97.

Thomas Blanke, Recht und Moral im Kosovo-Krieg. Eine Auseinandersetzung mit Jürgen Habermas, in: *Kritische Justiz*, 32 (1999) 3, 410-25.

Harald Bluhm, Ein politischer Denkzettel aus Chicago. Leo Strauss liest die Leviten, in: *Zeitschrift für Ideengeschichte*, 15 (2021) 3, 28-30.

Omri Boehm, Macht den Mund auf! Deutschland braucht eine mündigere öffentliche Diskussion über Israel — im Geiste der Aufklärung, in: *Die Zeit*, 21. 10. 2015.

Frank Bösch, *Zeitenwende 1979. Als die Welt von heute begann*, München 2019.

Karl Heinz Bohrer, Deutschland — noch eine geistige Möglichkeit. Bemerkungen zu einem nationalen Tabu, in: *FAZ*, 28. 4. 1979.

Karl Heinz Bohrer, Die Ästhetik des Staates, in: *Merkur*, Nr. 423 (1984), 1-15.

Karl Heinz Bohrer, Die Unschuld an die Macht! Eine politische Typologie. 1. Folge: Die Schaden vom Volke wenden, in: *Merkur*, Nr. 425 (1984), 342-46.

Karl Heinz Bohrer, Die Unschuld an die Macht! 2. Folge: Die Zombies, in: *Merkur*, Nr. 427 (1984), 587-91.

Karl Heinz Bohrer, Die Unschuld an die Macht! 3. Folge: Die guten Hirten, in: *Merkur*, Nr. 431 (1985), 74-78.

Karl Heinz Bohrer, Warum wir keine Nation sind. Warum wir eine werden sollten, in: *FAZ*, 13. 1. 1990.

Karl Heinz Bohrer, 1968: Die Phantasie an die Macht? Studentenbewegung — Walter Benjamin — Surrealismus, in: *Merkur*, Nr. 585 (1997), 1069-80.

Karl Heinz Bohrer, Die Ästhetik des Staates revisited, in: *Merkur*, Nr. 689/90 (2006), 749-57.

Karl Heinz Bohrer, *Jetzt. Geschichte meines Abenteuers mit der Phantasie*, Frankfurt a. M. 2017.

Norbert Bolz, Niklas Luhmann und Jürgen Habermas. Eine Phantomdebatte, in: *Luhmann Lektüren*, hg. v. Wolfram Burckhardt, Berlin 2010, 34-52.

Magnus Brechtken, Raul Hilberg, der Begriff Holocaust und die Konferenzen von San José bis Stuttgart, in: *Raul Hilberg und die Holocaust-Historiographie*, hg. v. René Schlott, Göttingen 2019, 47-70.

Stefan Breuer, Die Depotenzierung der Kritischen Theorie. Über Jürgen Habermas' »Theorie des kommunikativen Handelns«, in: *Leviathan*, 10 (1982) 1, 132-46.

Hauke Brunkhorst, Anteil der Moral an der Menschwerdung des Affen. Jürgen Habermas' Theorie des kommunikativen Handelns, in: *FR*, 13. 3. 1982.

Rüdiger Bubner, Rationalität als Lebensform. Zu Jürgen Habermas' »Theorie des kommunikativen Handelns«, in: *Merkur*, Nr. 406 (1982), 341-55.

Heinz Bude, Die Soziologen der Bundesrepublik, in: *Merkur*, Nr. 520 (1992), 569-80.

Heinz Bude, Starnberg, in: *Zeitschrift für Ideengeschichte*, 15 (2021) 3, 92-99.

Jan Bürger, Grüße vom Zaungast. Max Frisch nähert sich im Schatten der Revolte, in: ebd., 40-43.

Jürgen Busche, Sein oder Nichtsein — das ist nicht die Frage. Jürgen Habermas und seine »Theorie des kommunikativen Handelns«, in: *FAZ*, 27. 2. 1982.

Alexander Cammann, Augenblicke der Liebe. Der Philosoph und die Literaten, in: *Zeitschrift für Ideengeschichte*, 15 (2021) 3, 86-91.

Lucia Corchia u. a. (Hg.), *Habermas global. Wirkungsgeschichte eines Werks*, Frankfurt a. M. 2019.

Rachel Cusk, *Outline*, London 2014.

Ralf Dahrendorf, Zur politischen Kultur der Bundesrepublik, in: *Merkur*, Nr. 455 (1987), 68-72.

Ralf Dahrendorf, Zeitgenosse Habermas. Jürgen Habermas zum sechzigsten Geburtstag, in: *Merkur*, Nr. 484 (1989), 478-87.

Gilles Deleuze, Nomaden-Denken, in: *Die einsame Insel. Texte und Gespräche von 1953 bis 1974*, Frankfurt a. M. 2003, 366-80.

Isaac Deutscher, *Der nichtjüdische Jude*, Berlin 2013.

Joan Didion, Slouching Towards Bethlehem, in: dies., *Slouching Towards Bethlehem. Essays*, New York 2008, 84-128.

Joan Didion, Goodbye to All That, in: ebd., 225-38.

Friedrich Dieckmann, Weder Wunsch- noch Schreckvorstellung. Zur Frage der deutschen Staatseinheit, in: *Merkur*, Nr. 494 (1990), 335-40.

Friedrich Dieckmann, Die Deutschen und die Nation, in: *Merkur*, Nr. 509 (1991), 649-59.

Diedrich Diederichsen, Deutschland 88: Wort auf!, in: *Spex*, 1988, 9, 34f.

Georg Diez und Christopher Roth, *80*81*, 11 Bde., Zürich 2011.

Jan Eike Dunkhase, Rückzug vom entzauberten Bewußtsein. Karl Löwith fragte nach der Natur der Dinge, in: *Zeitschrift für Ideengeschichte*, 15 (2021) 3, 30-34.

Ein anderes Land. Jüdisch in der DDR. Katalog zur gleichnamigen Ausstellung im Jüdischen Museum Berlin, Berlin 2023.

Norbert Elias, *Studien über die Deutschen*, Frankfurt a. M. 1989.

Hans Magnus Enzensberger, Bildung als Konsumgut. Analyse der Taschenbuch-Produktion, in: ders., *Einzelheiten*, Frankfurt a. M. 1962, 110-36.

Hans Magnus Enzensberger, *Tumult*, Berlin 2014.

Didier Eribon, *Foucault und seine Zeitgenossen*, Grafrath 2015.

Fernando Esposito (Hg.), *Zeitenwandel. Transformationen geschichtlicher Zeitlichkeit nach dem Boom*, Göttingen 2017.

Richard J. Evans, *In Hitler's Shadow. West German Historians and the Attempt to Escape from the Nazi Past*, New York 1989.

Philipp Felsch, *Der lange Sommer der Theorie. Geschichte einer Revolte, 1960-1990*, München 2015.

Philipp Felsch, Das Bunny schaut nach links, in: *Zeitschrift für Ideengeschichte*, 15 (2021) 3, 61-63.

Iring Fetscher, Die Suche nach der nationalen Identität, in: *Stichworte zur »Geistigen Situation der Zeit«, Bd. 1*, hg. v. Jürgen Habermas, 115-31.

Joschka Fischer, Gründungsfigur des demokratischen Deutschland, in: *Über Habermas. Gespräche mit Zeitgenossen*, hg. v. Michael Funken, Darmstadt 2008, 45-57.

Michel Foucault, Wahrheit und Macht, in: ders., *Dispositive der Macht. Über Sexualität, Wissen und Wahrheit*, Berlin 1978, 21-54.

Michel Foucault, Die Ethik der Sorge um sich als Praxis der Freiheit, in: ders., *Schriften in vier Bänden. Dits et Ecrits, Bd. 4*, Frankfurt a. M. 2005, 875-902.

Norbert Frei, Deutsche Vergangenheit und postkoloniale Katechese, in: Saul Friedländer u. a., *Verbrechen ohne Namen. Anmerkungen zum neuen Streit über den Holocaust*, München 2022, 33-51.

Saul Friedländer, *Wohin die Erinnerung führt. Mein Leben*, München 2016.

Hans-Georg Gadamer, Lob der Theorie, in: ders., *Lob der Theorie. Reden und Aufsätze*, Frankfurt a. M. 1983, 26-50.

Imanuel Geiss, *Die Habermas-Kontroverse. Ein deutscher Streit*, Berlin 1988.

Christian Geulen, Bundesrepublikanismus. Überlegungen zur Vorgeschichte der Gegenwart, in: *Merkur*, Nr. 893 (2023), 19-33.

Christian Geyer, Habermas, in: *FAZ*, 16. 2. 2023.

Rainald Goetz, Absoluter Idealismus. Bericht, in: *Zeitschrift für Ideengeschichte*, 17 (2023) 1, 5-16.

Hans Ulrich Gumbrecht, *Unsere breite Gegenwart*, Frankfurt a. M. 2016.

Jürgen Habermas, Im Lichte Heideggers, in: *FAZ*, 12. 7. 1952.

Jürgen Habermas, Philosophie ist Risiko, in: *FAZ*, 19. 6. 1954.

Jürgen Habermas, Chemische Ferien vom Ich. Huxleys Umgang mit Meskalin, in: *FAZ*, 11. 12. 1954.

Jürgen Habermas, Die Dialektik der Rationalisierung. Vom Pauperismus in Produktion und Konsum, in: *Merkur*, Nr. 78 (1954), 710-24.

Jürgen Habermas, *Das Absolute und die Geschichte. Von der Zwiespältigkeit in Schellings Denken*, unveröffentlichte Inauguraldissertation, Bonn 1954.

Jürgen Habermas, Erkenntnis und Interesse, in: *Merkur*, Nr. 213 (1965), 1139-53.

Jürgen Habermas, *Erkenntnis und Interesse*, Frankfurt a. M. 1968.

Jürgen Habermas, Arbeit und Interaktion. Bemerkungen zu Hegels Jenenser »Philosophie des Geistes«, in: ders., *Technik und Wissenschaft als »Ideologie«*, Frankfurt a. M. 1968, 9-47.

Jürgen Habermas, Bedingungen für eine Revolutionierung spätkapitalistischer Gesellschaftssysteme, in: Ernst Bloch u. a., *Marx und die Revolution*, Frankfurt a. M. 1970, 24-44.

Jürgen Habermas, Vorbereitende Bemerkungen zu einer Theorie der kommunikativen Kompetenz, in: ders. und Niklas Luhmann, *Theorie der Gesellschaft oder Sozialtechnologie — Was leistet die Systemforschung?* Frankfurt a. M. 1971, 101-41.

Jürgen Habermas, Können komplexe Gesellschaften eine vernünftige Identität ausbilden?, in: ders., *Zur Rekonstruktion des historischen Materialismus*, Frankfurt a. M. 1976, 92-126.

Jürgen Habermas, Geschichte und Evolution, in: ebd., 200-59.

Jürgen Habermas, Die klassische Lehre von der Politik in ihrem Verhältnis zur Sozialphilosophie, in: ders., *Theorie und Praxis. Sozialphilosophische Studien*, Frankfurt a. M. 1978, 48-88.

Jürgen Habermas, Vorwort, in: ders., *Politik, Kunst, Religion. Essays über zeitgenössische Philosophen*, Stuttgart 1978, 3-10.

Jürgen Habermas, Einleitung, in: *Stichworte zur »Geistigen Situation der Zeit«, Bd. 1: Nation und Republik*, hg. v. dems., Frankfurt a. M. 1979, 7-35.

Vier Jungkonservative beim Projektleiter der Moderne, in: *die tageszeitung*, 3. und 21. 10. 1980.

Jürgen Habermas, *Theorie des kommunikativen Handelns*, 2 Bde., Frankfurt a. M. 1981.

Jürgen Habermas, Die Scheinrevolution und ihre Kinder, in: ders., *Kleine Politische Schriften (I-IV)*, Frankfurt a. M. 1981, 249-60.

Jürgen Habermas, Volksjustiz, in: ebd., 364-67.

Jürgen Habermas, Briefwechsel mit Kurt Sontheimer, in: ebd., 367-406.

Jürgen Habermas, Die Moderne — ein unvollendetes Projekt, in: ebd., 444-64.

Jürgen Habermas, Interview mit Gad Freudenthal, in: ebd., 467-90.

Jürgen Habermas, Interview mit Detlef Horster und Willem van Reijen, in: ebd., 511-32.

Jürgen Habermas, Die Philosophie als Platzhalter und Interpret, in: ders., *Moralbewußtsein und kommunikatives Handeln*, Frankfurt a. M. 1983, 9-28.

Jürgen Habermas, Ziviler Ungehorsam — Testfall für den demokratischen Rechtsstaat, in: ders., *Die Neue Unübersichtlichkeit, Kleine Politische Schriften V*, Frankfurt a. M. 1985, 79-99.

Jürgen Habermas, Mit dem Pfeil ins Herz der Gegenwart. Zu Foucaults Vorlesung über Kants *Was ist Aufklärung*, in: ebd., 126-31.

Jürgen Habermas, Die Krise des Wohlfahrtsstaates und die Erschöpfung utopischer Energien, in: ebd., 141-63.

Jürgen Habermas, Dialektik der Rationalisierung, in: ebd., 167-208.

Jürgen Habermas, Ein Interview mit der *New Left Review*, in: ebd., 213-57.

Jürgen Habermas, Wozu noch Philosophie?, in: *Philosophischpolitische Profile*, Frankfurt a. M. 1987, 15-37.

Jürgen Habermas, Zur Veröffentlichung von Vorlesungen aus dem Jahre 1935, in: ebd., 65-72.

Jürgen Habermas, Der deutsche Idealismus der jüdischen Philosophen, in: ebd., 39-64.

Jürgen Habermas, Karl Jaspers über Schelling, in: ebd., 82-87.

Jürgen Habermas, Über den moralischen Notstand in der Bundesrepublik, in: ebd.,

96-100.

Jürgen Habermas, Nachgeahmte Substantialität, in: ebd., 107-26.

Jürgen Habermas, Psychischer Thermidor und die Wiedergeburt einer rebellischen Subjektivität, in: ebd., 319-35.

Jürgen Habermas, Die verkleidete Tora, in: ebd., 377-91.

Jürgen Habermas, Der Horizont der Moderne verschiebt sich. Einige Motive des Philosophierens im 20. Jahrhundert, in: *Wo wir stehen. 30 Beiträge zur Kultur der Moderne*, hg. v. Martin Meyer, Zürich 1987, 46-52.

Jürgen Habermas, Heinrich Heine und die Rolle des Intellektuellen in Deutschland, in: ders., *Eine Art Schadensabwicklung, Kleine Politische Schriften VI*, Frankfurt a. M. 1987, 25-54.

Jürgen Habermas, Apologetische Tendenzen, in: ebd., 120-36.

Jürgen Habermas, Geschichtsbewußtsein und posttraditionale Identität. Die Westorientierung der Bundesrepublik, in: ebd., 161-79.

Der Marsch durch die Institutionen hat auch die CDU erreicht. Der Frankfurter Philosoph und Soziologe Jürgen Habermas im Gespräch mit Rainer Erd, in: *Frankfurter Rundschau*, 11. 3. 1988.

»Martin Heidegger? Nazi, sicher ein Nazi!« Ein Gespräch mit Jürgen Habermas, in: *Die Heidegger-Kontroverse*, hg. v. Jürg Altwegg, Frankfurt a. M. 1988, 172-75.

Jürgen Habermas, Ein Brief, in: *Kritische Theorie und Kultur*, hg. v. Rainer Erd u. a., Frankfurt a. M. 1989, 391-94.

Jürgen Habermas, Die neue Intimität zwischen Kultur und Politik, in: ders., *Die nachholende Revolution, Kleine Politische Schriften VII*, Frankfurt a. M. 1990, 9-17.

Jürgen Habermas, Über Titel, Texte und Termine oder wie man den Zeitgeist reflektiert, in: ebd., 48-50.

Jürgen Habermas, Die Stunde der nationalen Empfindung. Republikanische Gesinnung oder Nationalbewußtsein?, in: ebd., 157-66.

Jürgen Habermas, Nachholende Revolution und linker Revisionsbedarf. Was heißt

Sozialismus heute?, in: ebd., 179-204.

Jürgen Habermas, Nochmals: Zur Identität der Deutschen. Ein einig Volk von aufge-
brachten Wirtschaftsbürgern? in: ebd., 205-24.

Jürgen Habermas, *Vergangenheit als Zukunft*, Zürich 1991.

Jürgen Habermas, Wider die Logik des Krieges. Ein Plädoyer für Zurückhaltung, aber
nicht gegenüber Israel, in: *Die Zeit*, 15. 2. 1991.

Jürgen Habermas, Philosophie und Wissenschaft als Literatur?, in: ders., *Nachmeta-
physisches Denken. Philosophische Aufsätze*, Frankfurt a. M. 1992, 242-63.

Jürgen Habermas, Meine Jahre mit Helmut Kohl, in: *Die Zeit*, 11. 3. 1994.

Jürgen Habermas, *Faktizität und Geltung. Beiträge zur Diskurstheorie des Rechts und
des demokratischen Rechtsstaats*, Frankfurt a. M. 1994.

Jürgen Habermas, Staatsbürgerschaft und nationale Identität, in: ebd., 632-60.

Jürgen Habermas, 1989 im Schatten von 1945. Zur Normalität einer künftigen Berliner
Republik, in: ders., *Die Normalität einer Berliner Republik, Kleine
Politische Schriften VIII*, Frankfurt a. M. 1995, 65-76.

Jürgen Habermas, Ein Gespräch über Fragen der politischen Theorie, in: ebd., 135-64.

Jürgen Habermas, *Strukturwandel der Öffentlichkeit. Untersuchungen zu einer
Kategorie der bürgerlichen Gesellschaft*, Frankfurt a. M. 1996.

Jürgen Habermas, *Der philosophische Diskurs der Moderne. Zwölf Vorlesungen*,
Frankfurt a. M. 1996.

Jürgen Habermas, Bestialität und Humanität. Ein Krieg an der Grenze zwischen Recht
und Moral, in: *Die Zeit*, 29. 4. 1999.

Jürgen Habermas, Schlusswort, in: *50 Jahre Grundgesetz — 35 Jahre Theodor-Heuss-
Stiftung. Auf dem Wege zu einer demokratischen Bürgergesellschaft*,
Stuttgart 1999, 36-40.

Jürgen Habermas, Braucht Europa eine Verfassung?, in: *Die Zeit*, 28. 6. 2001.

Jürgen Habermas, Öffentlicher Raum und politische Öffentlichkeit, in: *Neue Zürcher
Zeitung*, 11. 12. 2004.

Jürgen Habermas, Fundamentalismus und Terror, in: ders., *Der gespaltene Westen.
Kleine Politische Schriften X*, Frankfurt a. M. 2004, 11-31.

Jürgen Habermas, Was bedeutet der Denkmalsturz?, in: ebd., 32-40.

Jürgen Habermas, Der 15. Februar — oder: Was die Europäer verbindet, in: ebd., 43-51.

Jürgen Habermas, Kernmacht Europa? Nachfragen, in: ebd., 52-58.

Jürgen Habermas, Ist die Herausbildung einer europäischen Identität nötig, und ist sie möglich?, in: ebd., 68-82.

Jürgen Habermas, Ein Interview über Krieg und Frieden, in: ebd., 85-110.

Jürgen Habermas, Begegnungen mit Gershom Scholem, in: *Münchner Beiträge zur jüdischen Geschichte und Kultur*, (2007) 2, 9-18.

Jürgen Habermas, Ein avantgardistischer Spürsinn für Relevanzen. Die Rolle der Intellektuellen und die Sache Europas, in: ders., *Ach, Europa. Kleine Politische Schriften XI*, Frankfurt a. M. 2008, 77-87.

Jürgen Habermas, Ich bin alt, aber nicht fromm geworden, in: *Über Habermas. Gespräche mit Zeitgenossen*, hg. v. Michael Funken, Darmstadt 2008, 181-90.

Jürgen Habermas, Die Liebe zur Freiheit, in: *FAZ*, 18. 6. 2009.

Jürgen Habermas, *Zur Verfassung Europas. Ein Essay*, Frankfurt a. M. 2011.

Jürgen Habermas, *Auch eine Geschichte der Philosophie, Bd. 1: Die okzidentale Konstellation von Glauben und Wissen*, Berlin 2019.

Moralischer Universalismus in Zeiten politischer Regression. Jürgen Habermas im Gespräch über die Gegenwart und sein Lebenswerk, in: *Leviathan*, 48 (2020) 1, 7-28.

Jürgen Habermas, *Ein neuer Strukturwandel der Öffentlichkeit und die deliberative Politik*, Berlin 2022.

Jürgen Habermas, Statt eines Vorworts, in: Saul Friedländer u. a., *Verbrechen ohne Namen. Anmerkungen zum neuen Streit über den Holocaust*, München 2022, 8-13.

Jürgen Habermas, Krieg und Empörung, in: *SZ*, 28. 4. 2022.

Jürgen Habermas, Ein Plädoyer für Verhandlungen, in: *SZ*, 15. 2. 2023.

Jürgen Habermas u. a., Grundsätze der Solidarität. Eine Stellungnahme. https://www.normativeorders.net/2023/grundsatze-dersolidaritat/

Europe's Mistake. Interview with Jürgen Habermas, in: *Granta. The Magazine of New Writing*, Nr. 165: Deutschland (2023), 177-85.

Lutz Hachmeister, *Heideggers Testament. Der Philosoph, der SPIEGEL und die SS*, Berlin 2015.

Jens Hacke, Wir-Gefühle. Repräsentationsformen kollektiver Identität bei Jürgen Habermas, in: *Mittelweg 36*, (2008) 6, 12-32.

François Hartog, *Régimes d'historicité. Présentisme et expériences du temps*, Paris 2003.

Winfried Heidemann, Die Verfolgung und Ermordung der Theorie durch die Praxis, dargestellt von Jürgen Habermas, in: *Frankfurter Schule und Studentenbewegung. Von der Flaschenpost zum Molotowcocktail, 1946-1995, Bd. 2: Dokumente*, Hamburg 1998, 733-35.

Dieter Henrich, Was ist Metaphysik, was Moderne? Thesen gegen Habermas, in: *Merkur*, Nr. 448 (1986), 495-508.

Dieter Henrich, *Ins Denken ziehen. Eine philosophische Autobiographie*, München 2021.

Ulrich Herbert, Der Historikerstreit. Politische, wissenschaftliche, biographische Aspekte, in: *Zeitgeschichte als Streitgeschichte. Große Kontroversen nach 1945*, hg. v. Martin Sabrow u. a., München 2003, 94-113.

Ulrich Herbert, *Geschichte Deutschlands im 20. Jahrhundert*, München 2014.

Raul Hilberg, *Die Vernichtung der europäischen Juden*, ergänzte Neuausgabe, Frankfurt a. M. 2023.

Klaus Hildebrand, Das Zeitalter der Tyrannen. Eine Entgegnung auf Jürgen Habermas, in: *»Historikerstreit«. Die Dokumentation der Kontroverse um die Einzigartigkeit der nationalsozialistischen Judenvernichtung*, München 1988, 84-92.

Michael G. Horowitz, Portrait of the Marxist as an Old Trouper, in: *Playboy*, September 1970.

Axel Honneth, Adorno und Habermas. Zur kommunikationstheoretischen Wende kritischer Sozialphilosophie, in: *Merkur*, Nr. 374 (1979), 648-65.

Peter Iden, Alles Linke auf seine Kappe. Ein Gespräch mit Jürgen Habermas — aus Anlaß seiner Auszeichnung mit dem AdornoPreis, in: *Frankfurter Rundschau*, 11. 9. 1980.

Florian Illies, Jahrgang 1929, in: *Die Zeit*, 12. 3. 2009.

Lorenz Jäger, *Walter Benjamin. Das Leben eines Unvollendeten*, Berlin 2017.

Urs Jaeggi, Versöhnung als Puzzlearbeit. Nachdenken über Jürgen Habermas: »Theorie des kommunikativen Handelns«, in: *Die Zeit*, 2. 4. 1982.

Ulrike Jureit und Christian Schneider, *Gefühlte Opfer. Illusionen der Vergangenheitsbewältigung*, Stuttgart 2010.

Jürgen Kaube, Geschichtspatriotismus. Über einige Ähnlichkeiten der Gegner im Historikerstreit, in: *Singuläres Auschwitz? Ernst Nolte, Jürgen Habermas und 25 Jahre »Historikerstreit«*, hg. v. Mathias Brodkorb, Banzkow 2011, 115-20.

Jozef Keulartz, *Die verkehrte Welt des Jürgen Habermas*, Hamburg 1995.

Alexander Kluge, »Unheimlichkeit der Zeit«. Neue Geschichten, Hefte 1-18, in: ders., *Chronik der Gefühle, Bd. 2: Lebensläufe*, Frankfurt a. M. 2000, 9-453.

Andreas Koch, Einfamilienhaussoziologie. https://www.waahr.de/texte/einfamilienhaussoziologie

Andreas Koller, Kontrafaktische Voraussetzungen, in: *Habermas-Handbuch*, hg. v. Hauke Brunkhorst u. a., Stuttgart 2009, 338-43.

Reinhart Koselleck, Wozu noch Historie?, in: *Historische Zeitschrift*, 212 (1971), 1-18.

Ivan Krastev und Stephen Holmes, *The Light that Failed. A Reckoning*, London 2019.

Joachim Krause, Eskalationsphobie — eine deutsche Krankheit, in: *FAZ*, 7. 2. 2023.

Jörg Lau, Öffentlichkeit und Beharrung. 65 und immer noch im Ring: Jürgen Habermas, Kommunikationsphilosoph und Historikerstreiter, hat morgen Geburtstag, in: *taz*, 17. 6. 1994.

Ariane Leendertz, Ungunst des Augenblicks. Das »MPI zur Erforschung der Lebensbedingungen der technisch-industriellen Welt« in Starnberg, in: *Indes. Zeitschrift für Politik und Gesellschaft*, 3 (2014) 1, 105-16.

Per Leo, *Tränen ohne Trauer. Nach der Erinnerungskultur*, Stuttgart 2021.

Hermann Lübbe, Der Nationalsozialismus im deutschen Nachkriegsbewusstsein, in: *Historische Zeitschrift*, 236 (1983), 579-99.

Niklas Luhmann, Systemtheoretische Argumentationen, in: Jürgen Habermas und ders., *Theorie der Gesellschaft oder Sozialtechnologie — Was leistet die Systemforschung?* Frankfurt a. M. 1971, 291-405.

Niklas Luhmann, *Soziale Systeme. Grundriß einer allgemeinen Theorie*, Frankfurt a. M. 1994.

Niklas Maak, Die absolute Form und die Geschichte. Betrachtungen zum Haus Habermas, in: *Zeitschrift für Ideengeschichte*, 15 (2021) 3, 101-14.

Charles S. Maier, *The Unmasterable Past. History, Holocaust, and German National Identity*, Cambridge, Mass. 1988.

Golo Mann, Die alte und die neue Historie, in: *Tendenzwende. Zur geistigen Situation in der Bundesrepublik*, hg. v. Clemens Podewils, Stuttgart 1975, 41-58.

Karl Markus Michel, Der Grundwortschatz des wissenschaftlichen Gesamtarbeiters seit der szientifischen Wende, in: *Stichworte zur »Geistigen Situation der Zeit«, Bd. 2: Politik und Kultur*, hg. v. Jürgen Habermas, Frankfurt a. M. 1979, 817-41.

Karl Markus Michel über Jürgen Habermas' »Theorie des kommunikativen Handelns«, in: *Der Spiegel*, 21. 3. 1982.

Odo Marquard, *Schwierigkeiten mit der Geschichtsphilosophie*, Frankfurt a. M. 1973.

James Miller, *The Passion of Michel Foucault*, New York 1993.

Christoph Möllers, Ach, Ästhetik!, in: *Zeitschrift für Ideengeschichte*, 15 (2021) 3, 81-85.

Wolfgang Mommsen, *Die Geschichtswissenschaft jenseits des Historismus*, Düsseldorf 1971.

Dirk Moses, *German Intellectuals and the Nazi Past*, Cambridge 2007.

Dirk Moses, Der Katechismus der Deutschen. https://geschichtedergegenwart.ch/der-katechismus-der-deutschen.

Dirk Moses, Deutschlands Erinnerungskultur und der »Terror der Geschichte«, in: *Historiker streiten. Gewalt und Holocaust — Die Debatte*, hg. v. Susan Neiman und Michael Wildt, Berlin 2022, 199-242.

Stefan Müller-Doohm, *Jürgen Habermas. Eine Biographie*, Frankfurt a. M. 2014.

N. N., Verschwiegene Enteignung. Wer erfand die Wendung von der »Gnade der späten Geburt«?, in: *Der Spiegel*, 14. 9. 1986.

N. N., Habermas als Popstar, in: *FAZ*, 14. 10. 2001.

N. N., Habermas plädiert für schnelle Verhandlungen, *SZ*, 15. 2. 2023.

Susan Neiman und Michael Wildt (Hg.), *Historiker streiten. Gewalt und Holocaust — Die Debatte*, Berlin 2022.

Susan Neiman, Wie die beiden Historikerstreite zusammenhängen, in: ebd., 7-18.

Peter Neumann, Seine Sorge. Warum Jürgen Habermas noch immer in den Kategorien der Welt vor 1989 denkt, in: *Die Zeit*, 23. 2. 2023.

Thomas Nipperdey, Wozu Geschichte gut ist, in: *Militärgeschichtliche Zeitschrift*, 41 (1987) 1, 7-13.

Thomas Nipperdey, Unter der Herrschaft des Verdachts. Wissenschaftliche Aussagen dürfen nicht an ihrer politischen Funktion gemessen werden, in: *»Historikerstreit«. Die Dokumentation der Kontroverse um die Einzigartigkeit der nationalsozialistischen Judenvernichtung*, München 1988, 215-19.

Ernst Nolte, Vergangenheit, die nicht vergehen will, in: *FAZ*, 6. 6. 1986.

Hanns-Josef Ortheil, »Königsweg der Individuation«. Philosophie — Literatur — Bildung, in: *Errungenschaften. Eine Kasuistik*, hg. v. Michael Rutschky, Frankfurt a. M. 1982, 203-43.

Morten Paul, *Suhrkamp Theorie. Eine Buchreihe im philosophischen Nachkrieg*, Leipzig 2022.

Max Pensky, Universalism and the situated critic, in: *The Cambridge Companion to Habermas*, hg. v. Stephen K. White, Cambridge 1995, 67-94.

Max Pensky, Jürgen Habermas and the Antinomies of the Intellectual, in: *Habermas. A Critical Reader*, hg. v. Peter Dews, Oxford 1999, 211-37.

Klaus Pokatzky, Saul Friedländer: Pavel, Paul, Shaul. Erfahrungen mit der deutschen Verdrängung: Ein Historiker aus Tel Aviv in Berlin, in: *Die Zeit*, 16. 5. 1986.

Till van Rahden, Die Gummersbacher Schule. Hans-Ulrich Wehler inszeniert eine Debatte, in: *Zeitschrift für Ideengeschichte*, 15 (2021) 3, 6-10.

Hans-Christoph Rauh, *Philosophie aus einer abgeschlossenen Welt. Zur Geschichte der DDR-Philosophie und ihrer Institutionen*, Berlin 2017.

Ulrich Raulff, Akute Zeichen fiebriger Dekonstruktion. Die Frankfurter Schule und ihre Gegenspieler in Paris: Eine Verkennungsgeschichte aus gegebenem Anlass, in: *SZ*, 21. 9. 2001.

Jan Philipp Reemtsma, Auf den Friedenspreisträger 2001. Eine Laudatio. https://www.friedenspreis-des-deutschen-buchhandels.de/alle-preistraeger-seit-1950/2000-2009/juergen-habermas

Jan Philipp Reemtsma, Erinnerung vergemeinschaften. Ein kurzes Gespräch über Nachteile der Geschichtsschreibung, in: *Mittelweg 36*, (2006) 3, 29-36.

Andreas Rödder, *21. 0. Eine kurze Geschichte der Gegenwart*, Berlin 2015.

Jan Ross, Hegel der Bundesrepublik, in: *Die Zeit*, 11. 10. 2001.

Moritz Rudolph, Tocqueville global. Das Phantom des schrecklichen Westens, in: *Merkur*, Nr. 893 (2023), 84-91.

Michael Rutschky, Der Zwischenraum. Stücke zu einer Theorie des Soziotops, in: *Errungenschaften. Eine Kasuistik*, hg. v. dems., Frankfurt a. M. 1982, 378-406.

Michael Rutschky, *Wartezeit. Ein Sittenbild*, Köln 1983.

Michael Rutschky, *Mitgeschrieben. Die Sensation des Gewöhnlichen*, Berlin 2015.

Michael Rutschky, *Gegen Ende. Tagebuchaufzeichnungen 1996-2009*, Berlin 2019.

Philipp Sarasin, *1977. Eine kurze Geschichte der Gegenwart*, Frankfurt a. M. 2021.

Marie-Luise Scherer, *Ungeheurer Alltag. Geschichten und Reportagen*, Reinbek 1990.

Axel Schildt, *Medien-Intellektuelle in der Bundesrepublik*, Göttingen 2020.

Christoph Schmidt, *Israel und die Geister von '68. Eine Phänomenologie*, Göttingen 2018.

Gershom Scholem, Juden und Deutsche, in: ders., *Judaica II*, Frankfurt a. M. 1970, 47-54.

Danilo Scholz, Innerdeutsches Frankreich, in: *Zeitschrift für Ideengeschichte*, 15 (2021) 3, 66-69.

»Ab und an lese ich auch Comics.« Olaf Scholz im Interview, in: *SZ*, 28. 7. 2023.

Elke Seefried, *Zukünfte. Aufstieg und Krise der Zukunftsforschung, 1945-1980*,

Oldenburg 2015.

Gustav Seibt, Die Formen der Historie. Zu einer »Theorie der modernen Geschichtsschreibung«, in: *Merkur*, Nr. 463/64 (1987), 903-7.

Gustav Seibt, Zyklus von Erniedrigung und Überhebung. Norbert Elias' »Studien über die Deutschen«, *Merkur*, Nr. 494 (1990), 330-34.

Quentin Skinner, Habermas's Reformation, in: *New York Review of Books*, 7. 10. 1982.

Timothy Snyder, Gegen Habermas' Ukraine-Thesen. Deutsche Verantwortung, in: *FAZ*, 24. 6. 2022.

Robert Spaemann, Die Utopie der Herrschaftsfreiheit, in: *Merkur*, Nr. 292 (1972), 735-52.

Jörg Später, Der Verlorene. George Lichtheim findet ein offenes Ohr, in: *Zeitschrift für Ideengeschichte*, 15 (2021) 3, 34-38.

Matthew Specter, *Habermas. An Intellectual Biography*, Cambridge 2011.

Guido Sprügel, Der Katechet des Unsinns, in: *Jungle World*, 10. 2. 2022.

Botho Strauß, *Paare, Passanten*, München 1981.

Simon Strauß, Hart verteidigte Illusionen. Der Chef-Kritiker der bundesrepublikanischen Öffentlichkeit sieht seine Felle davonschwimmen, in: *FAZ*, 30. 4. 2022.

Christoph Türcke, Darüber schweigen sie alle. Tabu und Antinomie in der neuen Debatte über das Dritte Reich, in: *Merkur*, Nr. 463/64 (1987), 762-72.

Siegfried Unseld, *Chronik 1970*, Frankfurt a. M. 2010.

Nina Verheyen, *Diskussionslust. Eine Kulturgeschichte des »besseren Arguments« in Westdeutschland*, Göttingen 2010.

Martin Walser, Händedruck mit Gespenstern, in: *Stichworte zur »Geistigen Situation der Zeit«, Bd. 1*, hg. v. Jürgen Habermas, Frankfurt a. M. 1979, 39-50.

Martin Walser, Erfahrungen beim Verfassen einer Sonntagsrede. https://hdms.bsz-bw.de/frontdoor/deliver/index/docId/440/file/walserRede.pdf

Martin Walser, *Leben und Schreiben. Tagebücher 1974-1978*, Reinbek 2012.

Martin Walser, *Schreiben und Leben. Tagebücher 1979-1981*, Reinbek 2015.

Andy Warhol und Pat Hackett, *POPism. The Warhol Sixties*, New York 1980.

Richard von Weizsäcker, Rede zum 40. Jahrestag des Kriegsendes am 8. Mai 1985. https://www.bundespraesident.de/SharedDocs/Reden/DE/Richard-von-

Weizsaecker/Reden/1985/05/19850508_Rede.html

Arno Widmann, Wahrheit und Gesellschaft, in: *FR*, 26. 1. 2019.

Rolf Wiggershaus, *Jürgen Habermas*, Reinbek 2004.

Michael Wildt, Rezension von: Saul Friedländer u. a., *Verbrechen ohne Namen. Anmerkungen zum neuen Streit über den Holocaust*, München 2022, in: *HSoz-Kult*, 13. 05. 2022.

Susann Witt-Stahl, Linksfaschismus. Erich Fried versucht einen Bundesgenossen gegen sich selbst zu gewinnen, in: *Zeitschrift für Ideengeschichte*, 15 (2021) 3, 43-45.

Christa Wolf, *Auf dem Weg nach Tabou. Texte 1990-1994*, Köln 1994.

Tom Wolfe, Radical Chic. That Party at Lenny's, in: *New York Magazine*, 8. 6. 1970, 26-55.

Roman Yos, *Der junge Habermas. Eine ideengeschichtliche Untersuchung seines Denkens 1952-1962*, Frankfurt a. M. 2019.

Lea Ypi, *Frei. Erwachsenwerden am Ende der Geschichte*, Frankfurt a. M. 2021.

찾아보기

ㄱ

가다머, 한스게오르크 155, 156
가이스, 이마누엘 185
가정법의 어휘 100
강단 철학자 110
강박 210, 216
개혁주의적 27
거대 이론 155
걸프전 250
겔렌, 아르놀트 51, 76, 110
계급갈등 139
계몽주의 161
계보학 169
골드만, 뤼시앵 62, 159
공공적 지식인 167, 176, 263
공론장 97, 170, 179
공론장의 구조변동 44, 115
공적 논쟁 76
공적 영역 76
공적 지식인 67, 167
공화주의 213
과거사 문제 201
관료제 134
관료화 133

괴츠, 라이날트 260
교토상 111
구보수주의자 158
구원 30, 146
구원신학 138
구원의 공화주의 40
국가 평화주의 247
국제법 249, 251
굴라크 177
굼머스바흐 11
권위주의 153
근대 ― 미완의 프로젝트 156
근대적 생활양식 131
근대 프로젝트 156
근대화 156
근본적 자유주의화 153
글쓰기 113
금욕주의 146
기념물 214
기본권 181
기억문화 9, 182, 201, 212
기억정치 179
끝장토론 104

ㄴ

나치즘 178, 184
나토 177
낙관주의 239
넥트, 오스카어 72, 75
노동사회 154
노동 패러다임 154
노라, 피에르 221
녹색당 156
논의 103, 114
놀테, 에른스트 123, 176, 177, 179, 216
뉘른베르크 재판 26
뉴스쿨 63, 66
니퍼다이, 토마스 185

ㄷ

다렌도르프, 랄프 27, 35, 99, 102, 202
단독주택 14
대화 치료 102
데리다, 자크 252, 262
도이처, 아이작 39
독일의 가을 73, 119, 120, 123, 129
두치케, 루디 72, 73
드워킨, 로널드 18
들뢰즈, 질 15
디디온, 조앤 64, 155
디크만, 프리드리히 229, 230
또 하나의 철학사 44

ㄹ

라울프, 울리히 15
랜드연구소 89
러시아 245

레이건, 로널드 177
렘츠마, 얀 필리프 238, 239
로켓과학 89
루리아, 이사크 30
루만, 니클라스 15, 100, 143, 146
루츠키, 미하엘 137, 141, 147
뤼베, 헤르만 192

ㅁ

마르쿠제, 헤르베르트 88, 92, 239
마르크바트, 오도 76
마르크스 이론 73
마르크스주의 133
마스트리히트 조약 236
마크롱, 에마뉘엘 261
마테스, 악셀 18
만, 골로 197
만회하는 혁명 228
말하기 112
매클루언, 마셜 91
메르베 159
메르켈, 앙겔라 153
메르쿠어 56, 76
메이어슨, 롤프 62
모범시민 147
모세스, 더크 39, 180, 183
목적 합리성 45
몸젠, 볼프강 184, 193
문고본 55, 56
문자 112-114
문화 기술 103
문화혁명 93
미국 61, 236, 252, 261
미니마 모랄리아 56
미래 연구 90
미적-표현적 행위 이론 147

미처리히 부부 63, 87
미헬, 카를 마르쿠스 17, 51, 54, 78, 137, 140, 142,
　　　　145
민족국가 219, 226
민족의식 177
민족 정체성 197, 212
민족주의 230
민주적 사회주의 154
민주주의 153, 179, 214, 262

ㅂ

바르트, 롤랑 48, 146
바이츠제커, 리하르트 폰 203
바이츠제커, 카를 프리드리히 폰 89, 90, 92, 93,
　　　　249
바타유, 조르주 158-160
반계몽 157
반계몽주의 160
반동 157
반사실적 가정 102, 114, 140
반시대적 고찰 146
반유대주의 181
발저, 마르틴 26, 46, 77, 198-201
방공포 소년병 세대 25, 122
배어보크, 아날레나 254
백장미 203
법치국가 102
베를린장벽 219, 220
베버, 막스 130, 133
벤야민, 발터 146
벨, 다니엘 63
벨러, 한스울리히 45, 184
변증법적 사회이론 52
병인론 134
보러, 카를 하인츠 16, 160, 198, 222-227
보수주의 187

보수주의자 129
보편적 지식인 163, 176
보편적 지역 237
보편적-지역적인 나라 14
보편주의 20, 182
복고의 물결 156
본공화국 103
본 정부 27
볼츠, 노르베르트 15
뵈메, 야코프 30
뵐, 하인리히 121
부르주아 공론장 115
부르주아 사회 133
부데, 하인츠 47, 170
부브너, 뤼디거 138, 141
부셰, 위르겐 138-140
브룬크호스트, 하우케 138
브룸릭, 미샤 212
비교금지 183
비독일적 독일인 39
비어만, 볼프 220
비젤, 엘리 203
비틀스 65
비판이론 17, 84, 104, 139, 162
비판적 사고 129
비판적 사회이론 131
빌레펠트학파 175, 197
빙클러, 하인리히 아우구스트 213, 219

ㅅ

45세대 26, 122
사회이론 130, 146
사회이론가 147, 154
사회주의 154
상징 없는 기억 213
상호이해 83, 84, 98, 132, 133

상호이해의 관계 154

상호작용 131

상호주관적인 이해 45

생산관계 154

생전 유고 19

생활세계 132, 138, 143, 157

생활세계의 식민화 97, 134, 139

서구 마르크스주의 83

석유 위기 92

세계관 47

세계 내부 정치 253

세계 시민적 상태 249

셸링, 프리드리히 빌헬름 요제프 29

소크라테스 45

쇼아 211, 215

숄렘, 게르숌 36, 37, 200, 201, 262

숄츠, 올라프 242

수사학 48

수정주의 177, 196

수정주의자 183

숙의민주주의 237

슈미트, 카를 76

슈타른베르크 89, 259

슈타이너, 루돌프 63

슈탐하임 120, 121

슈페만, 로베르트 99, 101

슈피겔 88

슈트라우스, 보토 144, 230

스콜라주의 17

스키너, 퀜틴 138-140

스탈린주의 176

스트라우스, 레오 83, 255

슬로터다이크, 페터 47, 167

시대전환 10, 187, 246

시대진단 151

신보수주의 196

신보수주의적 184, 185

신비주의 29

신아리스토텔레스주의 196

신역사주의 187, 196

신좌파 146, 156

신포퓰리즘 145, 184, 196

실증주의 53, 84

실천 129

심오함 46

ㅇ

아데나워, 콘라트 27

아데나워 프로젝트 235

아도르노, 테오도어 비젠그룬트 35, 36, 44, 53, 71, 77, 125, 133, 146

아렌트, 한나 63, 66, 109

아방가르드 47, 66

아우슈비츠 177-179, 192, 263

애도작업 87

앤더슨, 페리 240

야스퍼스, 카를 191

언어 극단주의 121

언어장애 112

에리봉, 디디에 161, 162

에피파니 13

엔첸스베르거, 한스 마그누스 47, 54, 63, 85, 86, 145

역사가 논쟁 175, 179

역사유물론의 재구성 91

역사의식 151

역사정치 185, 203

역사학 185, 193, 194

연방공화국 105, 152, 235

예기, 우르스 48, 75, 142, 143

예이츠, 윌리엄 버틀러 64

예술 120, 144

오네조르크, 베노 62, 72

오류가능주의 169

오르트하일, 한스요제프 141
우크라이나 전쟁 19, 245, 247, 248, 253
운젤트, 지그프리트 16, 54, 77, 130, 137, 145
워홀, 앤디 64
유대 사상가 36
유대인 38, 39
유대인 학살 180
유대주의 161
유대 지성인 263
유럽연합 236
유럽적 공론장 238
유럽 정체성 238
유럽 중심주의 140
유로화 236
유토피아 100, 154
68세대 122
68운동 176
의사소통 31, 97
의사소통과 미학 146
의사소통 이론 74
의사소통적 상호이해 111
의사소통적 이성 114, 131, 133, 140
의사소통적 행위 78, 263
의사소통 패러다임 154
의사소통 행위 이론 44, 102, 110, 129, 130, 137,
         141, 144, 145, 156, 168, 186
이데올로기 비판 87
이론 52, 53, 129
이론과 실천 83
이론 피로감 144
이상적 담화상황 97, 98, 100, 101, 112
이성의 간지 178
이성적 정체성 213
이스라엘 180, 181
이슬람 공포증 181
이피, 레아 26
인권운동 64
인식과 관심 53, 84, 191

인식관심 84, 97
인식 주도적 관심 84
인종갈등 65
일리스, 플로리안 26
일방주의 252
입술갈림증 111

ㅈ

자기성찰 84
자본과 노동 186
자유민주주의 104
자이프트, 구스타프 196
장애 110
재교육 167
적군파 119, 120
전도된 세계 30
전략적 행위 78
전문가 132
전쟁 정서 260
전회 29
정당성 140
정신분석 85-87
정신적-도덕적 대전환 154
정체성 177, 195, 221
정치적 소논문들 168
제도권으로의 행진 156
제2차 역사가 논쟁 180
젤렌스키, 볼로디미르 246
존재와 시간 31
존트하이머, 쿠르트 121-123
주어캄프 문화 66
주체 48, 159
쥐스무트, 리타 153, 225
지금 152
지금시대 151
지배 84

지배로부터 자유로운 논의 76, 97, 98, 140
지배로부터 자유로운 대화 74
진리성 140
진실성 140
집단기억 194, 208, 221
집단학살 176

ㅊ

참고문헌 141
천년왕국 27
철학 155, 170
철학적 인간학 84
청년 보수주의자 158, 159
체계 143
체계 이론 130
첼시 걸즈 64

ㅋ

카발라 29
카스토리아디스, 코르넬리우스 145
캠프 65
커스크, 레이첼 17, 141
커피하우스 115
코소보 250
코젤렉, 라인하르트 193
콜, 헬무트 154, 177, 202, 240
크라카우어, 지그프리트 51
클렘, 바르바라 13
클루게, 알렉산더 119, 121, 124, 125, 134

ㅌ

타우베스, 야콥 16, 31, 52, 57, 72, 77, 208

탈분화 169
탈정치화 73
테러리즘 121, 123
테오리아 155
텍스트의 즐거움 146
통일 219
통일 문제 228
투겐트하트, 에른스트 182, 183
특수성 테제 180, 182
특수주의 20
특수한 지식인상 163

ㅍ

파스빈더, 라이너 베르너 120
파슨스, 탤컷 130
파시즘 120
판단중지 53
팝 66
패배주의 170
평화주의자 247
포스트 152
포스트 구조주의 160, 169
포스트 마르크스주의적 154
포스트 민족 225
포스트 민족주의 214, 237
포스트 역사 226
푸코, 미셸 15, 100, 146, 151, 160-163
푸틴, 블라디미르 245, 247, 254
푼켄슈타인, 에이모스 214
프라이, 노르베르트 192
프랑스 61
프랑스 철학자 158
프랑코화 121
프랑크푸르트 71
프로이트, 지그문트 85
프루트룽크, 귄터 12

프리슈, 막스 56
프리트랜더, 자울 207-209, 215, 216
플레이보이 91, 92
피셔, 요슈카 17, 71, 75, 240, 241
피해자 39

ㅎ

하버마스, 위르겐 9
하이네만, 구스타프 28
하이데거, 마르틴 13, 28, 30-32, 48, 53
학술화 160
한트케, 페터 65
합리화 130, 132, 263
해방 84, 154, 157

해석학 86
해체 169
헌법애국주의 97, 177, 186, 225, 229, 237
헤겔, 게오르크 빌헬름 프리드리히 83, 103
헤르베르트, 울리히 179
헨리히, 디터 71, 99, 157
현대성의 철학적 담론 169
현재 151
현재 의식 52
호네트, 악셀 45
호르크하이머, 막스 35, 36
홀로코스트 37, 176-179, 192, 208
후기 자본주의 143
후설, 에드문트 53
히틀러, 아돌프 176
힐데브란트, 클라우스 185